Mosaik bei
GOLDMANN

Buch

Warum ist es bloß so schwierig, »Nein« zu sagen, wenn der Chef mal wieder Überstunden verlangt, der Partner die Hausarbeit auf einen abwälzt oder die Freundin ständig jemanden zum Ausheulen sucht? Diese fatale Sprechhemmung, unter der vor allem Frauen leiden, führt dazu, dass die Betroffenen es ständig allen recht machen wollen und dabei selbst auf der Strecke bleiben, aus Angst, andere vor den Kopf zu stoßen. Doch jeder kann lernen, »Nein« zu sagen, ohne anderen weh zu tun und Gräben aufzureißen.
Patti Breitman und Conni Hatch geben ihren Lesern fünf einfache Grundregeln an die Hand, die mehr Zeit, mehr Spaß und mehr Gelassenheit in unser hektisches und überfrachtetes Leben bringen. Sie bieten konkrete Formulierungsvorschläge an, wie man in verschiedenen Alltagssituationen gegenüber dem Partner, den Kollegen, den Kindern oder dem Chef selbstbewusst auftritt, freundlich klare Grenzen absteckt und in passender Form Nein statt immer nur Ja und Amen sagt.

Autorinnen

Patti Breitman ist Literaturagentin und lebt in der Nähe von San Francisco. Sie veranstaltet Seminare zum Thema Selbstsicherheit und ist bekannt aus zahlreichen Auftritten in Radio und Fernsehen. Conni Hatch arbeitet als freiberufliche Autorin und ist Geschäftsführerin einer Agentur für Marketing und Promotion für Zeitschriften. Sie lebt in New York.

Patti Breitman
Connie Hatch

Sag einfach Nein und fühl dich gut

Grenzen setzen in Partnerschaft, Familie und Beruf

Aus dem Amerikanischen
von Ursula Bischoff

Mosaik bei
GOLDMANN

Für Stan und Fran,
in Liebe und Dankbarkeit
P. B.

Für Joey, in Liebe,
und im Gedenken an Kathryn und Ray Hatch,
die wohlüberlegt und mit Liebe Nein sagten
(aber nicht zu oft)
C. H.

Umwelthinweis:
Alle bedruckten Materialien dieses Taschenbuches
sind chlorfrei und umweltschonend.

1. Auflage
Vollständige Taschenbuchausgabe Mai 2005
Wilhelm Goldmann Verlag, München,
ein Unternehmen der Verlagsgruppe Random House GmbH

Originaltitel: How to Say No Without Feeling Guilty
Originalverlag: Doubleday/Broadway, New York
Published by arrangement with Linda Michaels Limited,
International Literary Agents.
Umschlaggestaltung: Design Team München
Redaktion: Beatrix Heek
Satz: Filmsatz Schröter GmbH, München
Druck: GGP Media GmbH, Pößneck
Verlagsnummer: 16479
WR · Herstellung: Stefan Hansen
Printed in Germany
ISBN 3-442-16479-6
www.goldmann-verlag.de

Inhalt

Vorwort 9

Einführung: Die Macht des Nein 13
Warum Sie lernen müssen, Nein zu sagen 15
Was ist so toll daran, im Stress zu sein? 16
Wie Beziehungen in die Brüche gehen: zu allem Ja und Amen sagen 18
Man kann auch nett Nein sagen 20
Die Freude, Ja zu sagen 21
Auf die Plätze, fertig, Nein stopp! 22

Das kleine Einmaleins des Neinsagens 23
Grundprinzipien 24
Grundlegende Techniken 26
Bereiten Sie sich mental darauf vor, Nein zu sagen 31
Vorbereitung zum Jasagen: Der Inspirationskatalog 35

Nein sagen, wenn es ums liebe Geld geht 39
Wahre Freunde: Der Umgang mit der Bitte um eine Anleihe 40

Nein sagen am Arbeitsplatz 59
Die Arbeitnehmer von heute: Bis an die Leistungsgrenzen 61
In Lohn und Brot, nicht versklavt: Nein sagen am Arbeitsplatz 64

Wenn Sie der Boss sind 80
Wenn Sie heiß begehrt sind 90
Der Umgang mit unhöflichem, aggressivem und gesetzwidrigem Verhalten 96
Eine Wende zum Besseren: Nein sagen zum Status quo 105

Nein sagen zu Einladungen, Verabredungen und unerwünschten Beziehungen 117
Nein sagen zu Einladungen 118
Der unerwünschte Verehrer 133

Nein sagen zu Verwandten und Freunden 155
Das Leben im engsten Kreis: Die übliche Angst 157
Ehrlich währt am längsten 166
Familienzusammenkünfte 174
Auch wenn ich Euch mag ... 187
Könntest du mir einen Gefallen tun? Wie Sie Nein sagen 199

Nein sagen zu Kindern 213
Warum es gut ist, Grenzen zu setzen 217
Die Suche nach dem Gleichgewicht 224
Im Eifer des Gefechts: Nein sagen 229

Nein sagen zu »wartungsintensiven« Personen 249
WIP-Portätgalerie 253
Strategien, um Beziehungen zu schwierigen Menschen zu beschränken 281

Das »Nein« im Alltag 291
Expertenmeinungen hinterfragen 293
Weitere Situationen, in denen Sie als Kunde »Nein danke« sagen sollten 311
Nein sagen zur Müllinvasion 315
Heikle Situationen 321

Danksagung 330
Literaturempfehlungen 333
Register 335

Vorwort

»Sag einfach Nein und fühl dich gut«
ist ein Buch, das mich magisch angezogen hat. Und ich bin heilfroh darüber, denn es enthält ungeheuer hilfreiche, praktische Tipps, die sich auf der Stelle anwenden lassen. Schon bei der Umsetzung nur weniger Empfehlungen konnte ich mehr Zeit einsparen, als mich die Lektüre des Buches kostete. Noch bevor ich die letzte Seite erreicht hatte, war ich bereits in der Lage, die Vorteile zu nutzen. Das nenne ich durchschlagenden Erfolg!«

Richard Carlson

Wenn Sie lernen, ohne Schuldgefühle Nein zu sagen, werden Sie plötzlich Zeit finden, an die Sie nicht einmal im Traum gedacht hätten. Und wichtiger noch, Sie werden Ja sagen können zu Dingen, die Ihnen wirklich am Herzen liegen: Dinge, die Sie schon lange tun wollten, aber aus Mangel an Zeit aufgeschoben haben, weil Sie anderweitig beschäftigt waren, weil Sie irgendwann einmal Ja gesagt und Ihr Leben mit Engagements und Verpflichtungen angefüllt haben, auf die Sie nur allzu gerne verzichten würden. Wenn Sie lernen, Nein zu sagen, sind Sie wieder Ihres eigenen Glückes Schmied. Statt an letzter Stelle auf Ihrer Prioritätenliste zu stehen, werden Sie Ihr Leben selbst in die Hand nehmen und Ihre eigenen Entscheidungen mit innerem Elan, Umsicht und Selbstvertrauen treffen, ohne schlechtes Gewissen, Angst oder das Gefühl, manipuliert zu werden.

Ganz ohne Zweifel ist das Leben für die meisten Menschen heute kompliziert und hektisch. Der Terminkalender platzt aus allen Nähten, und allenthalben herrscht Frustration. Eigentlich sollte man meinen, dass Technologie und zeitsparende elektronische Vorrichtungen solche Probleme lösen, aber das ist in den meisten Fällen ein Trugschluss. Zugegeben, wir haben durch die modernen Errungenschaften der Technik mehr Zeit zur Verfügung, aber wenn wir unfähig sind, Nein zu sagen, füllen wir diese Zeit damit aus, Ja zu weiteren Ansprüchen zu sagen. Und das Ende vom Lied ist ein noch stärkerer Termindruck und zusätzlicher Frust. Wir zerbrechen uns den Kopf, wie wir Prioritäten setzen und alles schaffen können, was wir uns aufgehalst haben.

Wenn wir lernen, ohne Schuldgefühle Nein zu sagen, lässt sich dieses Problem lösen. Ein einziges angemessenes und aus tiefstem Herzen kommendes »Nein« kann interessanterweise mehr Zeit einsparen als eine ausgefeilte Technologie. Wie oft haben Sie sich, privat oder beruflich, zu viel aufgebürdet, weil Sie glaubten, Ja sagen zu müssen? Wie viele Ihrer Entscheidungen basieren auf Schuld- oder Pflichtgefühl und nicht auf Liebe? Wie oft haben Sie zeitraubende Aufgaben übernommen, auf die Sie sich, aus heutiger Sicht, im Grund gar nicht einlassen wollten oder mussten? Was wäre, wenn Sie es geschafft hätten, zumindest in einigen dieser Situationen Nein zu sagen? Was wäre, wenn Sie sich Ihr »Ja« für Dinge aufgehoben hätten, die Ihnen persönlich wichtig sind? Wie sähe Ihr Leben heute aus, wenn Sie es nach Ihren eigenen Wünschen und Vorstellungen gestaltet hätten?

Ich hatte früher, wie viele andere auch, das Gefühl, Neinsagen sei egoistisch. Doch das ist ein Irrtum. Neinsagen zu wenig verlockenden oder unzumutbaren Anliegen – und das ohne Gewissensbisse – ist vielmehr ein Weg zu weniger Ichbezogenheit. Ich habe entdeckt, dass ich mich emotional erfüllt und in Harmonie mit mir selbst fühle, wenn ich Entscheidungen aus dem Herzen und nicht aus einem Schuldgefühl heraus treffe. Wenn unsere eigenen emotionalen Bedürfnisse erfüllt sind, fällt es uns leichter, aus uns herauszugehen und anderen mit Einfühlsamkeit, Großzügigkeit und Zuneigung zu begegnen.

Ich kann Ihnen versichern, dass ich eher erreichbar, effektiver, sensibler, energievoller, auch toleranter im Umgang mit Menschen, Organisationen und Anliegen bin, die mich interessieren, seit ich gelernt habe, mich abzugrenzen und zu gewissen Ersuchen Nein zu sagen. Sowohl ich selbst als auch meine Umwelt haben davon profitiert.

Um zu sehen, wie das funktioniert, überlegen Sie, wie es Ihnen geht, wenn Ihre eigenen emotionalen Bedürfnisse unerfüllt bleiben: wenn Sie das Gefühl haben, dass Ihr Leben Ihnen nicht mehr gehört und Sie frustriert sind, weil Sie kaum noch Zeit für sich selbst haben. Es ist schwer, Kraft und Energie für andere aufzubringen, ganz zu schweigen von liebevoller Zuwendung und Freundlichkeit, wenn Sie sich restlos überfordert fühlen.

Ein weiterer Grund für meine Unfähigkeit, Nein zu sagen, war die Angst, die Gefühle anderer zu verletzen. Auch das erwies sich als Trugschluss! Ich habe festgestellt, wie die Autorinnen betonen, dass die meisten Menschen Entscheidungen respektieren, die aus fester Überzeugung und nicht aus einem Schuldgefühl heraus getroffen werden. Ich habe entdeckt, dass man buchstäblich jedes Ansinnen in einer Weise ablehnen kann, die der andere wirklich versteht. Rückblickend ist mir klar, dass ich früher viel mehr Gefühle durch mein halbherziges Ja, Ausflüchte und Wischiwaschi-Entscheidungen verletzt habe als mit einem nachdrücklichen Nein ohne Reue.

In diesem Buch geht es darum, wie man ohne Gewissensbisse Nein sagt, aber zu diesem Buch sage ich Ja, Ja und nochmals Ja! Den Autorinnen möchte ich meine besten Wünsche und meinen Dank für ihre Hilfe zur Selbsthilfe aussprechen. Ich weiß, dass auch Sie lernen werden, ohne Schuldgefühle Nein zu sagen, damit Sie zu den Dingen, die in Ihrem Leben wichtig sind, von ganzem Herzen Ja sagen können.

Das sollten Sie sich wert sein.

Richard Carlson, Autor von
Alles kein Problem

Einführung
Die Macht des Nein

Ein einfaches, schlichtes Wort. Leicht auszusprechen. Warum kommt es uns dann manchmal so schwer über die Lippen? Weil das Nein auch ein ungeheuer mächtiges Wort ist. Und wie alle Dinge, die Macht besitzen, kann es uns nützen oder schaden.

Überlegen Sie, welche Macht wir mit diesem kleinen Wörtchen »Nein« ausüben. Es kann uns von der Verabredung zum Mittagessen befreien, die uns nicht ins Konzept passt. Es kann verhindern, dass andere unsere kostbare Zeit stehlen. Es kann jemandem, der uns ständig um Gefälligkeiten bittet, klipp und klar sagen, dass wir uns nicht mehr ausnutzen lassen. Es kann uns in den verschiedenen Situationen viel Geld ersparen. Ein »Nein« ist ein unverzichtbares Werkzeug, das dazu beiträgt, unsere Zeit und Energie für diejenigen Dinge zu bewahren, die uns wirklich etwas bedeuten.

Und da es ein so mächtiges Werkzeug ist, kann ein »Nein« auch seine Tücken haben und sollte daher mit Bedacht eingesetzt werden. Es kann Menschen enttäuschen, die uns nahe stehen, kann Gefühle verletzen oder Wut auslösen. Jedes Mal, wenn wir eine Einladung ablehnen oder eine Bitte abschlagen, riskieren wir, Unmut oder Konflikte hervorzurufen. Und im Anschluss haben wir oft ein schlechtes Gewissen. *(Ich glaube, jetzt ist sie sauer. Hätte ich bloß zugestimmt, an der Besprechung für die Spendensammelaktion teilzunehmen, dann wäre jetzt alles bestens. Ich hatte ohnehin nichts weiter vor, als mich zu Hause mit einem guten Buch hinzusetzen und zu lesen. Es gab überhaupt keinen triftigen Grund, nicht hinzugehen …)*

Frauen, die traditionsgemäß mehr Verantwortung für soziale Beziehungen übernehmen, fällt es besonders schwer, Nein zu sagen. Offenbar glauben wir, es sei unsere Aufgabe, zu gewährleisten, dass alle anderen glücklich und zufrieden sind. Deshalb reißen wir uns ein Bein aus, um es allen recht zu machen, und halsen uns auch noch die Zubereitung des Kartoffelsalats auf, obwohl wir uns schon um Holzkohle, Eis und Sonnenschirme kümmern müssen.

Uns graut nicht nur davor, einen Korb zu erhalten, sondern wir finden es gleichermaßen schlimm, anderen einen Korb zu geben. Mit einer Situation konfrontiert, die Schuldgefühle verursachen könnte, wählen wir den Weg des geringsten Widerstands. Während wir innerlich toben: »Nein! Wieso ich! Geh weg, lass mich in Ruhe!«, machen wir nach außen hin gute Miene zum bösen Spiel, setzen ein gequältes Lächeln auf und murmeln das verhängnisvolle »Na gut!«

Warum Sie lernen müssen, Nein zu sagen

Was ist falsch daran, entgegenkommend zu sein? Nicht das Geringste. Ganz im Gegenteil: Es verschafft uns innere Befriedigung, Freunde und Verwandte zu unterstützen, die wir lieben, einem Nachbarn zu helfen, der plötzlich krank geworden oder in eine sonstige Notlage geraten ist, oder uns für die soziale Gemeinschaft zu engagieren. Zu wissen, dass wir im Leben eines anderen Menschen etwas Positives bewirken können, ist ein wunderbares Gefühl.

Der Konflikt entsteht nur dann, wenn wir uns ständig bereit erklären, Dinge zu tun, die alle anderen zufriedenstellen, nur uns selbst nicht, oder wenn wir uns verpflichten, Aufgaben zu übernehmen, für die wir weder Zeit erübrigen noch Lust aufbringen können.

Angehörige verdienen unsere Liebe und emotionale Unterstützung, aber nicht den letzten Rest unserer Zeit und Energie. Wir müssen vielleicht arbeiten gehen und unseren Lebensunterhalt verdienen, aber ausbeuten, mit einem Hungerlohn abspeisen oder herabsetzen lassen müssen wir uns nicht. Niemand hat das Recht, Druck auszuüben und uns etwas aufzuschwatzen, was wir im Grunde nicht wollen, selbst wenn es sich dabei um gute Freunde handelt.

Der Alltag ist voll mit Anfragen, die uns in die Pflicht nehmen und den starken Wunsch in uns wecken, unumwunden Nein zu sagen. Aber oft zucken wir vor dem Gebrauch der Macht zurück, die mit diesem Wort verbunden ist, statt sie willkommen zu heißen.

Schuldgefühle oder die Angst vor einer Auseinandersetzung haben zur Folge, dass wir uns immer mehr Projekte zumuten, die dringlichen Angelegenheiten anderer mit regeln oder uns überreden lassen, an Veranstaltungen oder Festen teilzunehmen, von denen wir wissen, dass sie uns nicht liegen. Im Verlauf dieses Prozesses verschwenden wir unsere kostbarsten Ressourcen – Zeit, Energie und Geld – für Dinge, die uns überhaupt nicht wichtig sind. Jedes Mal, wenn wir uns mit etwas einverstanden erklären, was uns weder richtig begeistert noch in irgendeiner Form interessiert, vergeuden wir mehr davon.

Was ist so toll daran, im Stress zu sein?

Früher lautete die Standard-Antwort auf die Standard-Frage »Wie geht's?« »Danke gut, und selbst?«. Wie Richard Carlson in seinem Buch *Alles kein Problem in der Familie* erklärt, zeichnet sich inzwischen ein neues Reaktionsmuster ab. Heute lautet die typische Antwort: »Bin im Stress!« Dass es uns gut geht, reicht anscheinend nicht mehr.

Im Stress zu sein ist in unserer Kultur fast ein Klischee geworden. Heute, in der Ära nach dem »Kahlschlag« auf Personal- und Unternehmensebene, müssen viele Beschäftigte länger und mit weniger Unterstützung arbeiten. Eltern sind fortwährend auf der Suche nach Möglichkeiten, mehr Zeit für die Familie zu erübrigen und bemühen sich, den Kontakt zu ihren Kindern nicht abreißen zu lassen – ein zwingendes Bedürfnis in einer Welt, die immer komplexer und bedrohlicher wird. Hinter den Kulissen unseres beschleunigten Lebens sind wir Opfer einer Informationsüberflutung, mit der uns die Werbung von früh bis spät nonstop belegt. Jeden Tag sehen wir uns Kräften gegenüber – einige schwere Kaliber, andere Leichtgewichte –, die unsere Zeit stehlen, Raubbau mit unseren Ressourcen treiben und Lärm und Chaos in unserer ohnehin schon turbulenten Welt immer weiter verstärken. Wir fühlen uns geknebelt und unterdrückt, weil es aussieht, als hätten wir nie genug Zeit für diejenigen Dinge, die wir wirklich gerne täten. Wir verrichten unsere gewohnten, stressreichen Tätigkeiten – Arbeit, Schule, Kinder, Haushalt, Pflichten außerhalb der eigenen vier Wände – und fragen uns verzweifelt, warum wir unser Leben als so unbefriedigend empfinden.

Es gibt zahlreiche gute Ratgeber über Zeitmanagement, Organisation und die Einführung aller erdenklichen Systeme, die uns zu Hause und am Arbeitsplatz entlasten. Die Frauenzeitschriften erzählen uns gerne, wie wir Zeit gewinnen, wenn wir Zeit sparen: *Anziehen: fünf Minuten. Haare und Make-up: zehn Minuten. Abendessen zubereiten: fünfzehn Minuten.*

Es gibt jedoch auch einen anderen Weg, den Stress in den Griff zu bekommen. Statt unser Leben immer weiter auf Hochtouren zu bringen und es mit immer mehr Aktivitäten vollzustopfen, können wir alles auch langsamer angehen und einen Teil des Ballasts abwerfen. Dieses Buch soll Ihnen zeigen, wie Sie mit der Kunst, Nein zu sagen, den Stress und die hektische Betriebsamkeit in Ihrem Leben drosseln und somit Zeit und Freiräume für erfüllendere Beschäftigungen schaffen können.

Wie Beziehungen in die Brüche gehen: Zu allem Ja und Amen sagen

Wenn wir uns angewöhnen, zu allem Ja und Amen zu sagen, um einem Konflikt aus dem Weg zu gehen, lösen wir das Problem letztendlich nicht, sondern tauschen es nur gegen ein anderes ein. Wenn wir immer wieder klein beigeben, sind die Folgen unter dem Strich schwerwiegender und hartnäckiger als der momentane Stress, der vielleicht aus einem gekonnten »Nein« entsteht.

Angenommen, Ihr Bruder bittet Sie, ihm dabei zu helfen, am Samstag sein Haus zu streichen. Wenn Sie sowieso nichts Besseres vor haben, gerne im Freien arbeiten und sich darauf freuen, mit Ihrem Bruder zusammen zu sein, wunderbar – genießen Sie die Zeit! Wenn Sie jedoch lieber segeln gingen, der Geruch von Farbe Sie benommen macht und Ihr Bruder Ihnen ohnehin den letzten Nerv raubt, sieht die Sache schon ganz anders aus. Machen Sie sich auf lausige Stunden gefasst – und darauf, dass Ihr Bruder Ihnen danach vollends gestohlen bleiben kann, weil er Ihnen das ganze Wochenende verpatzt hat.

Nun stellen Sie sich vor, wie es Ihnen ergehen würde, wenn sich ein derartiges Szenario laufend wiederholt. Vielleicht versuchen Sie anfangs noch, Ihre Wut zu unterdrücken, aber sie sucht sich irgendwann ein Ventil, zum Beispiel in bissigen Bemerkungen. Oder Sie fressen alles in sich hinein, fühlen sich machtlos, werden schlimmstenfalls sogar depressiv. Irgendwann reicht es Ihnen, und Sie brechen einen handfesten Streit vom Zaun. Wenn wir ständig zulassen, dass andere unsere Gutmütigkeit ausnutzen, kann sich diese ziemlich schnell ins Gegenteil verkehren. Noch schlimmer kann es sein, wenn uns das Jasagen so sehr in Fleisch und Blut übergegangen ist, dass wir Aufgaben, die wir uns aufladen, nachlässig, halbherzig oder gar nicht erledigen. Wenn wir etwas versprechen, was wir nicht halten können, graben wir uns die Grube selbst, in die wir hineinfallen. Es ist eine Ironie des Schicksals, aber wenn wir das dringende Bedürfnis haben, uns bei allen lieb Kind zu machen, sieht es am Ende so aus, als wären wir achtlos, gedankenlos, unfähig oder unverantwortlich.

Abgesehen von dem Schaden, den diese »Jasager-Mentalität« in einer Beziehung anrichten kann, verursacht sie auch praktische Probleme, die unseren Alltag auf sichtbare und messbare Weise beeinträchtigen. Dadurch, dass Sie eine unerwünschte Einladung annehmen oder Ihre Zeit mit einem uninteressanten Projekt verplempern, fehlt Ihnen die Zeit für Dinge, die Sie wirklich interessieren – zum Beispiel mit den Kindern spielen, gemeinsam mit dem Partner entspannen, Gitarre üben, die längst geplante Radtour ins Gebirge machen oder ehrenamtlich Telefondienst in einer sozialen Einrichtung mit Krisenintervention übernehmen. Die Kehrseite des Neinsagens ohne schlechtes Gewissen – die »Ja-Seite« – ermöglicht Ihnen, sich mit Menschen, einer guten Sache oder geistigen Themen, die Ihnen wichtig sind, zu identifizieren und diese Kontakte zu pflegen. Je lebhafter die Vorstellung von dem, wozu Sie aus vollem Herzen Ja sagen wollen, desto leichter fällt es Ihnen, Nein zu allem zu sagen, was Sie von Ihrem Weg abbringt.

Es geht dabei nicht nur um die eigene Zufriedenheit. Stellen Sie sich vor, eine Kollegin bittet Sie, für eine von ihr bevorzugte Wohltätigkeitsorganisation zu spenden. Nur wenige würden sich trauen, ein solches Ansinnen rundweg abzulehnen; wenn man von dem guten Zweck überzeugt ist und das nötige Kleingeld hat, um sein Scherflein beizutragen – kein Problem.

Es könnte aber Zeiten geben, in denen Sie es vorziehen würden, nichts zu geben, sei es aus weltanschaulichen, finanziellen oder anderen Gründen. Wie reagieren Sie nun? Sollen Sie eine Sache unterstützen, an die Sie nicht glauben? Oder das Geld antasten, das Sie für etwas auf die Seite gelegt haben, was *Ihnen* wichtig ist?

Man kann auch nett Nein sagen

Es gibt eine Möglichkeit, sich aus der Affäre zu ziehen, ohne sich in ein kaltes, herzloses Biest zu verwandeln. Jeder Mensch kann lernen, das kleine Wörtchen »Nein« mit Geschick und Einfühlungsvermögen zu gebrauchen. In diesem Buch finden Sie Techniken und Formulierungen, die Ihnen helfen, in den unterschiedlichsten realen Lebenssituationen das unabdingbare Neinsagen zu meistern. Sie werden Ihnen erlauben, klare Grenzen zu setzen, wenn andere sich Rechte anmaßen, die ihnen nicht zustehen, und mehr Kontrolle über Bereiche zu gewinnen, die durch unliebsame Anliegen, Informationsüberlastung und die endlosen Anforderungen des modernen Lebens untergraben werden.

Nachfolgend werden Sie erfahren, wie man mit unvernünftigen Forderungen am Arbeitsplatz umgeht und wie man sich Freunden oder Familienangehörigen diplomatisch »verweigert«. Sie werden Tipps finden, wie Sie sich bei Bitten um Geld verhalten und sich von nagenden Schuldgefühlen befreien können, indem Sie eine Lebenssicht entwickeln, die Großzügigkeit in einem umfassenderen Zusammenhang unterstreicht. Und am Schluss werden wir Ihnen Strategien an die Hand geben, um unerwünschten geschäftlichen Transaktionen, Telefonmarketing und unsinniger Werbung ein für alle Mal einen Riegel vorzuschieben.

Die Freude, Ja zu sagen

Letztendlich ist das Neinsagen eine ungemein positive Sache. Weil Zeit, Geld und Energie zu den unschätzbar wertvollen Aktivposten gehören, sind wir es uns selbst schuldig, umsichtig damit umzugehen. Je mehr wir uns auf Projekte konzentrieren, die uns wirklich interessieren, desto erfüllter und inspirierter fühlen wir uns. Wenn wir aufhören, unsere Kraft an Aktivitäten und Menschen zu verschwenden, die uns nicht am Herzen liegen, kommen wir vielleicht den Zielen ein Stück näher, bei denen uns warm ums Herz wird, weil sie unsere grundlegenden Überzeugungen, Prioritäten und Passionen ansprechen. Mit der Kunst des Neinsagens schaffen wir uns daher den Freiraum, öfter im Leben Ja zu sagen.

Wenn das Neinsagen eine Gewohnheit wird, mit der wir umzugehen gelernt haben – die wir nicht als grauenhaft, sondern als berechtigt empfinden –, verfügen wir über eine Fähigkeit, die zu lebenslanger Zufriedenheit und einem beständigeren Gefühl der Freude führt. Wir können zwar mit Listen und Techniken, die uns helfen, unseren Alltag besser zu organisieren und unsere Zeit geschickter einzuteilen, einen hektischen Zeitplan besser in den Griff bekommen, aber damit packen wir das Problem nicht bei der Wurzel. Nein sagen bedeutet, diese Liste drastisch zu verkürzen und den dringend notwendigen Raum für Muße und innere Gelassenheit zu schaffen.

Jeder Mensch braucht seine Zeit für das Streben nach Glück, wie immer wir dieses Wort auch definieren mögen. Das ist kein

Luxus, sondern eine Notwendigkeit. Und wenn wir lernen, Nein zu sagen, können wir dieses unentbehrliche Element im Leben einfordern.

Auf die Plätze, fertig, Nein stopp!

Die Autorinnen möchten an dieser Stelle versichern, dass sämtliche Vorschläge in diesem Buch so vernünftig, höflich und respektvoll wie möglich konzipiert wurden. Sie mussten den Filter unserer Schuldgefühle passieren und kamen mit makellos weißer Weste heraus; also haben Sie keine Angst, sie zu benutzen. Mit wenigen Ausnahmen zielen sie nicht darauf ab, Mitmenschen »eine Lektion zu erteilen« oder den Störenfrieden zu zeigen, was Sache ist, sondern sollen Ihnen helfen, unangenehme Situationen mit Takt und Niveau zu meistern.

Natürlich brauchen Sie ein wenig Fingerspitzengefühl, um zu entscheiden, welche Reaktion in einer bestimmten Situation die beste ist. »Lieber sterbe ich« wäre gewiss nicht die netteste Art, einen unerwünschten Verehrer in die Flucht zu schlagen, der Sie um ein Rendezvous gebeten hat. Aber zu unserer Ehrenrettung sei gesagt, dass wir nicht wissen können, wer Ihnen mit welchem Ansinnen auf den Pelz rückt. Wir gehen davon aus, dass Sie durchaus in der Lage sind, Ihren gesunden Menschenverstand zu benutzen.

Das kleine Einmaleins des Neinsagens

»Ich habe überhaupt keine Lust, den Samstagabend zu Hause zu verbringen und die drei Kinder meiner Nachbarin zu hüten. Aber sie hat mich mit ihrer Bitte völlig überrumpelt. Mir blieb nichts anderes übrig, als Ja zu sagen. Hätte ich bloß mehr Zeit gehabt, dann wäre mir schon eine Ausrede eingefallen!«

»In meiner Verwandtschaft findet fast jedes Wochenende irgendein Ereignis statt. Manchmal möchte ich viel lieber zu Hause bleiben und einfach nur faulenzen. Aber der Grund zieht nicht. Wenn nichts Wichtiges auf meinem Terminkalender steht, fühle ich mich verpflichtet, zuzusagen.«

In diesem Kapitel beschreiben wir grundlegende Techniken, die Ihnen helfen, leichter Nein zu sagen, ohne sich hinterher Vorwürfe wie diese zu machen.

Fangen Sie klein an: Bauen Sie Schritt für Schritt Mut und Selbstvertrauen auf, um für die wirklich heiklen Fälle gerüstet zu sein, in denen Sie Nein sagen wollen. Üben Sie das Neinsagen in Situationen, die keine Bedrohung und kein großes Risiko mit sich bringen. Sagen Sie beispielsweise Ihrer besten Freundin, dass Sie nicht in das Restaurant ihrer Wahl gehen möchten, und schlagen Sie ein anderes Lokal vor. Sagen Sie Ihrem Mann, dass Sie keine Lust haben, ihn in den Computerladen zu begleiten. Sagen Sie Ihrem Sohn, dass es heute keinen Nachschlag beim Dessert gibt. Das Ziel ist, sich selbst Nein sagen zu hören. Nach und nach können Sie sich dann weiter vorwagen und Ihr »Nein« in Bereichen testen, die eine größere Herausforderung darstellen.

Wenn Sie damit beginnen, die gesundheitszuträgliche Gewohnheit des Neinsagens zu entwickeln, werden Sie feststellen, dass Ihnen der Prozess mit jedem Mal leichter fällt. Wahrscheinlich werden Sie auf bestimmte Sätze zurückgreifen, die Sie erprobt und für gut befunden haben, und diese in Situationen anwenden, mit denen Sie häufig konfrontiert sind. Je öfter Sie diese Formulierungen einsetzen, desto geläufiger werden sie Ihnen. Und im Lauf der Zeit werden sie Ihnen ebenso selbstbewusst wie mühelos über die Lippen kommen.

Grundprinzipien

In diesem Buch werden immer wieder einige Grundprinzipien angesprochen, die wir zunächst genauer erläutern möchten.

Erstens: Nein zu sagen ohne Schuldgefühle ist bedeutend leichter für alle Beteiligten, wenn es in einem *Kontext der Großzügigkeit* geschieht. Das heißt, wenn Sie im Allgemeinen dafür bekannt sind, dass Sie Verwandten, Freunden, Kollegen und Nachbarn helfen, wo es geht. Mit anderen Worten: in Situationen, die für Sie kein hohes Maß an Stress oder Unannehmlichkeiten bedeuten, so dass Sie ohne heimlichen Groll Ja sagen können. Genauso wichtig ist es, dass Sie sich selbst hin und wieder anerkennend auf die Schulter klopfen, weil man auf Sie zählen kann, wenn Not am Mann ist. Sobald Sie sich bewusst machen, wie oft Sie für andere da sind, fühlen Sie sich zuversichtlicher und weniger schuldig, wenn Sie wirklich einmal Nein sagen möchten.

Das zweite Grundprinzip lautet: *Weniger ist manchmal mehr.* Ein kurzes, schmerzloses Nein ist oft das machtvollste und effektivste, aber viele von uns haben Probleme, es dabei zu belassen. Egal ob wir unserem Chef mitteilen, dass wir keine Überstunden machen wollen, oder einem Nachbarn sagen, dass wir nicht mit seinem Hund Gassi gehen können – wir fühlen uns bemüßigt, unser »Nein« mit langwierigen, oftmals erfundenen Erklärungen zu rechtfertigen. Doch sind solche langatmigen Ausführungen selten erforderlich und sie stehen außerdem nicht selten auf tönernen Füßen. Je detaillierter die Informationen, die Sie liefern, desto größer die Gefahr, dass Ihr Gesprächspartner

a) nach einer »Problemlösung« sucht (was Sie ja gar nicht wollen);
b) zu der Schlussfolgerung gelangt, dass Ihre Argumente nicht stichhaltig sind, und beleidigt ist; oder
c) Sie bei einer Lüge ertappt (falls Sie flunkern).

Wenn Sie dagegen sagen: »Tut mir Leid, es geht nicht« oder »Leider habe ich da schon etwas anderes vor«, klingt Ihre Antwort klar und entschlossen. Sollte Ihr Gesprächspartner nachhaken, um die Gründe zu erfahren, muss er sich den Vorwurf gefallen lassen, seine Nase in Dinge zu stecken, die ihn nichts angehen. In diesem Fall sollten Sie sich nicht dazu hinreißen lassen, sich eine neue, originellere Entschuldigung auszudenken, um jemanden zufrieden zu stellen, der ein Nein als Antwort nicht akzeptiert. Wiederholen Sie lediglich Ihre Aussage, so oft wie nötig. Sie können die Worte unterschiedlich betonen, die Ausdruckweise variieren oder irgendeine andere vage Anmerkung beifügen. »Leider habe ich da schon etwas anderes vor« lässt sich in »Der Tag ist bereits restlos verplant«, »Ich habe einen Termin, den ich nicht absagen kann« oder »Irgendetwas war an dem Tag, ich habe es schon vor Wochen in meinem Kalender eingetragen« umändern. Bleiben Sie auch dann rigoros bei Ihrem kurzen, klaren Nein, wenn Ihr Gegenüber unfreundlich, taktlos oder ausfallend reagiert. Niemand hat das Recht, Sie zu zwingen, Ihre eigene Privatsphäre zu verletzen.

Das heißt nicht, dass es immer ein Fehler ist, anderen die Gründe für Ihr Nein mitzuteilen. Vor allem in einer engen Beziehung empfindet man es nicht als natürlich, in Rätseln zu sprechen. Aber denken Sie daran: Wenn Sie Ihre Erläuterungen auf ein Minimum beschränken und sich so oft wie nötig wiederholen, befinden Sie sich in einer stärkeren Position.

Grundlegende Techniken

Nun wenden wir uns den Techniken zu, die jede erfahrene Neinsagerin in ihrem Repertoire haben sollte. In den folgenden Kapiteln finden Sie zahlreiche Ideen und Anregungen, um sie wie ein Profi anzuwenden.

1. Zeit gewinnen

Wenn Sie sich nicht entschließen können, die Empfehlungen in diesem Buch umzusetzen, sollten Sie sich wenigstens angewöhnen, Zeit zu gewinnen, bevor Sie auf ein Anliegen reagieren. Das mindert den Druck, wenn Ihnen auf die Schnelle nicht einfällt, wie Sie diplomatisch Nein sagen könnten, oder einfach mehr Zeit für Ihre Entscheidung brauchen. Es ist nicht schlecht, für den Notfall ein paar Reaktionen parat zu haben, die Ihnen Aufschub gewähren. Zum Beispiel:

Ich muss erst auf meinem Kalender nachschauen; ich melde mich wieder bei Ihnen.

Ich muss mich mit meinem Mann/meiner Frau/meinem Partner absprechen; könnte sein, dass an dem Tag schon etwas anliegt.

Ich werde darüber nachdenken; ich sage Ihnen so bald wir möglich Bescheid.

Ich muss zuerst meine Finanzen überprüfen.

Ich muss zuerst in Erfahrung bringen, ob ich an dem Tag frei haben kann.

2. Die Grundsatzerklärung

Wir haben eine Technik entwickelt, die uns lieb und teuer ist: Wir sagen Nein und fügen hinzu »Das mache ich grundsätzlich nicht.« Angenommen, ein Freund bittet Sie um ein Darlehen, das Sie ihm aber nicht gewähren wollen oder können. Wenn Sie sagen »Tut mir Leid, aber ich verleihe grundsätzlich kein Geld«, klingt Ihre Weigerung weniger persönlich.

Wenn Sie auf einen Grundsatz verweisen, erhält jede Situation, in der Sie Nein sagen, zusätzlich Gewicht und Ernsthaftigkeit. Diese Strategie lässt erkennen, dass Sie bei früherer Gelegenheit gründlich über ein Ansinnen nachgedacht und aus der Erfahrung gelernt haben, dass es unklug wäre, sich darauf einzulassen. Sie kann auch in dem Sinne gedeutet werden, dass Sie bereits eine anderweitige Verpflichtung eingegangen sind, die sich nicht rückgängig machen lässt. Wenn Sie eine Einladung mit den Worten ablehnen »Tut mir Leid, ich kann nicht kommen; in unserer Familie wird grundsätzlich jeden Freitag gemeinsam zu Abend gegessen«, geben Sie damit zu verstehen, dass Ihnen dieses Familienritual heilig ist.

Natürlich ist es von Vorteil, tatsächlich einen Grundsatz zu haben, auf den Sie in Ihrer Antwort zurückgreifen können. Was uns zu einem wichtigen Punkt führt: Um problemlos und ohne Schuldgefühle Nein sagen zu können, sollten Sie wissen, wofür Sie »einstehen«. Warum sagen Sie Nein? Während Sie lernen, unerwünschte Verpflichtungen aus Ihrem Leben auszuklammern, sollten Sie sich bewusst machen, wofür Sie sich diese Freiräume schaffen. Erforschen Sie Ihre Prioritäten und richten Sie Ihr Augenmerk auf das, wovon Sie mehr haben möchten, zum Beispiel mehr Zeit für die Familie oder mehr Geld für ein wichtiges Vorhaben oder eine gute Sache. Dann empfinden Sie es eher als gerechtfertigt, Nein zu sagen, um diese Ziele zu verwirklichen.

3. Präventivmaßnahmen

Das heißt einfach: Achten Sie darauf, nicht zur falschen Zeit am falschen Ort zu sein. Bei den alten asiatischen Kampfsportarten gehören die vorbeugenden Maßnahmen zu den Eckpfeilern der Selbstverteidigung: Wenn jemand nicht getroffen werden will, sollte er mit seinem Körper den Weg der ausholenden Faust meiden. Und wenn Sie nicht von einem Zug überrollt werden wollen, bleiben Sie von den Schienen weg! Das ist jedoch leichter gesagt als getan. Wenn Sie darüber nachdenken, werden Sie erkennen, dass es nicht selten in Ihrer Macht gestanden hätte, unliebsame Situationen mit einem entschiedenen »Nein« zu vermeiden. Zum Beispiel:

Ein Freund setzt Sie unter Druck, sich auf eine sexuelle Beziehung einzulassen, an der Sie nicht interessiert sind. *Präventivmaßnahme*: Treffen Sie sich in der Öffentlichkeit mit ihm, nicht alleine in seiner Wohnung.

Im Supermarkt spielen sich jedes Mal Kämpfe ab, wenn Sie mit Ihrer sechsjährigen Tochter am Müsli-Regal vorbeigehen: Kaufen Sie die Honig-Riegel nicht, die sie in der Fernsehwerbung gesehen hat, provozieren Sie einen Tobsuchtsanfall. *Präventivmaßnahme*: Achten Sie darauf, immer einen Vorrat der von Ihnen bevorzugten Marke zu haben, so dass Sie den Müsli-Gang im Beisein Ihres Kindes links liegen lassen können.

Sie brauchen unbedingt eine Verschnaufpause von Ihrem stressreichen Job; deshalb beschließen Sie, einen Tag frei zu nehmen und zu Hause zu entspannen. Sie wollen nichts weiter, als diese Zeit für sich selbst haben – keine Verabredung zum Mittagessen mit Freunden, kein Einkaufsbummel mit Mama, keine Anrufe von Kollegen. *Präventivmaßnahme*: Binden Sie Ihrer Mutter nicht auf die Nase, dass Sie frei haben, wenn Sie die Zeit nicht mit ihr verbringen wollen. Informationen zurückhalten ist eine klassische vorbeugende Maßnahme! Zu Hause kann Ihr Anrufbeantworter dann die Welt von Ihnen fern halten.

Wie Sie sehen, ist das Konzept einfach. Präventivmaßnahmen bieten keine hundertprozentige Kontrolle in jeder Situation, aber sie können einiges bewirken.

4. »Ich habe etwas vor«: eine neue Definition

Die Definition Ihrer »Vorhaben« zu erweitern, ist eine befreiende Erfahrung. Viele Leute fühlen sich unbehaglich, wenn sie eine Einladung ohne schwarz auf weiß im Kalender eingetragene Verpflichtung ablehnen. Aber auch dann, wenn Sie unbedingt mal wieder einen gemütlichen Abend zu Hause brauchen, nur mit einem Schaumbad und einem guten Buch, haben Sie definitionsgemäß etwas vor. Wenn Sie Lust haben, am Samstag mit Ihrem Hund Frisbee zu spielen oder mit Ihren Kindern einen Videofilm anzuschauen, haben Sie etwas vor. Unstrukturierte Freizeit ist ungeheuer wichtig, um Stress abzubauen und die Beziehung zu Menschen, die Ihnen nahe stehen, zu pflegen. Haben Sie keine Hemmungen, Ihren rechtmäßigen Anspruch darauf geltend zu machen.

Geben Sie sich die Erlaubnis, Pläne mit sich selbst zu machen. Wenn nötig, tragen Sie diese in Ihren Terminkalender ein. Behandeln Sie sie wie wichtige Verabredungen, denn das sind sie.

5. Entschuldigungen, bei denen alle Beteiligten ihr Gesicht wahren

Dieses Buch soll Ihnen helfen, Nein zu sagen, ohne sich mit einer faustdicken Lüge aus der Affäre zu ziehen. Es wäre gleichwohl töricht zu glauben (und hier kommt das große Aber), dass es klug ist, immer die ganze Wahrheit zu sagen. Schonungslose

Offenheit mag der richtige Weg sein, wenn man in einer Krisensituation jemanden überzeugen will, dass eine professionelle Therapie das Beste ist. Aber wenn Sie nur keine Lust auf ein »Date« mit einem Mann haben, der überhaupt nicht Ihr Typ ist, sollten Sie diplomatischer sein. Ihm mitzuteilen, dass es da jemand anderen in Ihrem Leben gibt, selbst wenn es momentan nicht ganz den Tatsachen entspricht, ist keine Todsünde, sondern ein Akt der Barmherzigkeit. Deshalb sind die einfühlsamen Entschuldigungen, die allen Beteiligten gestatten, das Gesicht zu wahren, ein wichtiges Instrument, das allerdings auf Notfälle beschränkt sein sollte. Benutzen Sie diese Notlügen nur in angemessenen Situationen, anders ausgedrückt: um jemandem eine Kränkung oder Peinlichkeit zu ersparen, Ihr Leben zu erleichtern ... und wenn Sie sicher sein können, dass man Sie nicht dabei erwischt!

Bereiten Sie sich mental darauf vor, Nein zu sagen

Wenn Sie von den Tipps in diesem Buch profitieren wollen, müssen Sie zuerst einmal in der Lage sein, die Worte überhaupt auszusprechen. Was ist, wenn Sie vor lauter Schuldgefühlen oder Angst kein Wort über die Lippen bringen?

Ohne schlechtes Gewissen Nein zu sagen ist eine Sache des gesunden Menschenverstandes, der gelegentlich über ein zu weiches Herz siegen sollte. Die richtige mentale Vorbereitung bewirkt, dass dieses Vorhaben weniger einschüchternd auf Sie wirkt. Die nachfolgenden Vorschläge geben Ihnen das Rüstzeug an die Hand, Ihre eigenen Grenzen mit mehr Selbstvertrauen zu verteidigen.

1. Wie oft mussten Sie selber schon ein »Nein« verkraften!

Wir teilen nicht nur Körbe aus, sondern handeln uns auch welche ein. Mit Sicherheit haben Sie selbst schon erlebt, dass jemand Ihre Einladung ausgeschlagen, Ihnen eine Bitte oder Gefälligkeit verweigert oder Sie in einer Liebesbeziehung enttäuscht hat. Ist dadurch die Welt untergegangen? Haben Sie die Person gehasst, die Nein gesagt hat? Nein, Sie haben letztendlich überlebt und sind vielleicht sogar innerlich gestärkt aus der Situation hervorgegangen. Ihre eigene Fähigkeit, die unvermeidlichen Zurückweisungen im Leben zu verkraften, ist der Beweis, dass Menschen im Stande sind, mit Widrigkeiten aller Art fertig zu werden und nach vorne zu schauen. Deshalb sollten Sie nicht davon ausgehen, dass Sie jemandem wirklich ernsthaft schaden, wenn Sie einmal Nein sagen.

2. Lernen Sie, ein Nein als Antwort zu akzeptieren

Dieser Rat gilt vor allem dann, wenn Sie sich beim Lesen des vorherigen Abschnitts gesagt haben: »Es war trotzdem grauenvoll! Ich hasse die Person, die mich zurückgewiesen hat!« Wenn wir selbst schlechte Erfahrungen gemacht haben, tragen wir diesen persönlichen Ballast oft ein Leben lang mit uns herum und neigen dazu, die Reaktion anderer auf *unser* Nein zu überschätzen. Deshalb sollten wir verhindern, dass alte Wunden, die in keinem Zusammenhang zur aktuellen Begebenheit stehen, uns am notwendigen Neinsagen hindern. Zwischen Ihnen und den grausamen, unsensiblen Gespenstern der Vergangenheit, die Sie noch immer verfolgen – Lehrer, ehemalige Lebenspartner, Chefs und sogar die eigenen Eltern – besteht ein himmelweiter Unterschied. Wenn *Sie* heute zu jemandem Nein sagen, müssen Sie nicht grausam und unsensibel sein, da Sie Ihre Absage einfühlsam formulieren und zudem gute Gründe dafür haben. Richtig? Wir hoffen es jedenfalls. Rücken Sie dieses Thema in die richtige Perspektive, indem Sie sich vor Augen halten, wie oft am Tag die Leute in Ihrer Umgebung Nein zueinander sagen. Wenn Sie aufmerksam beobachten, werden Sie feststellen, dass dies andauernd geschieht und in den meisten Fällen keine große Sache ist. Denken Sie daran, wenn Sie selbst Nein sagen oder sich mit einem Nein abfinden müssen.

Lernen Sie, Zurückweisung nicht als Beinbruch, sondern als normalen Teil des Lebens zu betrachten. Auf diese Weise sind Sie weniger kopflos, wenn Sie eine Bitte ablehnen müssen, und gehen anderen hoffentlich mit gutem Beispiel voran.

3. Von anderen lernen

Einige Leute beherrschen die Kunst, Nein zu sagen, so perfekt, dass man es kaum bemerkt. Ihre Worte klingen natürlich und aufrichtig. Der Tonfall ist freundlich und einfühlsam. Sie halten Blickkontakt beim Sprechen. Alle diese Faktoren haben zur Folge, dass ihr Nein als vollkommen verständliche, annehmbare Antwort akzeptiert wird. Es gibt aber auch Menschen, deren Erwiderung wie eine harsche Rüge klingt. Beobachten Sie, wie andere Nein sagen, und lernen Sie daraus. Orientieren Sie sich an Redewendungen und Verhaltensweisen derjenigen, die diese Kunst vollendet beherrschen. Und denken Sie an das Sprichwort: Der Ton macht die Musik.

4. Sagen Sie laut und deutlich, was Sache ist!

Haben Sie Angst vor dem Klang Ihrer eigenen Stimme? Es mag lächerlich erscheinen, aber in einschüchternden Situationen finden viele Leute es schwer, den Mund aufzumachen und ihren Standpunkt laut und deutlich zu vertreten, auch wenn sie sonst nicht auf den Mund gefallen sind. Um Krach zu vermeiden, werden sie zu Duckmäusern (im Klartext: »Na gut, ganz wie Sie meinen«). Deshalb empfehlen wir regelmäßige Übungen, um die Stimmbänder zu kräftigen! Setzen Sie sich in Ihr Auto, legen Sie eine Kassette Ihrer Lieblings-Popsängerin ein (machen Sie ihr ruhig Konkurrenz, was die Lautstärke angeht, wenn Sie schon nicht bei der Stimmqualität mithalten können!), drehen Sie die Lautstärke voll auf und singen Sie aus voller Kehle mit. Sie können auch aus voller Kehle Ihren Sohn anfeuern, wenn seine Mannschaft Fußball spielt. Oder schreiben Sie sich für einen Karatekurs ein: Dort lernen Sie den »Kiai-Schrei« und können Ihre Darbietung bis zum Schwarzen Gürtel verfeinern. Kurz: Machen Sie Lärm!

Und dann wird's ernst. Wählen Sie eine Nein-Antwort aus diesem Buch aus und proben Sie diese mit lauter Stimme im stillen Kämmerlein. Suchen Sie sich eine aus, die Sie gerne einem Ihrer Bekannten sagen würden. Experimentieren Sie mit verschiedenen Ausdrucksweisen; wandeln Sie die Worte so lange ab, bis sie sich natürlich aneinander reihen und Selbstvertrauen spiegeln. Üben Sie mit einem Kassettenrekorder, bis Sie beim Ton Ihrer Stimme nicht mehr zusammenzucken (was niemandem entgehen würde). Sobald Sie ein Gehör für Ihre eigene Stimme entwickelt haben, ist es nicht mehr so schwer, sich bei anderen Gehör zu verschaffen.

5. Der Glaube, der Berge versetzen kann

Sie werden vielleicht feststellen, dass Ihnen die Nein-Antworten in diesem Buch anfangs noch sehr schwer fallen. In diesem Fall hilft das alte Sprichwort vom Glauben, der Berge versetzen kann: Stellen Sie sich in allen Einzelheiten vor, wie Sie mit innerer Stärke und Selbstvertrauen Nein sagen. Und wenn die Situation es erfordert, visualisieren Sie dieses Bild und verhalten sich so wie ein Mensch, der *tatsächlich* Stärke und Selbstvertrauen ausstrahlt. Andere werden darauf reagieren und Sie entsprechend behandeln. Und ehe Sie sich versehen, werden Sie sich *wirklich* stärker und vertrauensvoller fühlen, so dass Sie niemandem mehr etwas vorspielen müssen.

Ein Geheimtipp für alle, die Karriere machen wollen, lautet: Wählen Sie Ihre Kleidung nicht entsprechend der Position aus, die sie *derzeit* bekleiden, sondern die Sie *anstreben.* Auch Sie können beschließen, genau das Leben anzustreben, das Ihnen vorschwebt, statt sich mit dem abzufinden, was Sie derzeit haben, und von einem besseren zu träumen. Selbst wenn Sie sich noch nicht ganz mit Ihrer neuen Rolle identifizieren, sollten Sie sich ins Rampenlicht hinauswagen und Ihren Text sprechen. Passen Sie als Erstes Ihr Verhalten an; die Selbstsicherheit kommt später von alleine. Glauben Sie uns: Es funktioniert.

Vorbereitung zum Jasagen: Der Inspirationskatalog

Eine der Tragödien eines hektischen Lebens ist, dass es unsere Gedanken von denjenigen Dingen auf der Welt ablenkt, die uns wirklich Spaß machen. Um diesen Quellen der Freude wieder auf die Spur zu kommen, sollten wir uns zuerst ins Gedächtnis rufen, welche es sind.

Eine Technik, mit der Sie diese Erinnerung regelmäßig auffrischen können, ist der sogenannte Inspirationskatalog. Das bedeutet, dass Sie in einem Ordner, Notizbuch oder in der Schreibtischschublade Gedächtnisstützen von allem sammeln, was Sie liebend gerne tun würden, wenn Sie mehr Zeit und Energie besäßen. Schreiben Sie alles auf Zettel, skizzieren Sie Ihre Ideen, legen Sie Listen an, heben Sie Fotos auf oder schneiden Sie Artikel über alles aus, was Ihnen ein Seufzen und die Worte entlockt: »Ich wünschte ...«

Angenommen, Sie haben schon immer davon geträumt, eines Tages nach Japan zu reisen. Eines Tages entdecken Sie eine stimmungsvolle Aufnahme vom Fujiyama in einem Urlaubskatalog. Schneiden Sie das Bild für Ihren Inspirationskatalog aus. Wenn Sie davon träumen, wie Isaac Stern Geige zu spielen, besorgen Sie sich ein Programmheft von einer Musikschule, selbst wenn Sie nicht nicht die Zeit aufbringen, sich für einen Anfängerkurs einzuschreiben. Werfen Sie immer wieder einen Blick in Ihren Inspirationskatalog und aktualisieren Sie ihn. Jedes Mal, wenn Sie Ihre Sammlung anschauen, malen Sie sich dann aus, wie Sie Ihren Zielen zusehends näher kommen. Gestatten Sie Ihrem Traum, nach und nach Gestalt anzunehmen und Wurzeln zu fassen. Wenn Sie Ihr Augenmerk auf das Ergebnis und Ihre Konzentration auf die Realisierung Ihrer Träume richten, rückt das Ziel jeden Tag mehr in Reichweite.

Die nachfolgende Geschichte ist wahr und zeigt, wie eine kleine Inspiration eine große Veränderung im Leben eines Menschen bewirken kann.

Vor nicht allzu langer Zeit war Patti noch Redakteurin in Manhattan, lebte in einem Einzimmer-Appartment und fuhr jeden Tag mit der U-Bahn zur Arbeit. Wenn sie an ihrem Schreibtisch in einem Bürogebäude mitten im geschäftigen Stadtzentrum saß, blätterte sie oft in einem Prospekt für Abenteuerreisen und schwelgte in den idyllischen Aufnahmen von majestätischen Berglandschaften und schimmernden Flüssen. »Da wäre ich jetzt gerne«, pflegte sie mit einem sehnsüchtigen Seufzen zu sagen.

Schließlich wurde ihr bewusst, dass sie mehr tun konnte als tagträumen, nämlich Mitglied in einem Club für Abenteuerreisen werden und die Schönheiten der Natur selbst erkunden. Es dauerte nicht lange, und sie unternahm häufig Wanderungen in die Berge und entlegenen Landstriche im Nordosten Amerikas. Schließlich wurden Patties Outdoor-Aktivitäten zu einem so unverzichtbaren Teil ihres Lebens, dass sie zu einer Entscheidung von einiger Tragweite gelangte: Sie gab ihren Job auf, zog nach Nordkalifornien und machte sich selbstständig. Nun hat sie statt der Fotos einen echten Berg vor Augen (zugegeben, es ist eher ein größerer Hügel), wenn sie an ihrem Schreibtisch sitzt, und kann ihn besteigen, wann immer sie Lust dazu hat. Alles begann mit einem Reiseprospekt – und einer kleinen Inspiration.

Überlegen Sie, welche Möglichkeiten, Nein zu sagen, Ihr Leben bereichern und Sie der Verwirklichung Ihrer Träume näher bringen. Da Sie nun das kleine Einmaleins beherrschen, ist es Zeit für den nächsten Schritt im Lernprozess. In den folgenden Kapiteln werden wir Sie mit der Kunst vertraut machen, Kindern, Freunden und Nachbarn, Kollegen, Hausierern, Telefonverkäufern und allen, die mehr von Ihnen verlangen, als Sie geben können oder wollen, ein klares Nein entgegenzusetzen.

Nein sagen, wenn es ums liebe Geld geht

»Ich habe meiner Tochter 15.000 Euro geliehen, als Anzahlung für ein Haus. Das war vor fünf Jahren, und bisher hat sie noch keinen Pfennig zurückgezahlt.«

»Ein Kollege von mir im Büro hat nie genug Geld dabei, wenn wir nach Feierabend etwas trinken gehen. Da er genauso viel wie ich verdient, frage ich mich, warum ich dauernd für ihn mitzahle?«

Haben Sie so viel Geld, dass Sie einen Teil davon loswerden möchten? Kein Problem: Schauen Sie sich um und Sie werden jede Menge Menschen entdecken, die es Ihnen mit Kusshand abnehmen. Zum Beispiel der vom Schicksal gebeutelte Bettler an der Ecke, der eine milde Gabe gebrauchen könnte. Die Frau am Telefon, die Ihnen schildert, warum ihre Wohltätigkeitsorganisation dringend Unterstützung benötigt. Und vielleicht möchten Sie gerne einem Verwandten unter die Arme greifen, der auf einem riesigen Schuldenberg sitzt und einfach nicht mehr weiß, wie es weitergehen soll. Für Möchtegern-Philanthropen gibt es eine endlose Skala von Wahlmöglichkeiten mit schwindelerregender Bandbreite.

Doch selbst Philanthropen müssen gelegentlich Nein sagen, wenn sie um Geld gebeten werden. Um für diejenigen Zeiten gerüstet zu sein, in denen wir weniger geneigt sind, die Brieftasche zu zücken, zahlt es sich aus, schon im Vorfeld über Reaktionsmöglichkeiten nachzudenken und unsere Fähigkeit, Nein zu sagen, zu verbessern. Da es leicht zu Unstimmigkeiten kommen kann, wenn es um Geld geht, können wir mit einer einfühlsamen, neutralen Reaktion den Frustfaktor für alle Beteiligten auf ein Mindestmaß herunterschrauben.

Wahre Freunde: Der Umgang mit der Bitte um eine Anleihe

In einer perfekten Welt müsste niemand Freunde oder Angehörige um eine Anleihe bitten. In einer beinahe perfekten Welt wäre jeder, der um einen Kredit nachsucht, verantwortungsbewusst und vertrauenswürdig, würde seine Schulden pünktlich und bis auf den letzten Heller tilgen, mit Zinsen. Aber es gibt natürlich auch eine alles andere als perfekte Welt. In der wir leben und lernen müssen, Nein zu sagen.

Der Preis der Freundschaft?

Falls Sie ein flaues Gefühl haben, jemandem Geld zu borgen, könnte es möglich sein, dass es dabei unter dem Strich gar nicht um den finanziellen Aspekt geht, sondern um den damit verbundenen Ballast persönlicher Erfahrungen.

Als Kathrin beschloss, einer Freundin aus der Klemme zu helfen, war ihr bewusst, dass sie ihr Geld vermutlich nie wieder sehen würde. Jahrelang hatte sich Annette, eine Schauspielerin ohne festes Engagement oder Durchhaltevermögen, wenn sie Arbeit hatte, mit schlecht bezahlten Statistenrollen, der Unterstützung durch ein Familienmitglied und einer kontinuierlichen Abfolge finanzkräftiger männlicher Begleiter über Wasser gehalten. Als diese Geldquellen schließlich versiegten, verschärfte sich Annettes Situation noch mehr; die unbezahlten Rechnungen stapelten sich immer höher, Telefon und Strom wurden gesperrt, und sie lief Gefahr, auch noch das Dach über dem Kopf zu verlieren.

Obwohl Kathrin der Ansicht war, dass Annette sich ihre Notlage selber zuzuschreiben hatte, fühlte sie sich verpflichtet, ihrer Freundin mit einem Darlehen von mehreren tausend Euro unter die Arme zu greifen. Sie wusste, dass Annette, verschuldet, wie sie war, es voraussichtlich nie zurückzahlen würde.

Sie behielt natürlich Recht.

In den darauffolgenden Monaten erholte sich Annette von der Krise und nahm ihr sorgloses Leben wieder auf. Sie ließ sich mit einem erfolgreichen Mann ein, aß nur in den besten Restaurants, fuhr in Urlaub und verbrachte den Tag damit, bis in die Puppen zu schlafen, zu shoppen und Freunde zu besuchen. Das brachte Kathrin zur Weißglut. Wäre sie in der Situation gewesen, hätte sie Himmel und Hölle in Bewegung gesetzt, um ihre Schulden zurückzuzahlen. Kathrin befand sich in einer Zwickmühle: Sie konnte ihre Freundin wegen des Geldes ins Gebet nehmen oder es gleich in den Wind schreiben. Allem Anschein nach rangierte die Tilgung ihrer Schulden bei Annette unter »ferner liefen«, da Kathrin einen gut bezahlten Job hatte. Annette war dagegen ständig knapp bei Kasse.

Obwohl Kathrin gewusst hatte, dass ihre Freundin leichtfertig war, hatte sie insgeheim doch gehofft, dass Annette in ihrem Fall anders reagieren würde. Solange kein Geld im Spiel war, war die Sorglosigkeit, mit der Annette in den Tag hinein lebte, allein ihre Sache und ein Charakterzug, den sie beinahe amüsant fand. Doch als sich Kathrin ebenfalls in die Schar der Gläubiger eingereiht hatte, konnte sie nicht umhin, den zügellosen Lebensstil ihrer Freundin aus einer strengeren Warte zu betrachten. Nun standen ihre persönlichen Interessen auf dem Spiel. Durch ihre Empörung über Annettes Verhalten bekam die Beziehung einen Knacks, denn ein wichtiger Bestandteil der Freundschaft war ein für alle Mal zerstört: das Vertrauen. Obwohl sie den finanziellen Verlust verschmerzen konnte, fühlte sich Kathrin verraten. Sie war gekränkt, dass Annette sie ausgenutzt hatte und nicht im Traum daran dachte, sich ihrerseits an die Abmachung zu halten.

Es muss nicht sein, dass bei Geld die Freundschaft aufhört, wie das Sprichwort besagt, aber es belastet eine Beziehung. Wie diese Geschichte veranschaulicht, ist ein persönliches Darlehen oft mehr als eine bloße Finanztransaktion. Wenn es nur ums Geld ginge, wäre die Entscheidung einfach: Entweder Sie haben genug, um es zu verleihen, oder nicht. Punktum. Doch selbst wenn Sie gut betucht sind, zögern Sie vielleicht, es zu verborgen. Was für ein Gefühl haben Sie bezüglich der Person, die Sie um ein Darlehen bittet? Wird sie das Geld zurückzahlen oder es zumindest versuchen? Wofür braucht sie das Geld? In gewisser Hinsicht sehen Sie sich genötigt, über den Bittsteller zu Gericht zu sitzen, seinen Charakter und seine Bedürftigkeit zu beurteilen und zu entscheiden, ob er kreditwürdig ist. Wenn Sie sein Verhalten aus welchen Gründen auch immer missbilligen – wenn Sie zum Beispiel der Meinung sind, dass er durch eigene Trägheit oder Unachtsamkeit in die Bredouille geraten ist –, werden Sie nicht bereit sein, mit Freuden zu geben.

Manche Leute haben Schuldgefühle, wenn sie eine Bitte um Geld abschlagen, obwohl sie genug haben; das gilt vor allem, wenn der andere weiß, dass sie gut bei Kasse sind. Zugegeben, die Situation ist wirklich unangenehm, und oft sind wir insgeheim verstimmt, dass man überhaupt mit einem solchen Ansinnen an uns herangetreten ist. Aber wenn wir das Geld widerwillig verleihen, ist der Groll noch größer.

Nein sagen bei Bitten um beträchtliche Summen

Sagen Sie ganz einfach Nein, ohne einen Grund für Ihre Entscheidung zu nennen. Wenn Sie eine, wenn auch kurze, Erklärung hinzufügen, ist die andere Person genötigt, das Thema weiterzuverfolgen. *Nein, tut mir Leid. Ich würde dir gerne helfen, aber ich kann nicht.* Wenn Sie Glück haben, ist die Sache damit vom Tisch. Falls Sie mehr sagen müssen, probieren Sie es mit einer der folgenden Strategien.

Entschuldigungen, bei denen beide Seiten das Gesicht wahren: »Ich kann es mir nicht leisten.«

Wenn Sie Nein sagen, weil Ihnen die Mittel fehlen, streichen Sie das persönliche Element aus Ihrer Entscheidung; für den Bittsteller ist diese Absage weniger peinlich. Selbst wenn Sie einmal eine kleine Notlüge gebrauchen müssen, sollten Sie in gewissen Fällen ein Nein aus finanziellen Erwägungen in Betracht ziehen. Auch hier sind wieder die eher schlichten Formulierungen die besten.

Tut mir Leid, ich kann das Geld im Moment nicht erübrigen.

Geht nicht. Ich habe selbst gerade finanziell zu kämpfen.

Tut mir Leid, ich kann nicht. Als Selbstständiger habe ich kein festes Einkommen und muss deswegen Geld für Notzeiten auf die hohe Kante legen.

Die Grundsatzerklärung: »Bei Geld hört die Freundschaft auf.«

Tut mir Leid, aber ich verleihe grundsätzlich kein Geld an Freunde. Ich halte das für eine schlechte Idee.

Ich verleihe prinzipiell nur dann Geld an Freunde, wenn es sich um eine absolute Notsituation handelt. Und da das nicht der Fall ist, muss ich leider Nein sagen.

Deine Freundschaft ist mir sehr wichtig, und deshalb habe ich kein gutes Gefühl dabei, dir Geld zu leihen. Ich fürchte, unsere Beziehung würde sich dadurch verändern. Es ist mir lieber, die Büchse der Pandora gar nicht erst zu öffnen.

Geschenke:
»Du brauchst es nicht zurückzuzahlen.«

Vielleicht möchten Sie das Geld, um das man Sie bittet, ganz oder teilweise als Schenkung und nicht als Darlehen betrachten. Der Vorteil bei einer Schenkung ist, dass allen Beteiligten der Druck erspart bleibt, sich den Kopf über die Rückzahlung zu zerbrechen. Aber Sie sollten nur dann so großzügig sein, wenn Sie das Geld problemlos und ohne heimlichen Verdruss verschenken können.

Nein, ich verleihe grundsätzlich kein Geld, aber ich schenke es dir. Ich hoffe, damit ist dir geholfen.

Ich kann dir das Geld geben. Du musst es mir nicht zurückzahlen; überweise die Summe, die du mir schuldest, an eine Wohltätigkeitsorganisation.

Zwischen den Generationen:
»Hände weg vom Eingemachten.«

Vor einigen Jahren bat eine der Autorinnen ihren Vater, ihr bei der Anzahlung für ein Haus zu helfen. Sie erhielt prompt zur Antwort: »Vergiss es. Du solltest dir kein Haus kaufen, wenn du es dir nicht leisten kannst.« Nach einem kurzen verbalen Scharmützel gelangte sie zu der Schlussfolgerung, dass ihr Vater Recht hatte. Er hatte auch das Recht, seine Ersparnisse für die eigene Zukunft zu verwenden. Das Gleiche gilt für Sie. Wenn Sie der Bitte Ihrer erwachsenen Kinder um eine Finanzspritze nur mit einem unguten Gefühl nachkommen würden, sagen Sie klipp und klar:

Ich habe dieses Geld für den Ruhestand gespart. Es gibt viele Dinge, die ich mir dann noch leisten möchte. Tut mir Leid, aber ihr müsst einen anderen Weg finden, die Anzahlung für das Haus zu finanzieren.

Tut mir Leid, aber ich muss Nein sagen. Ich finde, dass niemand über seine Verhältnisse leben sollte. Wenn du keine Bank findest, die dir einen Kredit gibt, werde ich auch die Finger davon lassen.

Ich liebe dich sehr und wünsche dir Glück – aber Geld werde ich dir nicht leihen. Du bist alt genug, um dir deine Wünsche selber zu finanzieren.

Denken Sie daran: Sie können immer Zeit gewinnen, wenn jemand Sie mit einer Bitte um Geld überrumpelt, indem Sie sagen: *Ich muss erst einmal meine Finanzen überprüfen* oder *Lass mich darüber nachdenken; ich melde mich bei dir.*

Falls Sie beschließen, das Geld doch zu verleihen, sollten Sie vorsichtig sein und die Transaktion schriftlich festhalten. Falls der Bittsteller davor zurückscheut oder beleidigt ist, dass Sie das Thema überhaupt zur Sprache bringen, sollten bei Ihnen die Alarmglocken schrillen. Eine schriftliche Vereinbarung mit den wichtigsten Kreditkonditionen ist der beste Schutz für Ihre Beziehung, weil sie hilft, Missverständnissen im weiteren Verlauf vorzubeugen. (Sie bestätigt außerdem, dass es sich bei dem Darlehen um eine »rechtsverbindliche« Transaktion handelt, für den Fall, dass irgendjemand geneigt sein sollte, es zu vergessen.) Die Formulierung muss nicht juristisch ausgeklügelt oder hochkompliziert sein, und Sie brauchen keinen Anwalt; eine schriftliche Übereinkunft mit Angaben über die Höhe des Darlehens, die Zinsen, die Sie verlangen (falls überhaupt) und die Ratenzahlung reicht. Machen Sie zwei Kopien, unterschreiben Sie beide und bewahren Sie Ihr Dokument gut auf.

Absage an einen Schnorrer

Der Schnorrer ist keiner, der Sie in großem Stil »abzockt«, sondern eher jemand, der sich klammheimlich auf Kosten anderer bereichert. Die meisten von uns kennen solche »Abstauber«, die andere mal hier und mal da um unbedeutende Summen erleichtern. Leute, die nie Kleingeld zur Hand haben, wenn der Kaffeewagen im Büro die Runde macht. Wenn Sie mit ihnen ausgehen, haben sie leider ihr Portemonnaie vergessen und können ihre Zeche nicht selbst bezahlen. Sie sehen das Geld nie wieder, aber es ist Ihnen peinlich, sie darauf hinzuweisen und es einzutreiben. Jede dieser Begebenheiten ist eine Bagatelle, doch unter dem Strich kann diese Masche Sie verrückt machen, wie ein ständig tropfender Wasserhahn. Und deshalb muss man Schnorrern das Handwerk legen. Mit folgenden Mitteln:

Entschuldigungen, bei denen beide Seiten das Gesicht wahren: »Ich kann es mir nicht leisten.«

Heute nicht; ich bin selber knapp bei Kasse (Wenn Sie es oft genug sagen, geht dem Betreffenden vielleicht irgendwann ein Licht auf).

Eigentlich wollte ich dich *um Geld bitten; ich brauche die zehn Euro, die ich dir letzte Woche geliehen habe.*

Die Grundsatzerklärung: »Bei Geld hört die Freundschaft auf.«

Ich habe mir eines angewöhnt: Ich leihe prinzipiell niemandem mehr etwas. Das Geld zerrinnt mir sonst unter den Fingern.

Tut mir Leid, ich verleihe nichts mehr. Ich finde das nicht gut und möchte nicht, dass wir uns deswegen entzweien.

Ironie: »Die Bank ist geschlossen.«

Du hast bei mir bereits dein Kreditlimit erreicht. Ich fürchte, ich muss dir bald den Gerichtsvollzieher schicken.

Singen Sie den uralten Schlager: *»I can't give you anything but love.«*

SIE: *Ich leihe dir fünf Euro, wenn du dafür meine Badewanne schrubbst.*

SCHNORRER: *Was soll das nun wieder?*

SIE: *Du bist wie ein Schwamm!*

Auch Präventivmaßnahmen können helfen, einen Schnorrer in seine Schranken zu weisen. Bevor Sie ausgehen, fragen Sie ihn: *Musst du vorher noch zum Geldautomaten*? oder *Hast du deine Kreditkarte eingesteckt*? Um die Botschaft rüberzubringen, dass Sie nichts verleihen, können Sie nach einem Blick auf die Speisekarte auch sagen *Ich muss mal nachsehen, ob ich genug Geld dabei habe, um den Grillteller Deluxe zu bestellen.*

Nein sagen, wenn sich Ihnen »die große Chance Ihres Lebens« bietet

Wenn Sie bisher noch nicht aufgefordert wurden, sich finanziell an einem »Netzwerkmarketing« zu beteiligen, warten Sie's ab: Es ist nur eine Sache der Zeit, bis die Lawine auch Sie überrollt.

Beim Netzwerkmarketing werden Distributoren angeworben, die eine bestimmte Produktlinie (zum Beispiel Putzmittel oder Vitaminpräparate) verkaufen, und zwar an Freunde, Angehörige, Nachbarn, Kollegen und jeden, der bereit ist, ihnen zuzuhören. Wenn Sie jemals einer solchen Präsentation beigewohnt haben, merken Sie sehr schnell: Das größte Potenzial ist nicht der Verkauf des Produkts, sondern die Aufstockung der Verkaufsmannschaft im Schneeballsystem. Der Anreiz liegt darin, dass der ursprüngliche Distributor nicht nur am Umsatz derjenigen Personen beteiligt ist, die er selbst angeworben hat, sondern auch aller weiteren Glieder in der Kette, die auf dieser Schiene rekrutiert wurden ... bis ins letzte Glied.

Ob Sie sich in ein solches System einklinken, ist allein Ihre Entscheidung. Wir persönlich sind nicht erpicht darauf, uns vor den Karren eines Unternehmens spannen zu lassen, das Menschen ermutigt, ihre persönlichen Beziehungen auszubeuten und in klingende Münze umzusetzen. Außendienstmitarbeiter haben das Recht, einmal zu fragen, und jeder von uns hat das Recht (und hoffentlich die Fähigkeit), Nein zu sagen.

Die entsprechenden Firmen werben ihr Personal oft bei Verkaufsvorführungen im Haus ihrer Distributoren an, aber auch bei Veranstaltungen in Hotels und anderen Örtlichkeiten. Wenn Sie daran teilnehmen, werden Sie in aller Regel mit einer aalglatten Präsentation und einem Schwall motivierender Worte umgarnt, die Sie mitreißen sollen. Die beste Gegenwehr besteht darin, sich dem zeitraubenden Sirenengesang gar nicht erst auszusetzen. Wenn Sie zu einer solchen Veranstaltung eingeladen werden, sagen Sie:

Nein danke. Kein Interesse.

Ich sage es Ihnen, wie es ist: So etwas liegt mir nicht, und auch die Teilnahme an der Veranstaltung wird keinen Sinneswandel bei mir bewirken. Aber trotzdem danke.

Wenn die Präsentation beginnt

Sie scheinen von dem Produkt begeistert zu sein, und ich wünsche Ihnen viel Erfolg. Aber für mich kommt es nicht in Frage.

Verkaufen macht mir keinen Spaß, und deshalb wäre der Versuch vergebene Liebesmüh. Aber trotzdem danke.

Verkaufen ist nichts für mich. Sonst hätte ich es längst zu meinem Beruf gemacht und unter Garantie wesentlich mehr Geld verdient! Ich sage Ihnen ganz ehrlich: Ich habe weder Interesse daran, das Produkt zu verkaufen noch Leute anzuwerben, die damit hausieren gehen.

Die Produkte scheinen ganz gut zu sein. Ich kaufe drei Stück, weil ich sie sowieso regelmäßig benutze. Aber darüber hinaus müssen Sie leider auf mich verzichten.

Einer Ihrer Kollegen hat schon einmal versucht, mich für den Verkauf des Produkts zu gewinnen, und ich habe die große »Chance meines Lebens« ausgeschlagen; an meiner Einstellung hat sich nichts geändert.

Sie sind sehr hartnäckig. Mir ist klar, warum Sie als Verkäufer so erfolgreich sind. Aber ich habe Nein gesagt. Sparen Sie sich jeden weiteren Überredungsversuch.

Nein sagen zu Menschen und Organisationen, die in Not sind

In diesem Buch geht es zwar darum, Nein zu sagen, aber das bedeutet nicht, dass wir generell von Spenden für Bedürftige, Wohltätigkeitsorganisationen oder einer guten Sache abraten. Ganz im Gegenteil: Jeder uneigennützige Impuls verdient Unterstützung. Wenn Sie trotzdem hin und wieder Nein sagen müssen, gelingt Ihnen das eher und ohne Schuldgefühle, wenn Sie tief in Ihrem Innern wissen, dass Sie ansonsten ein großherziger Mensch sind. Sie können sich aber nur dann großherzig fühlen, wenn Sie Ihre Großherzigkeit bisher immer wieder bewiesen haben. Falls Sie noch nie eine gute Sache oder eine Organisation unterstützt haben, an deren Ziele Sie glauben, sollten Sie jetzt vielleicht damit anfangen.

Je nach vorhandenen Ressourcen können Sie Geld, Zeit oder beides investieren. Gehen Sie, wohlüberlegt und bewusst, eine Verpflichtung ein, bei der Sie sich wohl fühlen und mit der Sie leben können. Es ist nicht schwer, renommierte Hilfsprojekte oder Organisationen zu finden, die Verwendung für das haben, was Sie anbieten. Kontaktadressen finden Sie im Aushang der Kirchen und Gemeinden, in Zeitschriften und Tageszeitungen oder im Telefonbuch.

Eine weitere Möglichkeit, Ihre milden Gaben gezielt zu verteilen, besteht darin, mehrere Monate lang sämtliche Spendenaufrufe, die Sie per Postwurfsendung erhalten, zu sammeln. Dann prüfen Sie diese sorgfältig und überlegen, ob die eine oder andere eine Resonanz bei Ihnen weckt. Vielleicht ist Ihre Mutter an Krebs gestorben, und Sie möchten der Krebsforschung jedes Jahr eine bestimmte Summe zukommen lassen. Oder Sie möchten sich für die Randgruppen der Gesellschaft engagieren: Vielleicht können Sie ehrenamtlich in einer Suppenküche oder in einer sozialen Einrichtung mitarbeiten, die Obdachlose, psychisch Kranke oder Drogensüchtige betreut. Oder Sie unterstützen ein pädagogisches Programm für lernbehinderte Kinder, damit sie später bessere Chancen im Leben haben. Konzentrieren Sie Ihren Beitrag auf eine gute Sache oder teilen Sie ihn auf mehrere Anliegen auf; die Wahl liegt bei Ihnen. Wofür Sie sich auch entscheiden mögen: Sie wissen, dass Sie Ihr Scherflein beitragen, und das ist ungemein befriedigend. (Bevor Sie Geld spenden, sollten Sie gleichwohl die Organisation, die Sie in Betracht ziehen, auf Herz und Nieren prüfen.)

Wenn Sie eine gute Sache anvisiert haben, die Sie überzeugt und Ihr Bild von der Zukunft erhellt, tragen Sie mit jeder Geld- oder Zeitinvestition zur Verwirklichung dieser Vision bei. Je engagierter Sie sich dafür einsetzen, desto leichter wird es Ihnen fallen, Nein zu Anliegen zu sagen, für die andere eintreten.

Sind wohltätige Zwecke wirklich immer wohltätig?

Bevor Sie Ihren Scheck abschicken, sollten Sie sich vergewissern, dass die gemeinnützige oder wohltätige Organisation Ihrer Wahl einen erstklassigen Leumund besitzt und ihre Ziele und Zwecke ausgewiesen sind. Sie sollte außerdem wie ein seriöses Wirtschaftsunternehmen geführt sein und gewährleisten, dass ein bestimmter Prozentsatz der Spendengelder direkt an die Empfänger geht (statt im Labyrinth der Verwaltungskosten zu versickern).

Informationen über gemeinnützige oder wohltätige Organisationen erhalten Sie in Kirchen und Gemeinden.

Wie man Nein zu Spendenaktionen sagt

Vermutlich erhalten auch Sie hin und wieder unaufgefordert Spendenaufrufe per Post. Wenn Sie die Informationen lesen oder ein Bittsteller an die Tür klopft, bringt man es oft nur schwer übers Herz, ihm die kalte Schulter zu zeigen. Auch wenn Sie nicht jedes Mal Ja sagen können, sind Sie in der Lage, auf der Grundlage Ihrer persönlichen Überzeugungen und Prioritäten einen sinnvollen, gezielten Beitrag zu leisten.

Trotz aller Großherzigkeit ist die Bedürftigkeit ein Fass ohne Boden, und Sie können nicht jedem helfen, der Ihrer Hilfe bedarf. Hier sind einige Nein-Antworten, die wir nützlich fanden:

Mein Jahresbudget für soziale Anliegen ist leider erschöpft.

Tut mir Leid, aber ich spende schon für _____ (Füllen Sie die Leerstelle mit der Organisation Ihrer Wahl, zum Beispiel *die Krebsforschung*, aus).

Meine Familie und ich planen unsere Spenden ein Mal im Jahr, im Dezember. Wenn Sie uns Informationen über Ihre Organisation zuschicken, werden wir sie beim nächsten Mal gerne in Betracht ziehen.

Tut mir Leid, aber ich spende grundsätzlich nicht auf telefonische Anfragen hin (Sie können vorschlagen, dass man Ihnen Informationen per Post zuschickt, mit denen Sie sich befassen werden.)

Die lieben Kleinen mit den Sammelbüchsen

Für einige Leute, zu denen auch unsere Freundin Susanne gehört, finden die meistgefürchteten Begegnungen mit Spendensammlern vor dem Supermarkt statt. Dort wird sie häufig von einer Truppe bewundernswerter Zehnjähriger angesprochen, die Geld für ihre Schule, ihren Fußballverein oder ein Jugendprogramm brauchen.

»Das kann ich nicht ausstehen!«, sagt Susanne. »Anscheinend liegen sie dort immer dann auf der Lauer, wenn ich einkaufen gehe. Ich weiß, dass es für einen guten Zweck ist, und das finde ich auch bewundernswert, aber ich hasse es, dass ich mich gezwungen fühle, andauernd etwas zu geben. Wenn ich vorbeigehe, komme ich mir mies vor.«

Die Situation ist für sie so unangenehm, dass sie beim Anblick der kleinen Spendensammler oft umdisponiert: Sie erledigt andere Besorgungen zuerst und kehrt erst dann zum Supermarkt zurück, wenn sie sieht, dass die Luft rein ist. Oder sie sieht sich zu der Erklärung genötigt, dass sie nur Kreditkarten und kein Bargeld bei sich hat.

So jung, so unschuldig und so viel Macht. Das ist beängstigend. Wer würde diese Kinder nicht in ihren Bemühungen unterstützen? Wer bringt es fertig, ihre Bitten zu ignorieren?

Sie.

Sehen Sie die Sache einmal aus einer anderen Perspektive: Hat Ihre Mutter Ihnen nicht schon von Kindesbeinen an gepredigt, dass man im Leben nicht alles haben kann? (Wenn nicht sie, dann haben Ihnen vielleicht die Rolling Stones mit »I can't get no satisfaction« die Augen geöffnet.) Den kleinen Spendensammlern wird diese Lektion auch nicht erspart bleiben. Im Lauf des Tages werden viele Leute an ihrem Klapptisch vorübergehen, ohne das Portemonnaie zu zücken. Auch Sie können dazu gehören, und wenn, dann ist es eben so, und damit basta. Kein Spendensammler – wie jung und naiv, nett und adrett auch immer – kann davon ausgehen, mit jedem Versuch einen Treffer zu erzielen. Das ist die Realität und liegt in der Natur der Sache. Wenn Sie also das nächste Mal angesprochen werden, schenken Sie den kleinen Sammlern einen freundlichen Blick, ein anspornendes Lächeln und ein paar ermutigende Worte, zum Beispiel: *Tut mir Leid, heute nicht – aber viel Glück!*

»Bin in Not; bitte um eine milde Gabe!«

Wie oft fühlen Sie sich auf der Straße von solchen Schildern angesprochen? Mehrmals im Jahr? Mehrmals am Tag? Greifen Sie automatisch in Ihre Tasche, um ein bisschen Kleingeld herauszuholen? Oder gehen Sie weiter, ohne sich umzudrehen?

Wie wir alle wissen, gibt es überall Menschen, die in Not sind – nicht nur in Großstädten, sondern auch in Vororten, Kleinstädten und auf dem Lande. Es gibt viele Gründe, warum ein Mensch als Bettler auf der Straße endet, und es gibt keine »richtige« Reaktion, wenn ein Fremder die Hand aufhält. Was tun Sie also?

»Fundgeld« für eine gute Sache

Eine Frau aus unserem Bekanntenkreis sammelt alles Geld, das ihr unerwartet zukommt, für einen wohltätigen Zweck. Sie hebt es in einem Glas mit Schraubverschluss auf, bis sie genug beisammen hat, um es zu spenden.

»Fundgeld« kann Geld gleich welcher Art sein, mit dem Sie nicht gerechnet haben oder das zumindest nicht von Ihnen verplant wurde. Abgesehen davon können Sie es tatsächlich überall »finden« – zum Beispiel in einer alten Manteltasche oder auf der Straße. Hier einige Tipps, was alles Fundgeld sein könnte:

Geldgeschenke (Schickt Ihnen Ihre Tante immer noch zehn Euro zum Geburtstag?)

Gewinn aus einer Tippgemeinschaft, beim Kartenspielen, Bingo oder in der Lotterie

Die gesamte Steuerrückzahlung oder ein Teil davon

Die Kosten für ein Zeitschriften-Abonnement, das Sie nicht erneuern wollen

Das Geld, das Sie sparen, wenn Sie Sonderangebote kaufen

Geld, das Sie auf dem Flohmarkt oder in Secondhandläden aus dem Erlös Ihrer alten Sachen erzielen.
Versuchen Sie's – es kostet nichts!

Sofern das Ergebnis der von uns durchgeführten Recherche repräsentativ ist, sind die Reaktionen unterschiedlich. Einige der Befragten gaben aus Prinzip nichts, weil sie der Meinung waren, Betteln trage nur zum Fortbestand der Probleme bei. Andere hatten immer Kleingeld in der Tasche, das sie verteilten. Oder boten etwas zu essen statt Geld an. Viele reagieren »je nach Situation«: Sie versuchen, sich über jeden Einzelnen auf der Basis eines flüchtigen, ziemlich vagen Eindrucks ein Urteil zu bilden. Ist dieser Mann wirklich bedürftig oder will er mich »ausnehmen«? Sieht sie so aus, als würde sie sich mit dem Geld Drogen beschaffen? Täuscht er die Krankheit oder das Gebrechen nur vor, um Mitleid zu erregen?

Selbst diejenigen unter uns, die geneigt sind zu helfen, sind nicht beständig in ihren Reaktionen. Manchmal haben wir es eilig und keine Zeit, Kleingeld zu suchen, oder wir ertragen es nicht, uns mit jemandem auseinander zu setzen, der sich in einer so verzweifelten Notlage befindet. Der Anblick verstört uns; wir suchen das Weite und das Vergessen. Aber häufig leiden wir danach unter nagenden Schuldgefühlen. Haben wir gerade ein Schlitzohr abblitzen lassen oder es versäumt, einem Menschen die Hand zu reichen, der ein trostloses Dasein führt, bedürftig und verletzlich ist? Wenn sich Kinder in unserer Begleitung befinden, zerbrechen wir uns außerdem noch den Kopf wegen des schlechten Beispiels, das wir geben. Aus welchem Grund auch immer: Wir haben ein schlechtes Gewissen, vielleicht nicht jedes Mal, aber oft genug, um uns Gedanken darüber zu machen.

Falls Sie rundum zufrieden mit der Art sind, wie Sie mit solchen Begegnungen umgehen, gehören Sie zu den wenigen Ausnahmen und können den nächsten Abschnitt überspringen. Aber die meisten von uns befinden sich irgendwo in der Mitte der Skala zwischen Geizkragen und Mutter Theresa, wo sich die Welt mit ihren Grauzonen präsentiert. Wir sind überzeugt, dass wir anderen helfen sollten; wir legen Wert darauf, mitfühlend zu sein. Aber oft sind wir erbost oder frustriert, wenn uns ein Fremder »anbettelt« und uns stört, weil er uns zu einer Konfrontation mit der Realität nötigt.

Es ist nichts dagegen einzuwenden, wenn man Nein sagt, aber alle Beteiligten fühlen sich besser, wenn die Absage einfühlsam formuliert wird. Ein paar schlichte, freundliche Worte genügen.

Tut mir Leid.

Heute nicht.

Zucken Sie mit den Schultern/zeigen Sie Ihre leeren Hände und sagen Sie: *Viel Glück* oder *Alles Gute.*

Wenn Sie nicht nur ablehnen wollen, sollten Sie Ihre »Hausaufgaben« machen und sich über die verfügbaren Hilfen in Ihrer Gemeinde erkundigen.

Hier ist ein Essensgutschein. (Sie werden in vielen Gemeinden verkauft; Sie können diese einem Bedürftigen schenken, der damit Lebensmittel in bestimmten lokalen Geschäften kaufen kann.)

Wissen Sie, dass es ganz in der Nähe eine Suppenküche gibt? Dort gibt es jeden Tag unentgeltlich eine warme Mahlzeit. (Nennen Sie die Adresse.)

Wenn Sie auf der Straße an einem Bettler vorübergehen, sollten Sie sich, ungeachtet dessen, ob Sie etwas geben wollen oder nicht, immer vor Augen führen, dass Sie einen *Menschen* vor sich haben. Oft werden Bedürftige wie Abschaum behandelt – verachtet, beschimpft, beraubt oder ignoriert. Mit einem Lächeln oder Kopfnicken können Sie jemandem den Tag verschönern.

Im Kontext eines Lebens, das in Großherzigkeit und menschlicher Anteilnahme wurzelt, muss ein Nein keine Selbstvorwürfe hervorrufen. Wenn Sie mit Hingabe einen guten Zweck oder mehrere Anliegen unterstützen, die Ihren Überzeugungen entsprechen und zur Verwirklichung Ihrer Träume für unsere Welt beitragen, gibt es vieles, weswegen Sie sich gut – und nicht schuldig – fühlen sollten.

Nein sagen am Arbeitsplatz

A: *»Ich liebe meinen Beruf. Wenn ich morgen im Lotto gewänne, würde ich trotzdem weiterarbeiten, denn sonst würde mir etwas in meinem Leben fehlen.«*

B: *»Es kommt natürlich auf den jeweiligen Tag an, aber im Allgemeinen finde ich die Arbeit gar nicht so schlecht.«*

C: *»Ich arbeite, weil ich Geld verdienen muss, sonst nichts. (Und spiele fleißig Lotto.)«*

Was für einen Beruf Sie auch verrichten, die Einstellung zur Arbeit stimmt vermutlich mehr oder weniger mit einer dieser drei Antworten überein. Wenn Sie A gewählt haben, können wir nur sagen, herzlichen Glückwunsch, denn dann gehören Sie zu den Glückspilzen, die man an einer Hand abzählen kann. Wenn Sie dagegen zur Mehrheit gehören, rangieren Ihre Gefühle für Ihre Arbeit irgendwo auf der Skala zwischen »Ganz passabel« (B) und »Am liebsten ohne!« (C).

Es ist absolut in Ordnung, einen Job zu haben, der einigermaßen »passabel« ist. Aber warum wollen Sie sich das Leben jeden Tag zusätzlich erschweren, indem Sie sich von Gegebenheiten (oder Menschen) am Arbeitsplatz auf eine Weise beeinflussen lassen, die Frustration oder heimlichen Groll in Ihnen weckt? Oder warum lassen Sie aus Trägheit oder Angst zu, dass die Arbeit immer mehr Zeit in Ihrem Leben verschlingt, Sie von Menschen oder Aktivitäten abhält, an denen Ihnen viel liegt, Sie daran hindert, Ihre Träume zu verwirklichen? Deshalb ist die Fähigkeit, Nein zu sagen, am Arbeitsplatz unerlässlich und eine Kunst, die Sie meisterhaft beherrschen sollten.

Das Wissen, wie man sich am Arbeitsplatz abgrenzt, ohne sich als »Drückeberger« zu präsentieren, kann die Lebensqualität ungemein verbessern. Damit können Sie die täglichen Belastungen unter Kontrolle bringen. Und noch wichtiger ist, dass Sie durch eine vernünftige Begrenzung der Arbeitszeit und des Arbeitsvolumens mehr Chancen haben, ein ausgewogenes Leben zu führen und Interessen *außerhalb* der Arbeitssphäre nachzugehen. Der Entschluss, Nein zu sagen, bringt Sie denjenigen Dingen näher, zu denen Sie Ja sagen möchten. Dieses Kapitel zeigt, wie Sie ein ausbalanciertes Leben anstreben, wenn Sie Nein am Arbeitsplatz sagen und dabei gleichzeitig das übergeordnete Bild im Blick behalten.

Auf den nachfolgenden Seiten finden Sie Beispiele für Nein-Antworten in den unterschiedlichsten Situationen, die Sie am Arbeitsplatz aus dem Gleichgewicht bringen: Überstunden, ein mörderisches Arbeitsvolumen, unvernünftige Forderungen von Kollegen und Chefs, aber auch Unhöflichkeit, sexuelle Belästigung oder Diskriminierung und fehlende Sicherheitsvorkehrungen. Danach werden wir Strategien erörtern, wie Sie Ihre Träume lebendig und sich mental in Topform halten können, ungeachtet der Tätigkeit, die Sie ausüben. Wir werden auf die wachsende Anzahl derer eingehen, die ihre Herangehensweise an das Geldverdienen überdenken: Sie verzichten auf einen gesicherten Job zugunsten eines einfacheren Lebensstils und geben denjenigen Aktivitäten den Vorrang, die unternehmerisches Denken erfordern und mehr Unabhängigkeit und Selbstbestimmung ermöglichen.

Die Arbeitnehmer von heute: Bis an die Leistungsgrenzen

Gibt es überhaupt noch Jobs mit einer Arbeitszeit von neun bis fünf? In den meisten Büros sind sie genauso verschwunden wie die mechanischen Schreibmaschinen und das Kohlepapier. Der Gedanke, um Punkt fünf Feierabend zu machen, ohne schlechtes Gewissen und »Hausaufgaben«, scheint eine Wunschvorstellung zu sein, ein Relikt aus der guten alten Zeit, als das Leben noch einfach war. Seither wurde der Acht-Stunden-Tag in aller Stille gestreckt, so dass wir Mühe haben, mitzuhalten. Die Arbeitszeit von neun bis fünf existiert zwar noch, aber meistens unter der Rubrik Halbtagsjob!

Es ist wohl eine Ironie des Schicksals, dass in einer Zeit, in der neue Technologien unser Leben vereinfachen und erleichtern sollten, viele Leute mehr arbeiten als früher. Aber in vieler Hinsicht erhöhen Computer, Faxgerät, Anrufbeantworter, E-Mail, Mobiltelefon oder andere technische Errungenschaften nur noch den enormen Druck, der auf den Beschäftigten lastet. Heute wird erwartet, dass sie in kürzerer Zeit mehr leisten und mit weniger Hilfskräften auskommen (Sie haben Glück, wenn es einen Schreibpool gibt und Sie sich mit sechs Kollegen eine Sekretärin teilen dürfen).

Es stimmt, dass der technische Fortschritt, der unsere Arbeitswelt grundlegend verändert hat, eine Tür zu einem völlig neuen Komplex von Arbeitsoptionen geöffnet hat, wie flexible Arbeitszeit, Telecommuting (eine Kombination aus betriebsinterner Tätigkeit und externer Bildschirmarbeit) oder der Sprung in die Selbstständigkeit, der alle Rekorde bricht. Die Fülle der technischen Möglichkeiten kann es dem Menschen aber auch erschweren, der Arbeit zu entfliehen. Da der Kontakt zur eigenen Firma und zu Kunden heute rund um die Uhr »auf Knopfdruck« hergestellt werden kann – es dauert nur einen Bruchteil von Sekunden, um ein Schriftstück ans andere Ende der Welt zu schicken –, wird die Messlatte immer höher gelegt, und man fragt sich: Was kann der Mensch eigentlich nicht? Unser wunderträchtiges digitales Zeitalter sorgt dafür, dass wir den Laptop einpacken, wenn wir in Urlaub fahren, um beim Verfassen von Aktennotizen auf das Display zu schauen, statt uns auf die faule Haut zu legen und aufs Meer hinauszublicken. Und wozu müssen wir dem Rhythmus der anbrandenden Wellen lauschen, wenn wir ein Handy haben und die Nachrichten abhören können, die in der Zwischenzeit gekommen sind. Was für ein Glück!

Auf der Jagd nach immer mehr Profit und Produktivitätszuwachs können selbst Superchefs und Superfirmen ihren Mitarbeitern das Letzte abverlangen. Oft bemerken wir anfangs gar nichts, weil das Management so eine nette, herzliche, familiäre Art hat, die Daumenschrauben anzuziehen. Man drückt Ihnen vielleicht die geheiligten Zielformulierungen des Unternehmens in die Hand, als gerahmter Wandschmuck fürs Büro. Man beruft Mitarbeiterbesprechungen ein und erklärt, dass alle an einem Strang ziehen und jeder Einzelne ein wichtiges Mitglied im Team ist. Und als guter Teamspieler, der Sie sind, setzen Sie natürlich alles daran, die gemeinsamen Ziele zu erreichen. Sie wollen heroische Leistungen bringen und im Konkurrenzkampf siegen!

Prima, lassen Sie sich nicht aufhalten! Arbeit macht mehr Spaß, wenn man sich mit viel Energie und Elan ans Werk begibt. Aber geben Sie Acht, dass die Motivationswelle Ihnen nicht den Boden unter den Füßen entzieht – oder schlimmer noch, Ihnen ein schlechtes Gewissen einimpft, wenn Sie Nein sagen müssen, weil Sie ein wenig Zeit für sich selbst abzwacken möchten.

Sie kommen mit den Schuldgefühlen wesentlich besser zurande, wenn Sie sich eine gesunde Perspektive bewahren und sich klar machen, was Beschäftigung heutzutage bedeutet. Wie Sie wahrscheinlich schon gemerkt haben, gibt es keine Arbeitsplatzgarantien mehr in der Zeit nach den Rosskuren, die sich viele Unternehmen verordnet haben, um schlank zu werden. Trotz der anfeuernden Worte während der letzten Motivationskampagne besteht das oberste Gebot jedes Unternehmens darin, sein Augenmerk auf die Bilanz zu richten und nicht etwa auf Ihr persönliches Wohlbefinden.

Vergessen Sie das nicht, wenn Sie sich das nächste Mal Vorwürfe machen, weil Sie viel zu früh, um Punkt fünf, Feierabend gemacht haben, um die Kinder bei der Tagesmutter abzuholen. Und denken Sie gründlich nach, bevor Sie hundertzehn Prozent Ihrer Energie in die Arbeit investieren, auf Kosten Ihrer Familie, Ihrer Träume und Ihrer persönlichen Entwicklung.

In Lohn und Brot, nicht versklavt: Nein sagen am Arbeitsplatz

Wenn Ihnen das System hart zusetzt, sind Sie es sich selbst schuldig, etwas dagegen zu unternehmen. Nicht etwa, weil Ihre Firma der Feind oder Ihr Chef ein Sadist wäre, der Sie ausbeuten will (obwohl das durchaus möglich wäre). Doch da Ihre Zufriedenheit am Arbeitsplatz nicht zuletzt von Ihrer Fähigkeit abhängt, faire und vernünftige Grenzen zu setzen und mit anderen zu kommunizieren, könnte irgendwann der Punkt erreicht sein, an dem es Ihnen reicht. Als Erstes empfiehlt es sich jedoch, in sich zu gehen und festzustellen, ob nicht Sie selbst diejenige Person sind, zu der Sie Nein sagen sollten.

Sagen Sie Nein zu Ihrem inneren Sklaventreiber

Treiben Sie sich selbst gnadenloser an als Ihr Chef?

»Ich habe meine Stellung in dem Wissen angetreten, dass eine Menge von mir verlangt wird«, sagt Melanie, Marketingleiterin in einem großen Unternehmen. »Die Abteilung war das reinste Chaos, die Systeme in extrem schlechtem Zustand.

Ich war bereit, jeden Tag Überstunden zu machen, bis in die Nacht hinein. Ein paar Mal war ich bis morgens um eins oder zwei im Büro und musste mich in einem nahe gelegenen Hotel einquartieren. Aber ich wusste, dass es so nicht weitergehen konnte. Der Job hat mein Privatleben zerstört und mir den Seelenfrieden geraubt. Nach ungefähr neun Monaten habe ich einen Schlussstrich gezogen und gesagt: ›Wisst ihr was? Mein Arbeitstag ist zu Ende. Ich mache jetzt Feierabend.‹

Komischerweise hat es deswegen nicht einmal Ärger mit meinem Vorgesetzten gegeben. Er hatte gar nicht erwartet, dass ich diese mörderische Arbeitszeit bis in alle Ewigkeit beibehalte. Der Konflikt entstand lediglich in meinem Innern. Ich bin so daran gewöhnt, eine Arbeit abzuschließen, dass es mir schwer fiel zu sagen: ›So, das reicht für heute.‹ Das hat mir gezeigt, dass ich mir selbst noch mehr abverlange als andere.«

Es ist nicht leicht, in einem Arbeitsumfeld, das sich letztendlich der Kontrolle entzieht, ein zwanghaftes Kontrollbedürfnis zu haben. In unserer heutigen Leistungsgesellschaft, die immer höhere Anforderungen an den Einzelnen stellt, ist Arbeitsüberlastung nicht die Ausnahme, sondern die Regel. Das Arbeitsvolumen kann, wie in Melanies Fall, so groß sein, dass es Ihnen nie ganz gelingen wird, Schritt zu halten. Sobald Sie erkannt haben, dass Perfektion ein unerreichbares Ziel ist, und beschließen, diesen Anspruch über Bord zu werfen, haben Sie einen großen Schritt zur Eindämmung von Minderwertigkeits- und Schuldgefühlen gemacht, die entstehen können, wenn ein Bericht unerledigt auf dem Schreibtisch liegen bleibt oder ein Rückruf auf den nächsten Tag verschoben werden muss.

»Immer, wenn ich Skrupel habe, um sechs zu gehen, sage ich mir: Niemand würde sich auf dem Sterbebett wünschen, er hätte länger und härter gearbeitet«, sagt Melanie. »Das ist eine unumstößliche Wahrheit, die mein Gewissen beschwichtigt.«

Ihr innerer Sklaventreiber ist möglicherweise Urheber der schlimmsten Zwänge am Arbeitsplatz. Die Ehre könnte natürlich genauso Ihrem Chef oder Kollegen gebühren. Auch zu ihnen können Sie unbedenklich Nein sagen … wenn Sie wissen, wie.

Sagen Sie Nein – auf eine positive Art

Kennen Sie das Sprichwort: »Mit Speck fängt man Mäuse?« Das ist zwar nicht *immer* die beste Methode, aber ein guter Ausgangspunkt, wenn es gilt, sich am Arbeitsplatz abzugrenzen.

Seit es Erwerbsarbeit gibt, haben sich die Beschäftigten darüber beklagt, und auch Sie haben unter Umständen allen Grund zum Jammern. Doch wenn Sie in dem Ruf stehen, ein notorischer Nörgler zu sein, könnte sich Ihr Nein als Bumerang erweisen. Um sich erfolgreich abzugrenzen, ist es wichtig, einen positiven Gesamtzusammenhang zu schaffen; deshalb achten Sie auf das Bild, das Sie nach außen hin projizieren. In diesem Lebensbereich ist das A und O Ihre innere Einstellung. Mitarbeiter, die im Allgemeinen als engagiert und kooperativ gelten, haben es leichter, sich in bestimmten Situationen zu verweigern; deshalb ist es klug, wenn Sie jede Gelegenheit wahrnehmen, Teamgeist zu beweisen. Sie werden sich bei einer »Extratour« weniger Widerstand von Seiten Ihrer Vorgesetzen und Kollegen gegenübersehen, wenn bekannt ist, dass Sie sich sonst schwer ins Zeug legen.

Wenn Sie am Arbeitsplatz Bitten gleich welcher Art ausschlagen, ist eine lange Litanei von Gründen das Letzte, was Ihre Mitstreiter hören wollen. Die beste Methode ist normalerweise die »Salami-Taktik«: Schieben Sie Ihre Absage zwischen einen mitfühlenden Satz und einen konstruktiven Vorschlag oder Kompromiss. Drei Schritte sind dabei erforderlich:

Äußern Sie Ihren generellen Wunsch, zu helfen.

Ich wünschte, ich könnte Ihnen helfen ...

Normalerweise wäre ich gerne bereit, einzuspringen ...

Ihr Problem ist mir klar; ich kenne es aus eigener Erfahrung ...

Erklären Sie mit einfachen Worten, warum Sie ablehnen müssen. Halten Sie sich an die Fakten und verzichten Sie auf die Gelegenheit, Ihrem Herzen Luft zu machen und darauf hinzuweisen, wie viel Sie zu tun haben.

Der Chef hat mir gerade eine Arbeit gegeben, die höchste Dringlichkeitsstufe hat; alles andere muss warten, bis sie erledigt ist.

Ich muss heute unbedingt um fünf Schluss machen.

Ich kann Ihnen die Informationen nicht bis morgen liefern, weil ich noch einige Termine mit absolutem Vorrang habe.

Versuchen Sie, sich als Teil der Lösung einzubringen. Schließlich arbeiten Sie vermutlich auf das gleiche Ziel hin. Zum Beispiel:

Können wir Mittwoch noch einmal darüber reden? An dem Tag habe ich mehr Zeit für Sie.

Haben Sie mal daran gedacht, einen freien Mitarbeiter einzustellen, der Ihnen zur Hand geht, wenn Not am Mann ist?

Könnten Sie mir einen freien Tag für die bevorstehende Präsentation geben? Dann kann ich mich ausschließlich auf dieses Problem konzentrieren und eine Lösung ausknobeln.

Nein sagen zu Überstunden

In einer hektischen Arbeitswelt, in der man immer unter dem Druck steht, möglichst früh zu kommen, spät zu gehen und jedes Wochenende Arbeit mit nach Hause zu nehmen, ist das Wissen, wie man exzessive Überstunden abbaut, Gold wert. Wovon wir hier reden, sind die unbezahlten Überstunden, für die man Sie normalerweise bezahlen müsste.

Angenommen, Sie hätten jeden Tag eine Stunde mehr zur Verfügung, um das zu tun, was Ihnen Spaß macht; was würden Sie mit der Zeit anfangen? Sie mit den Kindern verbringen, ins Fitness-Studio gehen, im Garten arbeiten, sich zurückziehen und ungestört ein Buch lesen? Vielleicht fällt Ihnen auf Anhieb nichts ein, weil Sie nie Zeit hatten, darüber nachzudenken.

Geben Sie sich selbst die Erlaubnis, Ihrer Arbeitszeit realistische Grenzen zu setzen, auch ohne Notfall und Kinder, die Sie vorschieben können. Jeder Mensch hat das Recht auf ein Privatleben; was Sie damit anfangen, ist allein Ihre Sache. Ihre »privaten Verpflichtungen« können Aktivitäten sein, die Ihnen Spaß machen oder Ihrer Gesundheit dienen, die Sie körperlich fit halten, Sie geistig fordern oder Balsam für die Seele liefern. Auch Ihre geheimsten Wünsche fordern und verdienen Beachtung.

Um den Anspruch auf das Recht geltend zu machen, das

Ihnen zusteht – ein vernünftiger Arbeitstag – empfehlen wir eine Variante der Aussage »Ich habe schon etwas vor.« Es sind keine weitschweifigen Erklärungen nötig. Wenn Sie zu viele Einzelheiten aufs Tapet bringen, gelangt Ihr Chef unter Umständen zu der Ansicht, es handle sich um »Ausflüchte«. Es ist effektiver, zu sagen »Ich habe einen Termin« als »Ich bin mit Freunden zu einem Drink verabredet«, wenn Sie pünktlich Feierabend machen wollen. Wenn *Ihnen* der Grund wichtig ist, ist er wichtig genug. Äußerungen wie die folgenden brauchen kein schmückendes Beiwerk:

Ich kann die Zeit heute Abend/dieses Wochenende leider nicht erübrigen, weil ...

Da habe ich bereits etwas mit der Familie geplant.

Ich habe (eine) häusliche Verpflichtung(en).

Ich bin heute Abend/zu der Zeit/am Wochenende bereits ausgebucht.

Ich muss an dem Tag zu einer Veranstaltung.

Nächste Woche springe ich gerne ein, aber dieses Mal muss ich pünktlich gehen.

Für heute bin ich total erledigt. Ich muss erst einmal eine Nacht schlafen, dann werde ich viel produktiver sein.

Ich kann heute Abend nicht länger bleiben, um das Projekt abzuschließen. Ich brauche mindestens vier Stunden Schlaf und deshalb muss ich jetzt los, sonst wird nichts daraus.

Nein sagen zu Arbeitsüberlastung

So viel Sie auch um die Ohren haben mögen, es ist im Allgemeinen nicht ratsam, eine Aufgabe, die in Ihren Verantwortungsbereich fällt, unumwunden abzulehnen. Aber Sie können den Druck mindern, indem Sie Ihre Vorgesetzen oder Kollegen ermutigen, Ihnen auf halbem Weg entgegenzukommen.

Präventivmaßnahmen

Manchmal ist es möglich, Nein zu einer Arbeit zu sagen, noch bevor sie Ihnen überhaupt angetragen wird. Es gibt Möglichkeiten, sich mit Anstand aus der Affäre zu ziehen und andere bereits im Vorfeld wissen zu lassen, dass man Sie zur Zeit nicht mit Mehrarbeit behelligen sollte. Im Idealfall erfolgt der Wink mit dem Zaunpfahl in der Gruppe, zum Beispiel im Rahmen einer Mitarbeiterbesprechung, so dass sich keiner der Anwesenden speziell angesprochen fühlt. Benutzen Sie diese Präventivmaßnahme nur dann, wenn sie wirklich gerechtfertigt ist, und sagen Sie Nein, ohne eine Beschwerde anzuhängen. Geben Sie zu verstehen, dass Sie trotzdem für wichtige Projekte verfügbar sind. Sagen Sie beispielsweise:

Da die Verkaufstagung in zwei Wochen stattfindet, hat unsere Grafikabteilung alle Hände voll zu tun, um Ihre Präsentationen und Arbeitsmaterialien termingerecht fertig zu stellen. Wir würden es sehr begrüßen, wenn Sie während dieser hektischen Zeit alles auf Eis legen, was nicht absolut Vorrang hat.

Termine, die sich nicht einhalten lassen

Wenn man Ihnen ein Projekt überantwortet, das Sie unmöglich im vorgegebenen Zeitrahmen abschließen können, sollten Sie den Auftraggeber in den Planungsprozess einbeziehen und versuchen, gemeinsam eine Lösung zu entwickeln.

Ich fürchte, dass ich diese Arbeit angesichts der vielen anderen Termine nicht in der gewünschten Zeit schaffe. Können wir über die Prioritäten sprechen?

Das ist machbar, aber nur, wenn ich das andere Projekt aufschiebe. Wäre das möglich?

Auch ohne Nein zu sagen, können Sie vielleicht schwarz auf weiß belegen, dass dieses fragliche Projekt ohne entsprechende Neuplanung nicht in der vorgegebenen Zeit erledigt werden kann. Rollen Sie den Prozess, vom Termin ausgehend, rückwärts auf und sprechen Sie über jeden einzelnen Schritt (zum Beispiel die Notwendigkeit, Informationen oder Material von einer dritten Partei zu beschaffen, die Anzahl der Genehmigungen, die eingeholt werden müssen, oder Feiertage, die den Ablauf der Arbeit verzögern).

Nur um sicherzugehen, dass uns kein wichtiger Punkt entgeht, sollten wir einen detaillierten Zeitplan für das Projekt aufstellen.

Bringen Sie Ihr Interesse an dem Projekt zum Ausdruck, aber verhandeln Sie über das Wie und Wann.

Das Projekt ist wirklich interessant, und ich würde es gerne übernehmen. Aber das Wochenende reicht nicht aus. Völlig unmöglich. Besteht die Chance auf eine Verschiebung des Termins? Wenn nicht, könnte ich auch das Squeako-Projekt auf Anfang der nächsten Woche verschieben und Ihnen diese Arbeit bis spätestens Dienstag liefern.

Stimmen Sie zu, aber machen Sie Ihrem Gesprächspartner klar, dass man auch auf Ihre Vorstellungen eingehen muss.

Ich würde das Projekt gerne übernehmen. Ich könnte es in etwa drei Monaten abliefern.

Stimmen Sie zu, aber machen Sie Ihrem Gesprächspartner klar, dass Sie dem Projekt nicht so viel Aufmerksamkeit widmen können, wie er erwartet (oder Sie möchten).

Ich kann einen Blick hineinwerfen und Ihnen sagen, was ich generell davon halte, aber ich habe im Moment keine Zeit, mich im Einzelnen damit zu befassen oder einen Bericht zu schreiben.

Nein sagen zu unvernünftigen Anliegen

Das ist ein Bereich, der subjektiv und schwer zu fassen ist. Was Ihnen »unvernünftig« erscheint, mag für denjenigen, der sich mit dem Anliegen an Sie wendet, nur recht und billig sein. (Je nachdem, um wen es sich dabei handelt, haben Sie unter Umständen kaum eine andere Wahl.) Es gibt jedoch Möglichkeiten, sich gegen unangemessene Forderungen zur Wehr zu setzen, selbst wenn Sie damit nur erreichen, dass der/die Betreffende das nächste Mal genau überlegt, bevor er sich mit einem solchen Ansinnen an Sie wendet.

Wenn das Anliegen nicht in Ihren Zuständigkeitsbereich fällt

Verweisen Sie den Bittsteller an eine andere Person, die als Ansprechpartner geeigneter ist. Meiden Sie aber Aussagen wie »Das ist nicht meine Aufgabe.« Der springende Punkt ist, dass Sie bei der Problemlösung helfen und sich nicht als zusätzliches Hindernis erweisen sollten.

Frau Müller ist eine echte Expertin, was die Marktforschung betrifft. Ich bin sicher, sie kann Ihnen diese Fragen besser beantworten als ich; deshalb verbinde ich Sie weiter.

Da ich mit der Planung von Veranstaltungen befasst bin, habe ich mit der Datenverwaltung wenig am Hut. Moment, ich werde mal nachschauen, wer der richtige Ansprechpartner sein könnte.

Ich bin nicht der richtige Mann für den Entwurf der neuen Broschüre. Ich bin Werbetexter und kein Grafiker. Für eine solche Arbeit brauchen Sie einen Profi. Ich kann Ihnen ein paar gute nennen, wenn Sie möchten.

Wenn es privat und nicht beruflich ist

Private Tätigkeiten sind in den meisten Arbeitsplatzbeschreibungen automatisch enthalten; deshalb ist es wichtig zu wissen, ob man sie auch in Ihrer Position erwartet. Wenn ja, ist es unangemessen, solche Bitten abzuschlagen.

Selbst wenn sie nicht zu Ihren Aufgaben gehören, sind persönliche Gefälligkeiten, die Sie Ihrem Chef oder Ihren Kollegen erweisen, zum Beispiel Besorgungen machen oder Kaffee holen, kein Problem für Sie – besonders, wenn sich diese bei Gelegenheit revanchieren. Eine Atmosphäre, in der die Kollegen einander helfen, ohne auf ihren »Dienstgrad« zu verweisen, ist der Arbeit in jedem Fall zuträglich. Aber falls jemand versucht, Sie zum Laufburschen zu degradieren, weil Sie in untergeordneter Stellung tätig oder einfach nur ein »netter Kerl« sind, sollten Sie klare Grenzen ziehen.

Oft sind für die privaten Gefälligkeiten, um die man Sie bittet, problemlos professionelle Dienstleistungsbetriebe verfügbar. Definieren Sie Ihre eigenen Grenzen, indem Sie vorschlagen, einen Profi damit zu beauftragen:

Da kann ich Ihnen leider nicht helfen. Aber ich bin sicher, dass der Kurierdienst Heißer Reifen auch Ihren Anzug aus der Reinigung abholt und herbringt. (Falls Sie wollen, können Sie so hilfsbereit sein und die Telefonummer heraussuchen.)

Tut mir Leid, aber ich kann Ihren Hund an diesem Wochenende nicht in Pflege nehmen. Soll ich versuchen, eine Tierpension für Sie ausfindig zu machen?

Eine direktere Methode:
Wenn ich zu Ihnen nach Hause fahre, um die Katzen zu füttern, bin ich mindestens eine Stunde weg. Das bedeutet, dass ich den Bericht für die Konferenz heute Nachmittag auf keinen Fall mehr schaffe. Ich kann nur das eine oder das andere. Die Entscheidung liegt bei Ihnen.

Wenn ich diese Besorgung für Sie übernähme, würde das Beispiel Schule machen, und das möchte ich nicht.

Oder Sie sagen:

Ich mache es, aber das muss eine Ausnahme bleiben. (Oder: Na gut. Aber lassen Sie uns klären, wie wir künftig in einer solchen Situation vorgehen wollen.)

Ich finde diese Bitte nicht angemessen.

Wenn es sich um eine Aufgabe handelt, mit der Sie lieber nichts zu tun haben möchten

Die Aufgabe, nach der Firmenfeier aufzuräumen/Geld für Geschenke zu sammeln/das Fußballspiel zu organisieren, scheint schon wieder mir zugefallen zu sein. Ich bin gerne bereit, mein Scherflein beizutragen, aber ich fände es fair, wenn wir uns dabei abwechselten. Dieses Mal wird sich bestimmt jemand anderer finden.

Ich möchte bei Konferenzen nicht als Mädchen für alles fungieren. Wir könnten das Café Figaro damit beauftragen, Kaffee und Gebäck zu liefern.

Nein sagen zu einer schwachsinnigen Idee

Einige Projekte sind reine Zeitverschwendung und einige Ideen geradezu schwachsinnig. Je nachdem, wer sie aus der Taufe gehoben hat, kann Ihr Einfluss in dieser Situation begrenzt sein. Diplomatie ist hier angesagt. Widerstehen Sie der Versuchung, sämtliche Gründe herunterzubeten, warum die Idee hirnrissig ist. Mit ein bisschen Glück brauchen Sie nur einen einzigen triftigen Grund, um sie abzuschmettern (gewiefte Neinsager wählen ihr Schlachtfeld nach gründlicher Überlegung aus und sind auch für Kritik empfänglich.) Bringen Sie Ihre Bedenken mit Fingerspitzengefühl zum Ausdruck und loben Sie irgendeinen Aspekt des Vorhabens (falls überhaupt möglich). Angenommen, Sie sind mit der Planung einer Kundenveranstaltung betraut, und Ihr Chef hat seine eigenen Vorstellungen davon, wie man die Werbetrommel dafür rührt:

Herr X, ich finde, es ist eine originelle Idee, die Einladungen mit Rückantwort per Brieftauben *zu verschicken! Aber ein Punkt bereitet mir Kopfzerbrechen. Die meisten unserer Kunden arbeiten in Hochhäusern, wo es keine Fenster gibt, die man öffnen kann. Wie gelangen die Vögel hinein und hinaus?*

Bieten Sie an, Alternativen zu entwickeln, oder schlagen Sie eine andere Möglichkeit vor.

Da das Ziel darin besteht, den Verkauf des neuen Vogelfutters zu fördern, das unsere Firma auf den Markt gebracht hat, könnten wir vielleicht Vögel aus Schokolade herstellen lassen und mit den Einladungen verschicken. Schokolade isst jeder gerne, und deshalb würden wir mit einer solchen Aktion die Aufmerksamkeit der Verbraucher wecken.

Auch die Grundtechniken funktionieren hier.
Zeit gewinnen: *Das ist ein interessanter Vorschlag. Ich würde gerne noch ein oder zwei Tage recherchieren; dann setzen wir uns wieder zusammen und besprechen die Einzelheiten. Wir sollten uns vergewissern, dass wir sämtliche Aspekte des Verkaufsförderungsprogramms berücksichtigen, damit wir auf jedes mögliche Ergebnis vorbereitet sind.*

Präventivmaßnahme: Wenn eine »Totgeburt« droht, gehen Sie in Deckung! Melden Sie sich nicht freiwillig, um Zeit in ein Projekt zu investieren, von dem Sie nicht hundertprozentig überzeugt sind.

Wissen, wann der Fall gelaufen ist

Bei all den heimlichen Zielsetzungen am Arbeitsplatz ist es nicht immer eine gute Idee, Front gegen eine schlechte Idee zu machen.

Marie ist in einer Firma tätig, die Tagungen plant. Als ihr Chef ihr 48 Stunden Zeit gab, um ein detailliertes Budget für das kommende Jahr auszuarbeiten, hatte sie das Gefühl, dass zunächst einige wichtige Fragen geklärt werden müssten.

»Es war frustrierend«, sagt Marie. »Ich sollte innerhalb von zwei Tagen die komplette Strategie für sechs Tagungen auf den Tisch legen und ich hatte keinerlei Informationen als Ausgangsbasis. Auf diese Weise zu arbeiten hat zwangsläufig zur Folge, dass man wichtige geschäftliche Entscheidungen trifft, die nichts mit der Realität zu tun haben.« Als sie ihrem Chef ihre Bedenken mitteilte, gab er ihr klipp und klar zu verstehen, dass er nicht die Zeit hätte, sich um den »Kleinkram« zu kümmern. Weil er dieses Budget nämlich *seinem* Vorgesetzten vorlegen musste, der ihn damit beauftragt hatte.

Von allerhöchster Ebene in der Befehlskette kommen nicht

selten unrealistische Anforderungen, die den Spielraum für Verhandlungen oder Kompromisse beschneiden. Marie hatte keine gute Verhandlungsposition gegenüber ihrem Chef, weil die Anordnung nicht von ihm selbst stammte. Wenn Ihr Gesprächspartner »zwischen zwei Stühlen sitzt« und sich auf Sie verlassen muss, um selber gut dazustehen, erhöht sich der Druck und wird nach unten weitergegeben. In einer solchen Situation wäre Widerstand ein taktischer Fehler, auch wenn die Logik klar auf Maries Seite war.

Sie erkannte, dass sie der Bitte trotz massiver Vorbehalte Folge leisten musste, und tat ihr Bestes bei der Aufstellung des Budgets. »Es hatte keinen Zweck, mit dem Kopf gegen die Wand zu rennen«, sagt sie. »Das hätte auf mich als Teamarbeiterin ein schlechtes Licht geworfen. Mir blieb keine andere Wahl, als meine Bedenken zu äußern und anzufangen.«

Wenn Sie gezwungen sind, ein Projekt zu übernehmen, dessen Konzept nach Ihrem Dafürhalten zu wünschen übrig lässt, tun Sie gut daran, sich schriftlich abzusichern und Kopien an alle zu schicken, die es angeht. Versuchen Sie dabei, auf Formulierungen zu verzichten, die nach Rechtfertigung oder Anklage klingen. Fassen Sie die Aktennotiz in ruhigem, unvoreingenommenem, »an Fakten« orientiertem Ton ab.

Marie schrieb: »Das angeforderte Budget liegt bei. Ich möchte Sie darauf aufmerksam machen, dass meine Schätzwerte lediglich auf bestimmten Annahmen basieren, da viele Faktoren bisher noch nicht klar umrissen sind [Dazu gehören: ...] Ich weise nochmals darauf hin, dass dieses Budget mit jeder Veränderung der Variablen an Verlässlichkeit einbüßt.«

Das Problem mit der Wahrnehmung

Eine Freundin berichtete, dass ihre Chefin eine Mitarbeiterbesprechung einberief und dort erklärte: »Wie ich sehe, steht niemand in dieser Abteilung kurz vor einem Nervenzusammenbruch; offenbar arbeitet ihr alle nicht hart genug.«

Wir hätten uns kein besseres Beispiel für den »Knick in der Optik« auf Management-Ebene ausdenken können. War diese Frau wirklich überzeugt, die Leistungsfähigkeit ihres Teams zu steigern, wenn sie es bis an den Rand eines Nervenzusammenbruchs trieb?

Der Abteilung wurde bald klar, dass die Zielsetzungen dieser Führungskraft nichts mit der Realität, sondern mit der Wahrnehmung zu tun hatten. Bei dem erwähnten Meeting wurde kein einziges fehlerhaftes oder unvollendetes Projekt als Beispiel genannt. Die tatsächliche Kompetenz und Produktivität der Abteilung standen nie zur Diskussion. Ihr war nur eines wichtig: der schöne Schein. Ihre Mitarbeiter sollten für jedermann sichtbar Überstunden machen, geschäftig herumwuseln und gelegentlich sogar ausrasten; das warf ein positives Licht auf sie als Vorgesetzte. Das signalisierte ihrem eigenen Vorgesetzten, dass sie ihre Leute fest im Griff hatte und ihnen Höchstleistungen abverlangte.

Für einen Chef mit solchen Wertvorstellungen zu arbeiten kann jeden in den Wahnsinn treiben. Doch in vielen Unternehmen sind Wahrnehmung und Realität am Arbeitsplatz ein und dasselbe. Ob es uns gefällt oder nicht: Der Erfolg hängt nicht nur von der Kompetenz ab, mit der wir unsere Arbeit verrichten, sondern auch von dem Bild der Kompetenz, das wir nach außen hin bieten. Wie uns andere beurteilen, wird nicht zuletzt dadurch bestimmt, ob wir die Qualitäten zeigen, die in ihren

Augen wertvoll sind. (Diese Managerin ist vermutlich der Ansicht, das Erkennungszeichen eines hundertprozentig engagierten Mitarbeiters sei sichtbarer Stress, während Ruhe und Gelassenheit von einem gewissen Schlendrian zeugen.)

Auch wenn die meisten Menschen versuchen, am Arbeitsplatz dem gewünschten Bild zu entsprechen, hat das Streben nach Konformität seine Grenzen. Die eigene Identität zu bewahren ist wichtiger als das Bemühen, sich im Verhalten anzupassen, was ein ungutes Gefühl oder einen Konflikt mit den eigenen Wertvorstellungen hervorruft. Wenn es um Wahrnehmungsprobleme geht, sollten Sie Ihrem Chef eine wohldosierte Portion Realität verabreichen, indem Sie ihn anspornen, sein Augenmerk auf Ihre guten Ergebnisse zu richten, statt darauf, wie Sie diese erreichen. Hier einige Vorschläge auf der Grundlage des oben geschilderten Beispiels.

Das Produktivitätsargument

Ich leiste bessere Arbeit und bin produktiver, wenn ich die Dinge ruhig angehen kann. Stress und Nervosität kosten Zeit.

Ich versuche, den Stress in meinem Leben in den Griff zu bekommen und bin stolz darauf, dass ich Spitzenleistungen bringe und immer auf dem Laufenden bin. Vielleicht sind einige Leute der Ansicht, man könne nicht entspannt sein und trotzdem anspruchsvolle Aufgaben bewältigen. Für mich ist das Wichtigste, mein inneres Gleichgewicht zu bewahren. Das hilft mir, meine Arbeit besser und effektiver zu verrichten.

Das »Was wäre wenn«-Argument

Weisen Sie auf die erstklassige Arbeit hin, die Ihr Team leistet, und erinnern Sie Ihre Chefin daran, dass jeder weiß, wie gut sie ihre Abteilung führt.

Unsere Abteilung ist eine der besten im Unternehmen. Wir erhalten immer erstklassige Leistungsbeurteilungen und außerordentlich positive Rückmeldungen vom Management und von unseren Kunden. Warum sollen wir uns noch mehr Stress machen, wenn wir auch so Spitzenleistungen erbringen?

Bitten Sie um hieb- und stichfeste Beispiele

Bitten Sie Ihre Chefin um konkrete Beispiel dafür, wie Ihre Vorgehensweise die Qualität der Arbeit beeinträchtigt hat.

Es stimmt, dass wir unterschiedlich an die Dinge herangehen. Schließlich hat jeder einen anderen Stil. Aber ich arbeite hart und nehme meine Aufgaben ernst. Ist Ihnen in letzter Zeit eine Situation aufgefallen, von der Sie meinen, ich sei ihr nicht gewachsen gewesen? Habe ich etwas versäumt? Wenn ja, würde ich es gerne erfahren, damit ich die Sache bereinigen kann.

Packen Sie die Gelegenheit beim Schopf

Wenn Sie sich Sorgen machen, dass unsere Abteilung nicht den Anschein erweckt, als würden wir bis zum Umfallen arbeiten, warum führen wir dann nicht die flexible Arbeitszeit ein? Einige von uns würden gerne in aller Herrgottsfrühe anfangen, und einige würden gerne später kommen und gehen. Bei einer flexiblen Arbeitszeitregelung wäre immer jemand verfügbar.

Wenn Sie der Boss sind

Für viele besteht der schlimmste Schlagabtausch am Arbeitsplatz nicht etwa darin, einem Vorgesetzten die Stirn zu bieten. Was ihnen den Schlaf raubt, ist vielmehr die Aussicht, einem Untergebenen die Leviten lesen, minderwertige Arbeit beanstanden oder die Bitte um einen freien Tag oder eine Gehaltserhöhung ausschlagen zu müssen. Schon bei dem Gedanken daran leiden sie unter Magenschmerzen und Schweißausbrüchen.

Jede Führungskraft ist bis zu einem gewissen Grad eine Autoritätsperson, was sich als zweischneidiges Schwert erweisen kann. Die Rolle des guten Polizisten, der als »Freund und Helfer« auftritt, ist natürlich begehrt. Aber wenn Sie sich als Vorgesetzter zu viele Gedanken machen, ob Sie auch bei allen wohlgelitten sind, gehen Sie unliebsamen Gesprächen vermutlich aus dem Weg. Infolgedessen dürfen Sie sich nicht wundern, wenn Sie sich mit nachlässiger Arbeit und frustrierenden Situationen konfrontiert sehen.

Um innere Hemmungen zu überwinden, müssen Sie sich als Erstes bewusst machen, dass Führen ein wesentlicher Teil Ihrer Verantwortung ist. Ihr Aufgabenbereich bringt gewisse Pflichten mit sich, und wenn Sie davor zurückscheuen, erledigen Sie Ihre Arbeit nicht so, wie Sie sollten. Betrachten Sie es einmal aus einer anderen Warte: Wenn Sie konstruktive Kritik äußern und einen Mitarbeiter motivieren, seine Leistungen zu verbessern, machen Sie nicht nur sich selbst das Leben leichter. Langfristig helfen Sie ihm auch, seine Kompetenz am Arbeitsplatz, seinen Nutzen für das Unternehmen und seinen »Marktwert« zu verbessern. Und Sie helfen damit außerdem Ihrer Firma, ihre Leistungen zu steigern.

Angenommen, Sie würden morgen Ihre Position aufgeben, und Ihre Mitarbeiter bekämen einen neuen Chef. Ihre Erfolgschancen unter der neuen Führungskraft wären wesentlich besser, wenn sie von Ihnen ermutigt wurden, sich stetig weiterzuentwickeln und nach persönlichen Bestleistungen zu streben. Wenn Sie also geneigt sind, Mitarbeiter Ihres Teams zu »schützen«, indem Sie tatenlos zuschauen, wie Leistungsstandards ins Rutschen geraten, erweisen Sie ihnen in Wirklichkeit keinen Gefallen.

»Theoretisch macht das ja Sinn«, denken Sie jetzt vielleicht. »Aber trotzdem graut mir bei dem Gedanken, jemandem zu sagen, dass seine/ihre Arbeit unannehmbar sei. Was soll ich dagegen machen?«

Ganz einfach: Behalten Sie das übergeordnete Bild im Blick. In der Beziehung zwischen Vorgesetzten und Untergebenen wird das Neinsagen oder die Kritik wie in vielen anderen Situationen für alle Beteiligten leichter, wenn der Gesamtzusammenhang positiv ist. Ein Manager sollte daher jede Gelegenheit wahrnehmen, um ein Lob für gute Arbeit und besondere Bemühungen auszusprechen. Gleich ob im persönlichen Gespräch, per Telefon, Memo, E-Mail oder (am allerbesten) vor versammelter Mannschaft: Jeder weiß es zu schätzen, wenn seine Leistung anerkannt wird. Damit schaffen Sie gleichzeitig ein freundlicheres Klima für die rauen Zeiten, wenn Sie konstruktive Kritik üben oder mangelhafte Leistungen zur Sprache bringen müssen. Wenn Sie mit positiven Feed-backs großzügig sind, zeigen Sie, dass Sie fair sind und nicht nur nach dem Haar in der Suppe suchen. Ihr »Nein« wird besser aufgenommen werden, und Sie werden weniger Schuldgefühle empfinden, es auszusprechen.

Nein sagen zu einer Arbeit, die Sie delegiert haben

Denken Sie oft: »Das mache ich lieber selbst, denn das kann ich schneller/besser«? Kurzfristig mag das einfacher sein, aber wenn Sie regelmäßig Aufgaben übernehmen, die ein Mitarbeiter erledigen sollte, ist das keine Zeitersparnis, sondern Schindluder, was Sie da mit sich treiben. Wäre es nicht besser, wenn Sie beide sich auf die Arbeit konzentrieren, für die Sie bezahlt werden?

Fragen Sie sich, ob Sie sich zusätzliche Aufgaben nicht deshalb aufbürden, um eine Konfrontation mit einem leistungsschwachen Mitarbeiter zu vermeiden. Wenn es sich so verhält, ist es nur fair gegenüber dem Beteiligten, die Situation anzusprechen. Betrachten Sie sich nicht als Moralapostel, sondern als Lehrer oder Mentor. Sie sind dank Ihrer Position in der Lage, ihn unter Ihre Fittiche zu nehmen und ihm zu helfen, seine berufliche Kompetenz und demzufolge auch seinen Nutzen für das Unternehmen zu erhöhen. Das setzt voraus, dass Sie Ihre Erwartungen unmissverständlich zum Ausdruck bringen.

Konzentrieren Sie sich auf das, was getan werden muss, statt auf Mängeln und Versäumnissen herumzureiten. Beschreiben Sie das Ziel. Es ist ein gewaltiger Unterschied, ob Sie sagen: »Diese Schlamperei muss aufhören; wie ich sehe, sind Sie überhaupt nicht bei der Sache« oder: »Das muss genauer sein. Bitte überarbeiten Sie das Ganze noch einmal und achten Sie dabei auf die Einzelheiten.«

Kritik an einem bestimmten Projekt

Erklären Sie im Einzelnen, was verbesserungsbedürftig ist, und spornen Sie Ihre Mitarbeiter zu Eigeninitiative und Eigenverantwortung an.

Ihre Präsentation könnte streckenweise noch wirkungsvoller sein. Es wäre nicht schlecht, wenn Sie einige hieb- und stichfeste Recherchen hinzufügen und das Informationsmaterial besser ordnen würden. Lassen Sie uns zuerst über Verbesserungsmög-

lichkeiten reden, und dann möchte ich, dass Sie sich das Konzept noch einmal vornehmen.

Ihr Umsatzbericht sollte mehr Details enthalten. Ich muss Sie bitten, ihn noch einmal zu überarbeiten; achten Sie darauf, dass er folgende Punkte berücksichtigt ...

Ihr Arbeitszeitnachweis ist nicht so lückenlos, wie ich ihn für die Leistungsbeurteilung unserer Abteilung brauche. Bitte ergänzen Sie ihn; mir fehlt noch Folgendes ...

In Ihrem Bericht sind fünf Tippfehler, aber ich habe sie nicht markiert, weil ich es für eine gute Übung halte, wenn Sie den Text noch einmal durchlesen und sie selber suchen. Bitte gewöhnen Sie sich an, in Zukunft sorgfältiger Korrektur zu lesen, bevor Sie Ihre Arbeit abgeben.

»Das ist Ihre Arbeit – also erledigen Sie sie auch«

Ich könnte sie selber machen, aber dann würden Sie nie die Kompetenz entwickeln, die Sie für diese Tätigkeit brauchen. Ich muss in der Lage sein, mich hundertprozentig auf Sie zu verlassen. Ich möchte, dass Sie von nun an die volle Verantwortung für diese Funktion übernehmen.

Ich habe mir dummerweise angewöhnt, Ihre Berichte in Form zu bringen, wenn sie Mängel hatten. Aber es wäre uns beiden gegenüber fairer, wenn Sie sie von Anfang an sorgfältiger abfassen würden. Von heute an werde ich sie Ihnen zur Überarbeitung zurückgeben. (Vergewissern Sie sich, dass Sie im Einzelnen darauf hinweisen, wie eine Verbesserung der Arbeit erzielt werden kann.)

Ich weiß, dass es nicht zu Ihren Lieblingsbeschäftigungen gehört, den Lagerbestand laufend zu aktualisieren und zu ordnen. Aber das ist Teil Ihrer Arbeit und hat eine wichtige Funktion. Die Belegschaft muss ohne lange Wartezeiten an das be-

nötigte Material herankommen. Ich erwarte, dass die Lagerwirtschaft bei Ihnen in Zukunft allerhöchste Priorität hat.

Wenn Sie in Ihrem Beruf Erfolg haben wollen, müssen Sie Neukunden gewinnen. Ich weiß, dass diese Erstkontakte mit potenziellen Kunden nicht jedermanns Sache sind. Aber wir sind eine Verkaufsorganisation, und das ist ein bewährter Weg, um Interessenten zu gewinnen. Jeder Außendienstler hat eine bestimmte Anzahl von Kundenbesuchen pro Woche zu absolvieren. Trauen Sie sich zu, diese Zielvorgabe in Zukunft zu erfüllen?

Nein sagen zu Anliegen von Mitarbeitern

Bitte um Freizeit

Präventivmaßnahme: Bitten Sie Ihre Mitarbeiter, Sie so früh wie möglich vorzuwarnen, wenn sie während der regulären Arbeitsstunden Freizeit für persönliche Angelegenheiten brauchen, so dass Sie die nötigen Vorkehrungen treffen und Interessenskonflikte vermeiden können. Und teilen Sie Ihren Mitarbeitern rechtzeitig mit, wann Sie in Ihrer Abteilung Hochbetrieb erwarten; damit können Sie Bitten um Freizeit, wenn es am wenigsten ins Konzept passt, abblocken.

Wenn der Zeitpunkt ungünstig ist und Sie Nein sagen müssen, sollten Sie den beruflichen Grund für Ihre Entscheidung hervorheben:

So kurz vor der Regionalleiter-Tagung kann ich Sie beim besten Willen nicht in Urlaub gehen lassen. Wir müssen bis dahin ungeheure Datenmengen verarbeiten und hinken jetzt schon hinter dem Zeitplan her. Ich muss Sie daher bitten, bis nach der Tagung zu warten.

Kann Ihnen der Mitarbeiter den Weg zum Ja ebnen? Indem er beispielsweise eine Lösung für das Problem findet, das durch seine Abwesenheit entsteht?

Freitagabend geht es bei uns immer besonders hoch her, wie Sie wissen, und wir brauchen jeden Mann. Aber sollten Sie jemanden finden, der für Sie einspringt, habe ich nichts dagegen, wenn Sie frei nehmen.

Diese Präsentation muss noch heute an unsere Frankfurter Niederlassung rausgehen. Wenn Sie mir versprechen, nach dem Arzttermin zurückzukommen und den Rest zu erledigen, kann ich Ihnen heute Nachmittag ein paar Stunden freigeben.

Bitte um Gehaltserhöhung oder Beförderung

Die Möglichkeit, verdiente Mitarbeiter zu belohnen, ist oft durch Budgets und andere Faktoren eingeschränkt, auf die Sie keinen Einfluss haben. Sie sollten diese Grenzen Ihrer Befugnisse offen eingestehen, sich aber gleichzeitig bemühen, den Bedürfnissen und Erwartungen in irgendeiner Weise zu entsprechen – wenn Sie nicht wollen, dass Ihre Mitarbeiterin wutentbrannt abrauscht. Sie wird dankbar zur Kenntnis nehmen, dass Sie ihr Engagement verbal anerkennen und nach Möglichkeiten suchen, es auch finanziell zu honorieren. Aber Vorsicht: Versprechen Sie nichts, was Sie nicht halten können.

Sie haben hervorragende Arbeit geleistet und gehören zu den Besten in meinem Team. Sie verdienen eine Beförderung, und sobald sich eine Gelegenheit bietet, werde ich an Sie denken. Aber im Augenblick gibt es keine einzige vakante Stelle. Das kann sich schnell ändern, wie Sie wissen. Ich möchte nichts versprechen, aber sollte eine Position freiwerden, die für Sie in Frage käme, werde ich mich für Sie einsetzen.

Selbst unter den Mitgliedern Ihrer Mannschaft ist nicht jeder ein Überflieger. Manchmal müssen Sie die Erwartungen Ihrer Mitarbeiter auf ein realistisches Maß herunterschrauben.

Tut mir Leid, dass Sie dieses Jahr mit einer größeren Gehaltserhöhung gerechnet haben. Ich hoffe, Sie wissen, wie zufrieden ich mit Ihrer Arbeit bin und wie sehr ich Ihre Einsatzbereitschaft schätze. Aber Ihre Kollegen in der Abteilung haben ein gleichwertiges Leistungsniveau, und ich muss fair sein. Tatsache ist, dass mir für Gehaltserhöhungen in meiner Abteilung nur eine begrenzte Summe zur Verfügung steht, und dieser »Topf« muss für alle reichen. Mir wäre es auch lieber, das Budget wäre größer. Aber angesichts der Umstände finde ich die Gehaltserhöhung, die ich Ihnen gegeben habe, fair.

Vielleicht müssen Sie auch einmal Nein sagen, weil Sie eine Gehaltserhöhung oder Beförderung nicht gerechtfertigt finden. Richten Sie Ihr Augenmerk auf spezifische Bereiche, die Ihr Mitarbeiter in Angriff nehmen sollte, um seine Leistungen zu verbessern und sich für die Gehaltserhöhung oder Beförderung zu qualifizieren. Falls mit der jetzigen Position keine klar definierten und präzise formulierten Zielvorgaben verbunden sind, sollten Sie dieses Versäumnis schleunigst nachholen. Sie sind unverzichtbar, um die Leistungen Ihrer Mitarbeiter objektiv zu beurteilen.

Ich kann eine Gehaltserhöhung erst dann guten Gewissens befürworten, wenn Sie Ihre Kompetenz in einigen wichtigen Bereichen verbessert haben. Lassen Sie uns noch einmal einen Blick auf die Zielvereinbarungen für Ihre Position werfen und gemeinsam überlegen, wie Sie effektiver arbeiten könnten. Wenn Sie Ihre Leistungen im nächsten halben Jahr merklich steigern, werde ich Sie in der nächsten Beurteilungsperiode für eine Gehaltserhöhung in Betracht ziehen.

Angesichts Ihrer Leistungen kann ich Ihnen derzeit keine Gehaltserhöhung geben. Ehrlich gesagt, ich sehe einiges, was verbessert werden müsste. Ich möchte Ihnen dabei helfen; lassen Sie uns gemeinsam überlegen, was zu tun ist.

Ihre Leistungen sind recht ordentlich, und ich bin im Allgemeinen ganz zufrieden mit Ihrer Arbeit. Aber ich glaube nicht, dass diese Voraussetzungen für eine verantwortungsvollere Position ausreichen. Bevor ich mich für eine Beförderung einsetze, möchte ich echte Spitzenleistungen sehen. Wenn Sie dazu bereit sind, können wir darüber reden, welche Qualifikationen Sie brauchen, um befördert zu werden.

Auch wenn wir uns gerne auf Prinzipien berufen, um Nein zu sagen, hat der Hinweis »Das ist nicht mit der Firmenpolitik zu vereinbaren« zur Folge, dass wir uns wie ein kleines, unbedeutendes Rädchen im Getriebe der Bürokratie vorkommen (und nach außen hin auch so wirken). Deshalb sollten Sie zumindest versuchen, so wenig Worte wie möglich zu machen.

Ich verstehe, dass Sie mehr Geld möchten. In unserer Firma steht das Thema Gehaltserhöhung einmal im Jahr an, wie Sie wissen. Die Entscheidung basiert auf standardisierten Leistungsbeurteilungen. Wenn Sie ein Jahr in der Firma sind, werden wir uns gemeinsam Ihre Fortschritte ansehen, und dann reden wir weiter.

»Nein« von einem Profi: Einem Bewerber absagen

Linda Ewald war in der Personalabteilung mehrerer großer Unternehmen tätig und für die Einstellung, den Gehaltsausgleich, Nebenleistungen und Mitarbeiterbeziehungen verantwortlich. Ihre Arbeit setzt die Fähigkeit voraus, auf regulärer Basis »Nein« zu sagen; man könnte sagen, dass sie darin Profi ist.

Hier sind Lindas Empfehlungen, wenn Sie jemandem, der sich um eine Stelle beworben hat, absagen müssen.

1. Erläutern Sie Ihre Entscheidung

»Wenn ich einem Bewerber eine Absage erteile, hat er ein Recht darauf, die Gründe zu erfahren. Es ist nicht fair, ihn im Dunkeln tappen zu lassen; da gelangt er nur zu falschen Schlussfolgerungen über seinen Misserfolg.

Neulich war ein junger Mann bei uns, der sich für eine Position als Nachwuchsführungskraft beworben hatte. Mehrere Manager führten ein Gespräch mit ihm und stellten übereinstimmend fest, dass er sich nicht gut auf das Vorstellungsgespräch vorbereitet hatte, und das war für sie ein schlechtes Zeichen. Ich musste ihm die Hiobsbotschaft überbringen; ich habe ihm gesagt, dass wir persönlich zwar sehr angetan von ihm wären (was der Wahrheit entsprach), dass er aber vor dem Vorstellungsgespräch seine ›Hausaufgaben‹ nicht gründlich genug gemacht hätte. Er bat mich, konkrete Beispiele zu nennen, was ich tat. Natürlich war er enttäuscht, aber er konnte die Entscheidung leichter verkraften, weil er die Gründe kannte. Wir haben ihm eine konstruktive Rückmeldung gegeben, die er später sicher noch schätzen wird.«

2. Schlagen Sie einen einfühlsamen Ton an

»Wenn es um Zurückweisungen geht, sind wir alle empfindlich. Deshalb vergesse ich nie, dass ich einen Menschen vor mir habe, dessen persönliche Belange und Vorgeschichte ich nicht kenne. Wenn möglich, weise ich immer auf eine ›schwierige Entscheidung‹ hin oder sage: ›Ihre Fähigkeiten sind beeindruckend, aber wir haben jemanden mit mehr Erfahrung und genau den Qualifikationen gefunden, die wir suchen.‹ Ein Nein ist eine schlechte Nachricht, daran gibt es nichts zu rütteln, aber es macht einen großen Unterschied, wenn es freundlich und einfühlsam geäußert wird. Ich versuche immer, es mit etwas Positivem zu verbinden. Es kommt nur auf die richtigen Worte an.«

3. Seien Sie klar in Ihrer Ausdrucksweise

»Wenn man sich nicht traut, Nein zu sagen, besteht die Gefahr, dass die Botschaft nicht richtig verstanden wird. Wenn ich solch ein schwieriges Gespräch führen muss, lasse ich eine Formulierung einfließen, die klar und unzweideutig ist. Zum Beispiel erkläre ich unsere Entscheidung und füge hinzu ›... und deshalb bedauern wir sehr, Ihnen eine Absage erteilen zu müssen.‹«

»Es gehört zu meinen Aufgaben, den Leuten Dinge zu sagen, die sie nicht gerne hören«, meint Linda. »Aber nach zwanzig Jahren im Personalwesen weiß ich, dass der Ton die Musik macht.«

Wenn Sie heiß begehrt sind

Auf der Suche nach Erfolg in Ihrer beruflichen Laufbahn fühlen Sie sich vielleicht gezwungen, Ja zu sagen, obwohl eine innere Stimme Ihnen dringend abrät. Folgen Sie Ihrer Intuition.

Nein sagen zu einem Stellenangebot

Das härteste Nein war für unsere Freundin Elaine die Ablehnung eines Stellenangebots.

»Ich war erschrocken über die Schuldgefühle, die ich dabei hatte«, sagt sie. »Daran hatte ich später noch eine ganze Weile zu knabbern.«

Es ist schmeichelhaft, von einem potenziellen Arbeitgeber »hofiert« zu werden, der Ihre vielfältigen Fähigkeiten und Talente zu würdigen weiß und sich freuen würde, Sie als Mitglied seiner Mannschaft begrüßen zu dürfen. Wir kennen niemanden, dessen Ego bei solchen Streicheleinheiten nicht aufblühen würde. Es ist außerdem natürlich (und eine gute Übung für die Karriere), wenn Sie neue Chancen erkunden und sehen wollen, was Sie auf dem Arbeitsmarkt wert sind. Also nutzen Sie die Gelegenheit und gehen Sie zum Vorstellungsgespräch, und nehmen Sie auch noch einen zweiten oder dritten Termin wahr, um sich besser »kennen zu lernen«.

Manchmal geraten die Bewerber in den Sog dieses Prozesses und setzen die Gespräche auch dann noch fort, wenn sie längst beschlossen haben, das Angebot nicht anzunehmen. Das war bei Elaine der Fall. »Ich war hin- und hergerissen zwischen dem Gedanken ›Jetzt ist aber Schluss‹ und dem Wunsch, zu sehen, wie weit das noch geht. Die Stellenbeschreibung sah auf dem Papier gut aus, und das Gehalt war auch reizvoll, aber irgendwie befanden wir uns nicht auf derselben Wellenlänge. Meine Intuition riet mir, abzulehnen. Aber mir graute davor.«

Es ist leicht zu sagen, Geschäft ist Geschäft, und ein Profi sollte in der Lage sein, eine Absage mit links wegzustecken. Aber wenn man ein notorisches Harmoniebedürfnis hat wie

Elaine, weckt der Gedanke, jemanden zu enttäuschen, tief verwurzelte Ängste.

»Ich kam mir vor wie ein Blender, der andere zuerst anheizt und dann eiskalt im Regen stehen lässt. Ich dachte, wenn ich Nein sage, fühlen sie sich frustriert und verraten.«

Um einem potenziellen Arbeitgeber ohne Gewissensbisse abzusagen, sollten Sie eingangs darauf hinweisen:

Ich habe es mir lange überlegt, und die Entscheidung ist mir nicht leicht gefallen. Es ist eine hervorragende Chance, aber ...

Nach dem Gespräch mit Ihnen und Ihren Kollegen ist mir klar geworden, dass die Stelle nicht genau das ist, was ich suche.

Diese Position ist zum augenblicklichen Zeitpunkt in meinem Leben nicht die richtige.

Die Organisation ist zu sehr gestrafft, so dass ich meine Arbeit nicht so verrichten könnte, wie es mir vorschwebt.

Es tut mir Leid, aber ich muss Ihr Angebot ablehnen. Die Loyalität gegenüber meinem derzeitigen Arbeitgeber ist größer, als ich dachte.

Mir ist klar geworden, dass ich die zusätzlichen Pflichten angesichts meines randvollen Terminkalenders nicht bewältigen könnte.

Ich wäre auf lange Sicht nicht in der Lage, die Termine einzuhalten und hundertprozentige Arbeit zu leisten.

Bevor Sie unumwunden ablehnen, sollten Sie überlegen, ob sich das Angebot nicht in eine Arbeitssituation ummünzen lässt, die besser mit Ihren Vorstellungen übereinstimmt. Vielleicht hatten Sie gehofft, kürzer zu treten, flexible Arbeitszeiten durchzusetzen oder häufiger unbezahlten Urlaub und einen freien Tag zu nehmen. Wenn ein Angebot vorliegt, sollten Sie sich nicht nur für den finanziellen Aspekt, sondern für alles einsetzen, was für Sie von Wert ist.

Wenn Ihnen ein Job reizvoll erscheint, Sie aber noch zögern, sich festzulegen, könnten Sie sich vielleicht auf dem Verhandlungsweg darauf einigen, dass Sie drei Tage in der Woche in der Firma und zwei Tage zu Hause arbeiten. Das Arrangement könnte sich unter dem Strich auszahlen und sowohl für Sie als auch für den zukünftigen Arbeitgeber eine befriedigende Lösung sein.

Ein Traumjob? Mitnichten!

Nachdem General Colin Powell während des Golfkriegs 1991 mit einem Schlag in das Bewusstsein der Öffentlichkeit gerückt war, galt er bald als eine der bekanntesten und meistbewunderten Persönlichkeiten Amerikas. Es überraschte daher wohl nicht, dass die politischen Strategen der Republikanischen Partei ihn während der Präsidentschaftswahlen von 1996 als Zugpferd vor ihren Karren spannen wollten – trotz der Tatsache, dass niemand genau wusste, was für eine Politik er vertrat. Umfragen ergaben klar, dass er den anderen Republikanischen Kandidaten im Rennen um etliche Nasenlängen voraus war. Die Nominierung, und vielleicht sogar das höchste politische Amt Amerikas, schienen in Reichweite zu sein; er musste nur noch Ja sagen.

Er sagte Nein. Die Wähler glaubten ihm nicht: Sie waren an die Lügen und eigennützigen, verborgenen Motive der Politiker gewöhnt. Aber der General blieb unbeirrt und ließ sich weder auf die Kandidatur noch auf eine Karriere als Politiker ein. Er war ein Mann, für den Familie und Privatleben wichtiger waren; er wollte sich nicht von anderen vorschreiben lassen, was er zu tun und zu lassen hatte. Wir sollten uns dieses Beispiel vor Augen halten, wenn wir uns zu Entscheidungen oder Handlungen genötigt fühlen, die nicht mit unseren eigenen Zielen übereinstimmen.

Alles oder nichts: Aufträge ablehnen

Freiberufler und Selbstständige befinden sich oft in einer Alles-oder-nichts-Situation: Entweder haben sie zu viel Arbeit oder zu wenig. Dieses Wissen macht es schwer, den Appetit zu zügeln, wenn genügend Aufträge auf dem Tisch liegen und nur darauf warten, dass wir zugreifen. Doch wenn wir mehr annehmen, als wir bewältigen können, ist das auch nicht gut fürs Geschäft: Wir laufen Gefahr, nachlässig zu arbeiten, oder sind nicht in der Lage, Termine einzuhalten.

Es ist in Ordnung, hin und wieder Nein zu sagen, denn die Auslastung zeigt unseren Kunden, dass wir begehrt sind. Wenn Sie mit freundlichen Worten und hilfreichen Empfehlungen ablehnen, muss die Beziehung deshalb nicht ein für alle Mal in die Brüche gehen. Und haben Sie keine Hemmungen, potenzielle Kunden zu bitten, sich beim nächsten Mal wieder an Sie zu wenden!

Hier einige Tipps, um Nein zu Kunden zu sagen, wenn Sie keine freien Kapazitäten mehr haben (oder eine Zeit lang kürzer treten wollen):

Vielen Dank, dass Sie an mich gedacht haben. Tut mir Leid, aber ich bin so ausgebucht, dass ich im Augenblick/dieses Jahr/in der nächsten Zeit keine weiteren Projekte mehr übernehmen kann. Ich wäre nicht in der Lage, Ihrem Auftrag die nötige Aufmerksamkeit zu widmen. Laut Terminkalender müsste ich ab dem 1. November wieder freie Kapazitäten haben; ich würde mich freuen, wenn Sie sich bei Bedarf wieder mit mir in Verbindung setzen.

Danke, dass Sie mich angerufen haben. Ich würde Ihnen gerne helfen, aber angesichts meines derzeitigen Arbeitsvolumens ist es mir leider nicht möglich. Ich bin in diesem Monat mehr als ausgelastet. So sehr ich mich einerseits darüber freue, so sehr bedaure ich andererseits auch, dass ich ablehnen muss. Ich würde gerne mit Ihnen zusammenarbeiten, und deshalb hoffe ich, dass es beim nächsten Mal klappt.

»Ich könnte Ihnen jemanden empfehlen«

Wenn Sie einen Kunden an jemand anderen verweisen, ist das nicht nur eine großzügige Geste, sondern auch gut fürs Geschäft. Sie helfen dem Kunden und dem Kollegen und sorgen bei allen Beteiligten für positive Gefühle – die sich mit Sicherheit in Form künftiger Aufträge bezahlt machen.

Ich würde gerne mit Ihnen zusammenarbeiten, aber leider bin ich bis zum Ende des nächsten Monats ausgebucht. Ich könnte Ihnen jedoch eine Kollegin empfehlen – sie ist ein Profi und absolut zuverlässig. (Nennen Sie Namen und Telefonnummer.) *Ich würde mich freuen, wenn Sie mir mitteilen könnten, wie Sie verblieben sind.*

Vielen Dank für die Anfrage. Leider kann ich die Chance nicht wahrnehmen, mit Ihnen zusammenzuarbeiten. Ich sehe mich im Moment außerstande, neue Kunden anzunehmen. Aber ich sage Ihnen, wie Sie jemanden finden, der den Auftrag übernimmt (Nennen Sie Branchenverzeichnis, gelbe Seiten oder andere Quellen, die Informationen über Ihr Metier liefern können.)

Der Umgang mit unhöflichem, aggressivem und gesetzwidrigem Verhalten

Es gibt in jeder Firma einen von der Sorte – und wenn Sie Glück haben, ist es nur einer: Der Besserwisser, der nicht zögert, Ihnen unter die Nase zu reiben, dass Ihre Ideen Schrott sind. Die Intrigantin, die Sie via E-Mail beleidigt, mit Kopien an die Geschäftsleitung. Der Brüllaffe, der in Ihnen den Wunsch weckt, zurückzubrüllen ... oder Schlimmeres. Aber bevor Sie nach dem Briefbeschwerer oder einem anderen stumpfen Gegenstand greifen, sollten Sie innehalten und Abstand gewinnen.

Wenn Sie Gleiches mit Gleichem vergelten, eskaliert das Problem, und es entsteht eine ungünstige Atmosphäre für künftige Interaktionen. Erteilen Sie missliebigen Kollegen – einschließlich Ihres Vorgesetzten, falls erforderlich – eine Abfuhr, indem Sie einen kühlen Kopf bewahren und sich wie ein zivilisierter Mensch benehmen.

Nein sagen zu Unhöflichkeit

Ihre Worte fallen stärker ins Gewicht, wenn Sie Ihre Gefühle zuerst unter Kontrolle bringen und dann erst den Mund aufmachen.

Ich kann nicht mit Ihnen diskutieren, solange Sie mich anschreien/in diesem Ton mit mir reden. Ich schlage vor, wir beruhigen uns erst einmal und sprechen später darüber, wie es sich für zivilisierte Menschen gehört.

Klären Sie das Problem auf direktem Weg

Wenn Sie bereit sind, das Problem zu klären, ist ein persönliches Gespräch einer E-Mail oder Aktennotiz vorzuziehen: Letztere verleihen Ihren Worten eine Dauerhaftigkeit, die Sie später bereuen könnten. Es gibt außerdem keine Garantie, dass die schriftliche Kommunikation Privatsache bleibt. Der Versuch, Konflikte in geschriebener Form aus der Welt zu schaffen, ist auch deshalb heikel, weil Worte falsch ausgelegt werden können. Hier ist der Ton wichtig. Sobald Sie sich beruhigt und gesammelt haben, können Sie Ihr Interesse an einer friedlichen Beilegung besser zum Ausdruck bringen – wenn Sie unter vier Augen mit der Person sprechen und sehen, wie Ihre Worte aufgefasst werden.

Denken Sie daran, dass Sie es unter Umständen mit zwei völlig voneinander getrennten Problemen zu tun haben: mit dem ungehobelten Verhalten und der Situation, die es ausgelöst hat. Erheben Sie Einspruch, wenn der Kollege die Situation dazu benutzt, um seine schlechte Kinderstube zu rechtfertigen.

Ich kann mit Kritik umgehen, aber ich werde nicht widerspruchslos hinnehmen, dass Sie mich beleidigen/Ihre Machtposition ausnutzen. Es gibt keinen Grund, einen solchen Ton anzuschlagen. Wenn Sie ein Problem haben, sollten wir es sachlich und professionell lösen.

Ich gebe mir alle Mühe, reibungslos mit Ihnen zusammenzuarbeiten, aber Sie sind nicht bereit, mir auch nur auf halbem

Weg entgegen zu kommen. Vielleicht können wir, um mehr Teamgeist zu entwickeln, unsere persönlichen Gefühle aus dem Spiel lassen und uns auf das Problem konzentrieren, das wir zu lösen haben?

»Sich wie ein Berserker aufzuführen ist schlecht fürs Geschäft«

Geben Sie der rüden Person einen hieb- und stichfesten Grund, sich in der Firma nicht mehr wie ein Berserker aufzuführen. Im Idealfall würde das zu einem Dialog führen, wie Sie künftig effektiver zusammenarbeiten können. Es ist wichtig, die Bereitschaft erkennen zu lassen, sich den Standpunkt Ihres Gesprächspartners in Ruhe anzuhören und Kompromisse zu schließen, aber bestehen Sie auf Ihrer Forderung nach Höflichkeit. Dieser Punkt ist nicht verhandelbar.

Ich finde, Sie haben wirklich gute Ideen. Aber manchmal ist das schwer zu erkennen, weil Ihr Verhalten zu wünschen übrig lässt. Wenn Sie die Leute in Rage versetzen, haben diese keine Lust, sich Ihre Vorschläge anzuhören, und deshalb suchen sie nach Gründen, sie abzulehnen. Ich frage mich, ob Ihnen überhaupt bewusst ist, was Sie mit Ihrem rüden Benehmen anrichten.

Sie untergraben die Arbeitsmoral, meine und die der ganzen Abteilung. Das ist kontraproduktiv und schafft Probleme, während wir eigentlich nach Lösungen suchen sollten. Was können wir tun, um diese Situation zu verbessern?

Nein sagen zu sexueller Belästigung am Arbeitsplatz

Sexuelle Belästigung kann viele diskriminierende Formen annehmen, die zwischen frustrierend und extrem bedrohlich rangieren. Bei all der Publicity und der anhaltenden Debatte auf politischer Ebene ist es kaum zu glauben, dass dieses Thema heute noch aktuell ist.

Es löst nicht zuletzt deshalb erhitzte Diskussionen aus, weil die Meinungen sehr subjektiv sind. Vor allem am Arbeitsplatz kann ein »Kompliment« als unangebrachte, vulgäre Bemerkung aufgefasst werden, vor allem wenn Minderheiten beteiligt oder Rangunterschiede im Spiel sind. Es ist eine Sache, wenn ein Freund sagt, dass Sie scharf aussehen, aber es steht auf einem ganz anderen Blatt, wenn diese Worte von Ihrem Chef stammen.

Es gibt keine Entschuldigung für sexuelle Diskriminierung oder Belästigung in gleich welcher Form, und deshalb gibt es auch keine Entschuldigung, falls Sie Hemmungen oder Schuldgefühle haben, jemandem bei einem so eklatanten Regelverstoß die rote Karte zu zeigen. Sie können dem Betreffenden direkt die Leviten lesen und die Angelegenheit unter sich regeln oder bei einer dritten Partei offiziell Beschwerde einlegen; die Entscheidung liegt bei Ihnen. Nicht jeder findet anzügliche Kommentare und Gesten gleichermaßen empörend, und Sie ziehen es vielleicht vor, dem Missetäter unter vier Augen ins Gewissen zu reden. (Das erinnert uns an eine Frau in New York, die angesichts eines Mannes, der sich vor ihr entblößt hatte, die Augen verdrehte und kaltblütig sagte: »Das soll alles sein? Lächerlich.«) Wie Sie sehen, hängt die Reaktion von den jeweiligen Umständen, der Beziehung und Ihrer Persönlichkeit ab.

Wenn jemand bewirkt, dass Sie sich am Arbeitsplatz unwohl, diskriminiert oder bedroht fühlen, können Sie etwas dagegen tun. Lassen Sie den Betreffenden wissen, dass Sie solche »Grenzüberschreitungen« nicht tatenlos hinnehmen.

Hier einige Tipps, um Leuten, die Sie sexuell belästigen, den Wind aus den Segeln zu nehmen. Sie sind abgestuft in ihrer Intensität und decken verschiedene Situationen ab.

Schlüsselwort: »Unangemessen«

Ich rate Ihnen dringend, das künftig zu unterlassen. Ihr Verhalten ist unangemessen. Ich bin nicht interessiert und ich will, dass Sie ein für alle Mal damit aufhören.

Solche Bemerkungen sind am Arbeitsplatz unangemessen. Ich empfinde sie als Beleidigung. Bitte hören Sie damit auf, und zwar umgehend.

Wie können Sie es wagen? Ihr Verhalten ist völlig unangemessen, und ich lege keinen Wert auf eine Wiederholung! Ich warne Sie: Machen Sie das nie wieder!

Schwere Geschütze

Falls der Wink mit dem Zaunpfahl nichts bringt, sollten Sie schwerere Geschütze auffahren und Worte wie »Belästigung/Diskriminierung« und »offizielle Beschwerde« verwenden. Selbst ein versteckter Hinweis darauf, dass Sie entsprechende Maßnahmen in Erwägung ziehen, kann eine wirksame Abschreckung sein.

Ich habe schon einmal versucht, Tacheles mit Ihnen zu reden, aber anscheinend haben Sie mich nicht ernst genommen. Ich sage es Ihnen noch einmal: Ihr Verhalten fällt unter den juristischen Tatbestand der sexuellen Belästigung.

Ich habe Ihnen schon einmal gesagt, dass solche Verhaltens-

weisen/Redensarten am Arbeitsplatz völlig daneben sind. Falls Sie nicht sofort damit aufhören, werde ich offiziell Beschwerde in der Personalabteilung einlegen. Darauf können Sie Gift nehmen!

»Wo bleibt Ihr Sinn für Humor?«

Eine Freundin war Augenzeugin der folgenden Szene in ihrem Büro. Kommt sie Ihnen bekannt vor?

Eine attraktive Außendienstmitarbeiterin, die meistens Hosenanzüge trug, tauchte eines Tages in einem ziemlich kurzen Rock im Büro auf. Es dauerte nicht lange, bis sich eine ganze Horde (männlicher) Kollegen an ihrem Schreibtisch einfand, um das Ereignis zu kommentieren. Die Stimmung war locker, und es folgten ein paar »freundschaftliche Hänseleien«. Einer der Männer sagte: »Steh doch mal auf und zeig deine Beine. Es ist schließlich das erste Mal, dass wir sie zu Gesicht bekommen!«

Und ein anderer tönte: »Gibt's dafür einen besonderen Anlass, Janine? Hast du dir endlich die Beine rasiert?«

(Wir haben eingangs erwähnt, dass die Geschichte wirklich passiert ist, oder?)

Janine, die keine Spielverderberin sein wollte, stimmte in das Gelächter ein – obwohl »Schwirrt ab, ihr Armleuchter« oder etwas in der Richtung eine passendere Antwort gewesen wäre. Doch da Janine als Realistin mit beiden Beinen auf dem Boden steht und kein böses Blut schaffen wollte, reagierte sie wie Millionen anderer Frauen: Sie tat die Sache mit einem gezwungenen Lachen ab.

Vielleicht fällt es Ihnen jedoch schwer, solche Situationen mit Humor zu nehmen, wenn Sie die Hänseleien in Wut versetzen und Ihnen ein Gefühl der Ohnmacht verleihen. Trotz des Machtungleichgewichts in der Beziehung gibt es indessen Möglichkeiten, die Botschaft, dass Sie sich solche diskriminierenden Äußerungen verbitten, subtil und in lockerem Ton an den Mann zu bringen.

Die Augenbrauen-Methode

Geben Sie sich völlig entgeistert – nicht schockiert, sondern fassungslos, als wollten Sie sagen: »Wie kommt jemand in der heutigen Zeit auf die Idee, eine so dumme Bemerkung zu machen? Weiß der Kerl nicht, dass man dafür verklagt werden kann?« Richten Sie sich kerzengerade auf, ziehen Sie süffisant eine Augenbraue hoch und sagen Sie:

Das war doch wohl nicht ernst gemeint, oder?

(Richten Sie diese Bemerkung an eine dritte Partei) *Habe ich gerade richtig gehört? Das hat er wirklich gesagt, oder?*

Könnten Sie das bitte wiederholen? (Fordern Sie ihn mehrmals dazu auf) *Das haben Sie wirklich gesagt? Ich war mir nicht sicher, ob ich mich nicht verhört habe!*

Würden Sie bitte den Raum verlassen und noch einmal hereinkommen, damit wir das Gespräch von vorne beginnen können?

Ich bin überrascht, dass Sie mir eine solche Frage stellen. Ich werde Ihnen zuliebe eine Ausnahme machen und für dieses Mal so tun, als hätte ich sie nicht gehört.

Im Vertrauen gesagt

Wollen Sie das Problem ernsthafter angehen? Zum Beispiel in einem Gespräch darauf hinweisen, dass sich auch andere betroffen fühlen könnten und der Vorfall bereits die Runde macht? (Aber nennen Sie keine Namen.)

Vielleicht wissen Sie es nicht, aber einige Kollegen waren wirklich erbost über Ihre Bemerkungen. Die Zeiten haben sich geändert, und Sie sollten aufpassen, dass Sie sich mit solchen Äußerungen keinen Ärger einhandeln! Man kann nie wissen, wer darin einen Grund für eine offizielle Beschwerde sieht.

Was Sie nicht sagen sollten

Wie immer Sie auch reagieren, Sie sollten der Versuchung widerstehen, sexistische oder sexuell anzügliche Bemerkungen mit einer »Gegenattacke« auf sexuellem Gebiet zu kontern. Mit anderen Worten: Wenn man Sie mit den Worten begrüßt: »Netter Pulli; was haben Sie da drunter?«, halten Sie sich mit gleichermaßen spitzen Erwiderungen zurück, zum Beispiel: »Und was hast du in der Hose, Fritz? Vermutlich nicht viel.«

Mit einem solchen Schlagabtausch begeben Sie sich nicht nur auf das Niveau des zudringlichen Kollegen, sondern gestatten ihm auch, den Umgangston für künftige Begegnungen festzuschreiben. Sie signalisieren Ihre Bereitschaft, sich auf sein Spiel einzulassen, und dann gibt es für ihn kein Halten mehr. Er wird es vermutlich als Kompliment oder als Zeichen des Interesses an ihm auslegen. (Was natürlich möglich wäre; in einem solchen Fall sollten Sie sich allerdings fragen, ob Sie nichts Besseres finden können!)

Selbst wenn Sie den verbalen Schlagabtausch genießen, sind solche suggestiven, anzüglichen Kommentare am Arbeitsplatz völlig deplatziert. Vielleicht fühlt sich jemand anderer dadurch diskriminiert, wodurch Sie sich ebenfalls in die Nesseln setzen können. Also stellen Sie sich nicht wider besseres Wissen mit dem Belästiger auf eine Stufe, weil Sie meinen, Sie müssten ihn mit seinen eigenen Waffen schlagen.

Andere Formen der Diskriminierung

Natürlich sind nicht alle Formen der Diskriminierung sexueller Natur.

Obwohl es unwahrscheinlich ist, dass Kollegen in Ihrer Gegenwart über Ihr Aussehen oder Ihre ethnische Zugehörigkeit vom Leder ziehen, fühlen sich viele befugt, Nichtanwesende zu verunglimpfen, in dem Glauben, in Ihnen ein Gleichgesinnte getroffen zu haben.

Sagen Sie Nein zu Mobbing oder diskriminierendem Verhalten am Arbeitsplatz, auch wenn es nicht gegen Sie gerichtet ist. Viele der oben beschriebenen Antworten können entsprechend abgewandelt werden, und die Vorgehensweise bei Androhung einer offiziellen Beschwerde ist dieselbe. Je mehr Menschen rassistische Kommentare oder auch diskriminierende Vorurteile widerspruchslos hinnehmen, desto stärker verbreiten sich solche Einstellungen.

Nein sagen zu Verstößen gegen Sicherheitheitsbestimmungen am Arbeitsplatz

Vor einigen Jahren war Patti kurze Zeit als PR-Chefin eines Nachtclubs tätig. Eine Stunde, bevor das Lokal mit Glanz und Gloria eröffnet werden sollte, benachrichtigte sie die Polizei, dass sämtliche Notausgänge auf der Innenseite mit einer Kette versperrt wären, vermutlich, um dem erwarteten Ansturm der Besucher standzuhalten. Rückblickend wünscht sie sich, sie hätte den Mumm gehabt, ihren Chef direkt damit zu konfrontieren. Stattdessen rief sie anonym die Polizei an. Diese kam, nahm das Problem in Augenschein, beseitigte es und beugte damit, noch bevor die ersten Gäste eintrafen, einer potenziellen Gefahrensituation vor.

Wenn es in Ihrem Unternehmen für Sie, Ihre Kollegen oder die Öffentlichkeit generell einen Risikofaktor gibt, sind Sie verpflichtet, jemanden darauf aufmerksam zu machen, der befugt und befähigt ist, Abhilfe zu schaffen. Um Gesundheits- und Sicherheitsrisiken am Arbeitsplatz zu verhindern, sollten Sie das Problem folgenden Stellen melden:

Einem für Sicherheitsfragen verantwortlichen Repräsentanten des Unternehmens, zum Beispiel der Personalabteilung.

Einem Repräsentanten des Betriebsrats/der Gewerkschaft.

Dem zuständigen Arbeitsministerium.

Dem zuständigen Gesundheits- oder Arbeitsamt. Falls die Situation nicht lebensbedrohlich ist, könnte es eine Weile dauern, bis eine Reaktion erfolgt; deshalb versuchen Sie es zuerst auf einem anderem Weg.

Eine Wende zum Besseren: Nein sagen zum Status quo

Wenn Sie in angemessenen Situationen Nein sagen, können Sie Zeit, Energie und Selbstachtung gewinnen. Aber es reicht gegebenenfalls nicht aus, um den falschen Arbeitsplatz in den richtigen zu verwandeln.

Würden Sie gerne Nein zu Aufgaben sagen, die ein wesentlicher Bestandteil Ihrer Arbeitsplatzbeschreibung und deshalb nicht auszuklammern sind? Arbeiten Sie bis zum Umfallen, weil das in Ihrer Branche üblich ist? Ödet Ihre Tätigkeit Sie an oder müssen Sie wichtige persönliche Wertvorstellungen über Bord werfen, um sie auszuüben?

Obwohl wir nicht immer unseren Traumjob finden, haben wir doch einen gewissen Einfluss darauf, ob sich die Arbeit und das Leben, das wir uns wünschen, harmonisch ergänzen. Menschen wachsen und verändern sich fortwährend; vielleicht ist der Aufgabenbereich, der noch vor ein paar Jahren optimal für Sie war, mittlerweile nicht mehr adäquat, weil Sie andere Prioritäten setzen. Vielleicht wollen Sie, seit Sie Familie haben, nicht mehr so oft auf Achse sein. Vielleicht haben Sie in den letzten Jahren gutes Geld verdient und hätten nun gerne mehr Zeit, um es auszugeben. Vielleicht fühlen Sie sich ausgebrannt und brauchen neue, inspirierende Impulse in Ihrem Leben. Dann ist es an der Zeit, Ihre Zelte abzubrechen und sich etwas zu suchen, was Sie mehr befriedigt.

Nein zu sagen, wenn der Job nicht unseren Vorstellungen entspricht, ist leicht; schwerer fällt den meisten gleichwohl die Entscheidung, wozu sie Ja sagen sollen. Diese Frage muss jeder für sich selbst beantworten. Statt den Beruf ganz an den Nagel zu hängen, genügt oft schon ein Arbeitsplatzwechsel. Eine Krankenschwester, die keine Lust mehr hat auf die Bürokratie in großen Kliniken, findet unter Umständen die Arbeit für einen mobilen Pflegedienst befriedigender. Eine gehemmte Außendienstmitarbeiterin ist vielleicht besser als Einkäuferin in einer Firma aufgehoben, an die sie bisher verkauft hat. Und ein Wirtschaftsprüfer, dem der knallharte Unternehmensalltag nicht mehr zusagt, ist möglicherweise besser beraten, die Finanzen einer gemeinnützigen Organisation zu verwalten.

Es ist wichtig, bei der Entscheidung die eigene Persönlichkeitsstruktur zu berücksichtigen. Arbeiten Sie lieber alleine oder in einem großen Team? Wünschen Sie sich eine Tätigkeit, die Sie vor echte Herausforderungen stellt oder sind Sie mit einer weniger anspruchsvollen zufrieden, die Ihnen dafür aber viel Freizeit und Flexibilität bietet? Es ist erstaunlich, wie viele Menschen einen Beruf ausüben, für den sie völlig ungeeignet sind. Es gibt Anwälte, die es hassen, vor Gericht zu streiten und zu debattieren, und Lehrer, die mit Kindern eigentlich gar nichts anfangen können. Da fragt man sich, auf wessen Wunsch ihre Berufswahl zurückzuführen ist, denn es liegt auf der Hand, dass sie nicht ihren eigenen Neigungen gefolgt sind.

Um mehr Erfüllung in der Arbeit zu finden, müssen wir zuerst aufhören, immer die Schuld auf unseren Job zu schieben, und die Verantwortung für unser Glück selbst in die Hand nehmen. Manchmal ist der betrüblichste Augenblick in einer Beziehung die Erkenntnis, dass wir von Anfang an nicht für einander bestimmt waren. Aber wenn Sie loslassen können, haben Sie die Tür für etwas Besseres geöffnet.

Oder ist es Ihnen lieber, den Rest Ihres Lebens in stiller Verzweiflung zu verbringen?

Eine Arbeitsplatzveränderung der anderen Art

Viele Leute, die unzufrieden sind, mögen die Arbeit selbst, haben aber gegen andere Aspekte des Beschäftigungsverhältnisses etwas einzuwenden, zum Beispiel rigide Arbeitszeiten, eine lange Anfahrt oder häufige Geschäftsreisen. Wenn Sie im gleichen Boot sitzen und sich nach mehr Harmonie in Ihrem Leben sehnen, müssen Sie unter Umständen nicht alle Brücken hinter sich abbrechen.

Wenn wir an eine Arbeitsplatzveränderung denken, verstehen wir darunter meistens einen Firmen- oder Positionswechsel. Heutzutage könnte damit aber auch eine Anpassung der Tätigkeit verbunden sein, die Sie bereits ausüben. Da immer mehr Arbeitgeber mit flexiblen Arbeitszeiten, Jobsharing und Telearbeitsplätzen experimentieren, war der Zeitpunkt für Verhandlungen mit der Geschäftsleitung nie günstiger. Es besteht vielleicht die Möglichkeit, Ihren derzeitigen Arbeitsplatz so umzugestalten, dass er besser auf wichtige Bedürfnisse in Ihrem Leben abgestimmt ist.

Leider arbeiten nicht alle Beschäftigten für fortschrittliche Unternehmen. Einige Ewiggestrige – vielleicht gehört Ihre Firma auch dazu – betrachten diese »neumodischen« Gepflogenheiten noch immer als radikale Experimente von Randgruppen. Aber was haben Sie zu verlieren, wenn Sie versuchen, ihr damit den Anschluss ans 21. Jahrhundert zu ermöglichen? Sollte es Ihnen gelingen, mit Ihrem Ansinnen auch nur ansatzweise mehr Flexibilität durchzusetzen, erreichen Sie damit möglicherweise schon das Mehr an Selbstbestimmung, das Sie sich in Ihrem Leben wünschen.

Sprechen Sie zuerst mit Ihrem unmittelbaren Vorgesetzten, und falls Sie bei ihm keinen Erfolg haben, überlegen Sie, ob Sie sich mit einem formalen Vorschlag an eine Führungskraft auf höherer Ebene wenden. Am besten kommen Sie beim Management an, wenn Sie die gleiche Sprache sprechen, das heißt mit der Terminologie vertraut sind, die im Geschäftsleben üblich ist. Wappnen Sie sich also mit möglichst vielen Informationen über Firmen, die eine sogenannte familienfreundliche Politik eingeführt haben. Sichern Sie Ihre Argumente mit wissenschaftlichen Untersuchungen und Artikeln ab, um auf die Vorteile hinzuweisen, die unter dem Strich (sprich: in der Bilanz) für den Arbeitgeber dabei herausspringen: Kostensenkungspotenziale durch niedrigere Fluktuationsrate; oder größere Einsatzbereitschaft der Mitarbeiter durch mehr Motivation und Engagement für die Firma.

Nicht allen europäischen Pionieren, die auszogen, den »Wilden Westen« Amerikas zu erschließen, war es bestimmt, den Lohn ihrer Mühen zu genießen, und vielleicht ist es auch Ihnen nicht vergönnt. Aber selbst wenn Sie die Ergebnisse während der Dauer Ihrer Tätigkeit nicht mehr zu sehen bekommen, setzen Sie sich für eine gute Sache ein, auf die Sie stolz sein können. Und man kann nie wissen – vielleicht gelingt es Ihnen ja doch, die eine oder andere Schneise zu schlagen.

Das ultimative Nein: Ein Ja zur beruflichen Selbstständigkeit

Eine der rasantesten Entwicklungen in den USA wie auch in Europa war in den letzten Jahren die große Anzahl von Firmengründungen, viele davon auf häuslicher Basis, durch ehemalige Unternehmensangehörige. Frauen sind bei diesem Trend führend. Für die meisten dieser frischgebackenen Unternehmerinnen ist der wichtigste Grund für die Entscheidung, auf eigenen Füßen zu stehen, der Wunsch nach mehr Flexibilität.

Vielleicht haben auch Sie schon einmal daran gedacht, sich dem Heer der Unternehmer, Berater und Freiberufler anzuschließen, die ihr Glück auf eigene Faust versuchen. Wir haben beide diesen Weg gewählt und bereuen es nicht. Unsere zweite Karriere – als Selbstständige – ermöglicht uns ein Ausmaß an Freiheit und Eigenständigkeit, das in einem anderen Umfeld undenkbar wäre. Dieser Weg ist jedoch nicht für jedermann geeignet. Die berufliche Selbstständigkeit bringt ein Leben mit sich, das viele Risiken enthält und bisweilen Existenzängste hervorruft, die Bereitschaft zu harter Arbeit und noch größerer Selbstdisziplin erfordert. Wenn Sie mit den Unwägbarkeiten der Selbstständigkeit leben können und genug Verbraucher willens sind, für Ihre Produkte oder Dienstleistungen zu zahlen, könnte dies auch für Sie der richtige Weg sein.

Bevor Sie den Sprung ins kalte Wasser wagen, sollten Sie sich gründlich vorbereiten, das heißt, Ihren Markt analysieren und einen Geschäftsplan entwickeln (den Sie den Banken vorlegen). Tauschen Sie sich mit anderen Angehörigen der Branche aus, ermitteln Sie potenzielle Interessenten und beschaffen Sie sich anhand der einschlägigen Literatur und Online-Ressourcen praktische Informationen und Anregungen, wenn Sie eine berufliche Laufbahn außerhalb der traditionellen Jobs von neun bis fünf in Betracht ziehen.

Am leichtesten zu verändern: Ihre innere Einstellung

Vielleicht haben Sie bereits beschlossen, sich einen neuen Arbeitsplatz oder Beruf zu suchen. Dann ist es nicht nötig, still zu leiden und die Tage zu zählen, bis Ihr neues Leben beginnt. Selbst wenn Sie Ihren Job nicht lieben, haben Sie nun ein Ziel vor Augen, auf das Sie mit Freude hinarbeiten können. Sie gewinnen eine neue (und bessere) Einstellung zu Ihrer derzeitigen Tätigkeit, wenn Sie sich bewusst machen, dass sie nur eine Zwischenstation auf dem Weg ist, Ihre Wünsche zu verwirklichen.

Sie müssen nicht reich sein, um die Dinge im Leben zu schätzen, die man mit Geld ermöglichen kann. Stellen Sie sich

Ihr Gehalt als einen Fond vor, aus dem Sie schöpfen, um Ihre wahren Passionen zu finanzieren. Dieses Einkommen schafft die Voraussetzungen, einen traumhaften Rosengarten anzulegen, an den Wochenenden Tennis zu spielen, die »Französische Küche« vor Ort zu studieren, den Besuch kultureller Veranstaltungen mit Ihren Kindern zu planen oder eine gemeinnützige Organisation zu unterstützen, die Ihnen am Herzen liegt.

Wenn Sie dafür sorgen, dass Sie die Zeit für Aktivitäten haben, bei denen Sie sich glücklich und lebendig fühlen, verbessert sich Ihre Stimmung automatisch. Dieser innere Aufschwung überträgt sich auch auf den Arbeitsplatz. Wenn Sie einen Teil Ihrer Einkünfte in Ziele und Anliegen investieren, für die Sie sich begeistern und von denen Sie immer schon geträumt haben, können Sie Ihren »Broterwerb« mit etwas Positivem und Bedeutungsvollem in Verbindung bringen, auch wenn Sie die Arbeit selbst als keines von beidem empfinden. Diese Lebenssicht ist ganzheitlicher: Wenn Sie mehrere Quellen haben, aus denen Sie innere Zufriedenheit schöpfen können, wird Ihnen der schlimmste Job der Welt nicht mehr ganz so unerträglich erscheinen.

Jeder kann seinem »Guten Stern« folgen

Ob Sie in einem Büro oder in einem Kohlebergwerk arbeiten: Nichts kann Sie davon abhalten, Ihren eigenen Weg zu gehen, um ein erfüllteres, zufriedeneres Leben zu führen – Ihrem »Guten Stern« zu folgen. Hier einige Ideen, die in keinem Lehrbuch stehen, aber Ihnen Orientierungshilfen an die Hand geben:

Sie haben es noch nicht zum Star gebracht, aber Sie können sich einer Laien-Schauspieltruppe anschließen, die in Krankenhäusern und Seniorenheimen Proben ihres Könnens abgibt (Sie werden kein dankbareres Publikum finden).

Ihr Traum, Tierärztin zu werden, hat sich während des Biologieunterrichts in der zehnten Klasse zerschlagen. Aber Sie lieben Tiere und möchten sie um sich haben. Was hindert Sie daran, ehrenamtlich in einem Tierheim oder einer Tierschutz-Organisation mitzuarbeiten? Ihr großes Ziel, in der Toskana zu leben, ist vorerst auf Eis gelegt, da Sie die Brötchen für Ihre Familie verdienen müssen, fünfzig Wochen im Jahr. In der Zwischenzeit können Sie trotzdem das Dolce Vita *genießen. Melden Sie sich für einen Italienischkurs an, halten Sie nach Menschen Ausschau, die Ihre Interessen teilen, und planen Sie den Besuch von Veranstaltungen mit italienischem »Flair«, zum Beispiel Kinofilme, Museen/Ausstellungen oder Restaurants.*

Unter Umständen besteht sogar die Möglichkeit, Ihr Hobby zum Beruf zu machen. Einige unserer Bekannten haben sich ihren Träumen folgendermaßen »angenähert« und Befriedigung gefunden:

Ruth reist gerne; deshalb hat sie sich einen Job in einem internationalen Unternehmen gesucht, der ihr gestattet, auf Firmenkosten die Welt kennen zu lernen.

Susi ist heute eine erfolgreiche Schauspielerin und Sängerin. Aber selbst in den brotlosen Jahren blieb sie ihrer großen Liebe treu, indem sie als Klavierstimmerin und Assistentin eines Aufnahmeleiters arbeitete. Beide Jobs trugen ihr vorzügliche Verbindungen und ein Leistungsbewusstsein ein. Dies sind Faktoren, die für ihre Karriere heute sehr wichtig sind.

David ist Musiker; zwischen den Engagements arbeitet er in einem Musikladen. Dadurch kommt er mit anderen Musikern und Kunden in Kontakt, die bei ihm Gitarrenunterricht nehmen wollen. Die Arbeit im Einzelhandel war zwar nie sein Ziel, aber sie sorgt dafür, dass er seine Träume lebendig halten und seine musikalische Karriere finanzieren kann.

Stefan nahm ein Jahr unbezahlten Urlaub, um als Souschef zu arbeiten. Die Bezahlung war miserabel, die Arbeitszeit grauenvoll, aber er fühlte sich pudelwohl. Obwohl er nach einem Jahr in seine alte Firma zurückkehrte, war er froh, etwas getan zu haben, was er schon immer tun wollte, und sich nicht bis zum Ende seines Lebens fragen zu müssen: »Was wäre gewesen, wenn ...?«

Ungeachtet des Ziels, zu dem Ihr Guter Stern Sie führen soll, gibt es vielleicht eine Gruppe und Organisation mit dem gleichen Ziel, der Sie sich anschließen können, Schulungsmöglichkeiten, um Sie auf Kurs zu bringen, und einen Menschen, der Ihre Vision gerne teilt. Gehen Sie in die Bücherei, forschen Sie im Internet, halten Sie in Tageszeitungen und Zeitschriften nach Informationen Ausschau, die Wegweiser auf Ihre Träume enthalten. Ihr Guter Stern ist irgendwo da draußen und wartet auf Sie – Sie müssen ihm nur folgen!

Nein sagen zur Erfolgsdefinition anderer

Unsere Gesellschaft definiert Erfolg weitgehend über Begriffe wie Geld und Macht. Da wir uns wünschen, erfolgreich zu sein, schließen wir uns leicht der vorherrschenden Meinung an: je mehr Geld und Macht, desto besser. Und lassen zu, dass diese Überzeugung unser ganzes Leben bestimmt. Auch wenn wir gut verdienen, trachten wir danach, noch mehr Reichtum anzuhäufen. Die Werbebranche existiert nur, um uns davon zu überzeugen, dass wir immer mehr materielle Güter brauchen. Doch Geld allein macht bekanntlich nicht glücklich.

In unserer Kultur runzelt man noch immer die Stirn, wenn jemand eine hochdotierte Stellung gegen eine mit geringerem Entgelt und weniger Stress eintauscht. Sich aus der Jagd nach dem Mammon ausklinken heißt, gegen den Strom zu schwimmen. Aber die Zeiten ändern sich. Seit einigen Jahren wächst die Anzahl derer, die den Begriff »Erfolg« überdenken und in Übereinstimmung mit ihren eigenen Vorstellungen neu definieren. Wenn die gnadenlose Jagd nach dem Geld ein Gefühl der Leere bei Ihnen hinterlässt, ist es tröstlich zu wissen, dass Sie sich in guter Gesellschaft befinden – und andere Optionen haben.

Die Erkenntnis, wann es genug ist: Nein sagen zu exzessivem Konsum

Der vermutlich wichtigste Grund, sich an eine Tätigkeit zu klammern, die keinen Spaß macht, ist die Angst, dass wir nicht mit weniger auskommen können, als wir derzeit verdienen. Aber viele Menschen haben sich an ein niedrigeres Einkommen angepasst, ohne auf den gewohnten Lebensstand verzichten zu müssen, und manchmal sogar an Lebensqualität gewonnen.

Was zu der Frage führt: Wie viel ist *genug*?

Haben Sie genug zu essen, um gesund zu bleiben und sich auf eine gute Mahlzeit zu freuen? Haben Sie genug Kleidung, um warm, luftig oder für entsprechende Anlässe richtig angezogen zu sein? Haben Sie ein Dach über dem Kopf, fließendes Wasser, beheizbare Räume, Toiletten, die funktionieren, ein Bett mit sauberer Bettwäsche, Waschmaschine, Geschirrspüler, ein Auto? Die meisten dieser Dinge sind Luxusartikel, für einen großen Teil der Weltbevölkerung unerreichbar.

Bevor Sie einen weiteren Auftrag, einen neuen Kunden oder eine Beförderung annehmen, die Ihnen mehr Geld einbringen, aber auch längere Arbeitszeiten abverlangen, sollten Sie überlegen, ob die zusätzlichen materiellen Güter, die Sie dafür kaufen können, Ihr Leben in irgendeiner Form verbessern. Ist ein weiterer eindrucksvoller Titel, mit dem Sie sich schmücken, der Schlüssel zu mehr Lebensqualität? Gesundheit, Freude, Liebe oder Freizeit kann man nicht kaufen. Die Zeit, die wir für uns haben, kann uns dagegen Augenblicke des Glücks und der Erfüllung bescheren, weil wir uns nicht ständig gehetzt und unter Druck fühlen. Erforschen Sie Ihr Gewissen, bevor Sie Ja sagen, wenn sich Ihnen eine Chance bietet, Geld auf Kosten Ihrer Zeit zu verdienen. Die ständige Jagd nach dem Geld, auch nachdem ein bestimmtes materielles Niveau erreicht ist, das uns ein komfortables Leben ermöglicht, lenkt von wichtigeren Zielen ab.

Buchstäblich alle, die sich als Angehörige des Mittelstands definieren, könnten durch Veränderungen in ihrem Lebensstil und Verzicht auf blindes Konsumstreben merkliche finanzielle Einsparungen erzielen.

Die Jagd nach dem Geld ist eine Tretmühle; ihr zu entrinnen muss kein unerfüllter Traum bleiben. Wir können ihn leichter verwirklichen, wenn wir lernen, Nein zu unwichtigen materiellen Gütern zu sagen, von denen wir uns einbilden, sie wären notwendig. Menschen, die genaue Vorstellungen davon haben, wozu sie Ja sagen wollen, haben festgestellt, dass es sich lohnt, solche Abstriche zu machen.

Nein sagen zu Einladungen, Verabredungen und unerwünschten Beziehungen

Man möchte viele Freunde haben ...

aber auch in Ruhe gelassen werden.

Man ist sauer, wenn man nicht eingeladen wird ... auch wenn man eigentlich gar keine Lust hat, hinzugehen.

Man genießt die Bewunderung der Männer ... aber bei einigen am liebsten aus der Ferne.

Das gesellschaftliche Leben lässt sich oft in einem einzigen Wort zusammenfassen: Es ist ein Dilemma. Einerseits sehnen wir uns als menschliche Wesen nach Sozialkontakten. Wir genießen es, umworben zu sein, zu Festen eingeladen und einbezogen zu werden, wenn Spiel und Spaß angesagt sind. Andererseits wünschen wir uns oft, wenn wir an einem gesellschaftlichen Ereignis teilnehmen, wir wären anderswo und hätten unsere Ruhe.

Nein sagen zu Einladungen

Jede Einladung kann unser Leben bereichern, zumindest theoretisch. »Komm, mach mit!«, fordert sie uns auf. »Du wirst lachen/tanzen/dich wohl fühlen/dich amüsieren/die große Liebe deines Lebens finden/jemanden kennen lernen, der dein Leben von Grund auf verändert.« Manchmal werden solche Versprechen sogar wahr. Feste können wirklich Spaß machen, geradezu märchenhaft schön sein. Was wäre aus Aschenbrödel geworden, wenn sie den Ball im Königsschloss nicht besucht hätte? Doch oft wissen wir ganz genau, was uns erwartet, und das ist alles andere als bezaubernd. Wir kennen die Realität, die sich hinter der Fassade des angedeuteten Versprechens verbirgt, bereits zur Genüge: Ein weiterer Abend, den wir mit seichtem Geplänkel verbringen, während wir insgeheim darauf warten, dass endlich jemand geht, damit wir nicht den Anfang machen müssen. (Sobald sich der erste Gast dann endlich verabschiedet, folgt oft ein Massenexodus!)

Die Teilnahme an gleich welchem gesellschaftlichen Beisammensein kostet Zeit und Mühe, manchmal sogar beträchtliche, je nach Umständen. Wenn Sie einen weiten Weg haben, einen

Babysitter finden oder sich den Kopf darüber zerbrechen müssen, was Sie anziehen sollen, büßt die ohnehin getrübte Aussicht noch mehr von ihrem Reiz ein. Als potenzieller Gast haben Sie das Recht zu überlegen, ob der Anlass in Anbetracht des ganzen Aufwandes ein »Ja« rechtfertigt. Lohnt sich das alles, gemessen an der Chance, sich zu amüsieren?

Die Zeit, die Ihnen zur Verfügung steht, um Feste zu besuchen, ist die kostbarste, die es gibt. Ihnen bleiben ja nur wenige Stunden, nachdem Sie sämtliche »Pflichten« erledigt haben, als da sind: arbeiten gehen, auf dem Heimweg Lebensmittel einkaufen, Abendbrot zubereiten und essen, dafür sorgen, dass im Haushalt und in der Familie auch alles reibungslos läuft. Für die meisten von uns sind die freien Stunden schwer erkämpft und rar. Deshalb ist es umso wichtiger, dass wir haushälterisch damit umgehen.

Nein sagen zu weniger verlockenden Einladungen ist eine Möglichkeit, unser Recht auf die wenigen Mußestunden einzufordern, die sonst in der Hektik des Alltags untergehen. Vielleicht gehören auch Sie zu den Leuten, die vorschnell zusagen und später am liebsten absagen würden. Wäre es da nicht besser, sich gar nicht erst auf solche Verpflichtungen einzulassen? Das Wissen, wann und wie man Einladungen ablehnt, kann uns neue Zeitquellen erschließen, die wir auf wirklich befriedigende Weise nutzen können, gleich ob wir sie in Gesellschaft von Menschen verbringen, die wir lieben, oder uns vorübergehend in die dringend benötigte Klausur begeben.

Unsere Freundin Leslie hat uns von einem gemütlichen Abend erzählt, den sie mit ihrem Mann vor dem Fernseher verbrachte. Nichts besonderes, oder? Für dieses Paar schon. Da beide berufstätig sind und zwei Kinder haben, ist die gemeinsame Entspannung in den eigenen vier Wänden, frei von Verpflichtungen, seit einigen Jahren ein seltenes Vergnügen.

Was Sie mit der gewonnenen Zeit anfangen, ist allein Ihre Sache. Aber zuerst müssen Sie sich selbst die Erlaubnis geben, Ihren Anspruch darauf geltend zu machen. Manche Menschen finden es nur dann gerechtfertigt, eine Einladung auszuschlagen, wenn sie laut Terminkalender schon etwas vorhaben. Aber »etwas vorhaben« kann auch bedeuten, dass Sie geplant haben, daheim zu bleiben und einmal nichts zu tun, weil Sie dringend Ruhe brauchen. Falls Sie deswegen Gewissensbisse haben, sollten Sie sich vor Augen halten, dass diese Auszeit, die in unserer Gesellschaft als »Faulenzen« gilt, in anderen Kulturen als »innere Einkehr« bezeichnet und sehr ernst genommen wird. Da Stress heute weitgehend als erhebliches Gesundheitsrisiko anerkannt ist, spricht einiges dafür, sich eine Weile zurückzuziehen, um die inneren Batterien wieder aufzuladen.

Den prallvollen Terminkalender von unerwünschten gesellschaftlichen Verpflichtungen zu befreien ist eine gute Ausgangsbasis, sich Luft zu verschaffen. In diesem Kapitel finden Sie Tipps, die Ihnen in den unterschiedlichsten Situationen helfen, sich einer Einladung mit Anstand zu entziehen. Später werden wir uns auf die romantische Schiene begeben und Möglichkeiten erörtern, einen Verehrer abzuwimmeln oder in einer bereits bestehenden Beziehung, die Sie nicht fortsetzen wollen, die Notbremse zu ziehen.

Verzagen Sie nicht: In Fällen, wo das Interesse an Ihrer Person zwar schmeichelhaft ist, aber nicht auf Gegenseitigkeit beruht, ist Hilfe in Sicht.

Wie Sie feststellen, welche Einladungen Sie ablehnen können

Bevor Sie eine Einladung zu gleich welchem Ereignis annehmen, sollten Sie innehalten und überlegen, ob Sie wirklich hingehen wollen. Das liegt auf der Hand und man könnte meinen, dass es keiner Erwähnung bedarf, aber wir beide haben diesen wichtigen Schritt einige Male vergessen und Lehrgeld bezahlt. Möglicherweise ergeht es Ihnen nicht anders. In aller Regel werden Sie von jemandem überrumpelt, nehmen die Einladung aus einem Reflex heraus an, legen sich mit Ihrem »Ja« vorschnell fest. Das Drama könnte sich folgendermaßen abspielen:

HANS: *Gut, dass ich dich treffe. Hast du Freitagabend schon etwas vor?*

SIE: *Warte ... nein, ich glaube nicht. Warum?*

HANS: *Bei mir findet nach der Arbeit ein kleiner Umtrunk statt. Was ist, kommst du?*

SIE: *Ich denke schon, klar.*

HANS: *Prima! Bis dann. Übrigens, könntest du Chips mitbringen, am besten gleich mehrere Tüten, und dazu die scharfe mexikanische Salsa? Gibt es bereits fertig im Glas.*

SIE: *Äh ... klar.*

[Wir spulen vor auf Freitagabend, 17 Uhr]

SIE (denken): *Oh nein! Hans' Umtrunk! Chips und Salsa! Der Supermarkt, ausgerechnet zu der Zeit, wo die Hölle los ist! Der Massenandrang in Hans' Wohnung, ausschließlich Kollegen, deren Gemecker ich mir schon die ganze Woche anhören musste! Ganz zu schweigen von dem Billigbier und dem Zigarettenqualm! Mist ... ich will nach Hause!*

»Sozialkunde« ist keine exakte Wissenschaft. Die schönsten Zeiten sind oft diejenigen, die sich jedem wissenschaftlichen Erklärungsansatz entziehen: spontan, unvorhersehbar und nicht wiederholbar. Was dabei eine große Rolle spielt, ist die Chemie. Ein Fest wird nur dann ein voller Erfolg, wenn die richtigen Leute zur richtigen Zeit unter den richtigen Umständen zusammentreffen. Leider weiß man nie im Voraus, ob es »Klick« macht. Deshalb möchten wir Sie ermuntern, aufmerksam zu sein und jede Einladung sorgfältig abzuwägen, bevor Sie reagieren. Wenn Sie übereilt Nein sagen, verpassen Sie unter Umständen ganz besondere, unvergessliche Stunden in Ihrem Leben. Unser Ziel besteht nicht darin, Ihnen ein Eremitendasein nahe zu legen. Manchmal muss man sein Schneckenhaus verlassen und bereit sein, ein Risiko einzugehen.

Wenn Sie jedoch wissen, zu welcher Partygänger-Kategorie Sie gehören, können Sie mit ziemlicher Genauigkeit voraussagen, ob ein Ereignis Ihre »Kragenweite« ist:

Blühen Sie bei Festen mit viel Gedränge auf oder verziehen Sie sich in die Küche, wo Sie sich den ganzen Abend mit einem einzigen Gast unterhalten?

Genießen Sie es, die »Runde zu machen« und neue Leute kennen zu lernen, oder ziehen Sie Gespräche in kleineren Grüppchen vor, am liebsten mit handverlesenen Freunden?

Gehören Sie zum harten Kern, der bis zum Schluss bleibt, oder zu den Gästen, die zwanzig Minuten nach der Ankunft den Partner oder die Begleiterin beiseite nehmen und sagen: »Wenn du gehen möchtest, jederzeit ...?«

Ist Ihnen allein der Gedanke zuviel, dass Sie schon wieder mit einem Geschenk anrücken müssen, um das neugeborene Baby einer Bekannten zu begutachten?

Oft versäumen wir solche Gewissensfragen oder wir stellen sie und schenken den Antworten keine Beachtung. Infolgedessen tanzen wir auf zu vielen Hochzeiten und fragen uns dann: »Was mache ich hier eigentlich? Wann geht der Spaß endlich los?«

Die Grundregeln

Die Grundregeln für die salonfähige Ablehnung einer Einladung oder eines Rendezvous' sind genauso zeitlos und passend für viele Gelegenheiten wie das Kleine Schwarze. Hier sind die wichtigsten Schritte, um in einer entsprechenden Situation Nein zu sagen, ohne sich dabei schlecht zu fühlen oder jemanden vor den Kopf zu stoßen:

1. Zeit gewinnen

Viele blauäugige Menschen lassen sich immer wieder durch die Fangfrage »Was machst du am …?« in die Enge treiben. Abwandlungen dieser trickreichen Nachforschung sind: »Hast du nächstes Wochenende schon etwas vor?« oder »Hättest du nicht Lust, am Freitag …?«, usw.

Für den mit allen Wassern gewaschenen Neinsager gibt es nur zwei angemessene Antworten:

A: »Ich habe schon etwas vor. Warum?«

oder

B: »Ich glaube, ich habe da schon etwas vor. Warum?«

Bei Fragen wie »Was machst du am Samstag?« haben wir keine Möglichkeit, vorab zu erfahren, ob wir zum Grillen eingeladen oder gebeten werden sollen, einen Konzertflügel über eine verwinkelte Treppe in den fünften Stock zu schleppen. Wenn Sie sagen: »Ich habe schon etwas vor«, verhindern Sie, in eine missliche Lage gebracht zu werden, aus der es kein Entkommen mehr gibt. Es bedeutet nicht, dass Sie automatisch Nein sagen. Sie versuchen lediglich, Zeit zu gewinnen, um Ihre Optionen sorgfältig und ohne Druck zu überdenken.

Wenn Sie erfahren, um was es sich handelt, und Sie gerne hingehen möchten, ist es ein Leichtes, »umzuplanen« und Ja zu sagen. Der Gastgeber wird sich vermutlich freuen, dass er bei Ihnen hoch genug im Kurs steht, um eine Änderung Ihrer Pläne zu bewirken.

Lassen Sie sich trotzdem mit der Antwort Zeit. Wissen ist bekanntlich Macht, aber wie der folgende Dialog anschaulich zeigt, nur dann, wenn Sie über vollständige Informationen verfügen:

FREUNDIN: *Was machst du eigentlich Samstagabend?*

SIE: *Ich habe schon etwas vor. Warum?*

FREUNDIN: *Ich habe Karten für die Oper und ...*

SIE: *Super! Ich kann meine Verabredung absagen!*

FREUNDIN: *... und wir wollten dich fragen, ob du nicht bei uns Kinder hüten kannst.*

SIE *(denken): Mist!*

2. Bringen Sie zum Ausdruck, dass Sie die Einladung zu schätzen wissen

Gleich, ob Sie vorhaben, an einem bestimmten Ereignis teilzunehmen oder nicht, Sie sollten sich daran erinnern, was eine Einladung besagt: Jemand würde sich über Ihre Gesellschaft freuen. Normalerweise ist es nicht die Person selbst, die Ihnen nicht passt, sondern der Anlass, die Zeit, der Ort oder irgendein anderer Faktor. Auch wenn Sie nicht hingehen wollen, sollten Sie zum Ausdruck bringen, dass Sie sich über die Einladung freuen, und sich beim Gastgeber gebührend bedanken. Lassen Sie ihn oder sie wissen, dass Sie es schön finden, einbezogen zu werden, und genießen Sie das gute Gefühl, das Ihnen diese Erfahrung vermittelt. Wenn Sie in der Lage sind, aufrichtig zu sagen: »Ich freue mich sehr, dass Sie an mich gedacht haben«, werden Sie diese Herzlichkeit »rüberbringen«, auch wenn Sie hinzufügen, dass Sie leider nicht teilnehmen können. Wie in vielen anderen Situation ist es leichter, Nein zu sagen, wenn es in einem positiven Gesamtzusammenhang geschieht.

3. Berücksichtigen Sie Ihre früheren Pläne – auch wenn Sie nur alleine etwas vorhaben

Weigern Sie sich, Schuldgefühle wegen einer Absage zu entwickeln, nur weil Sie die Zeit für sich selbst nutzen möchten. Zwischenmenschliche Beziehungen sind zwar für die meisten von uns ungeheuer wichtig, aber das bedeutet nicht, dass die mit anderen verbrachte Zeit ausnahmslos Vorrang vor der Zeit hat, die man alleine verbringt. Bisweilen brauchen Geist und Seele etwas anderes als Cocktailparties. Pflegen Sie Ihre Sozialkontakte, uneingeschränkt. Aber berücksichtigen Sie auch die Verpflichtungen, die Sie sich selbst gegenüber haben.

4. Im Zweifelsfall Nein sagen

Wenn Sie sich nicht entscheiden können, ob Sie die Einladung annehmen sollen, ist eine Absage die Option, die Ihnen mehr Spielraum lässt. Wenn es sich nicht um ein Ereignis handelt, bei dem die Anzahl der Teilnehmer wegen der Bewirtung feststehen sollte, zum Beispiel eine Hochzeit, werden die meisten Gastgeber erfreut sein, wenn Sie es sich zu einem späteren Zeitpunkt anders überlegen. Es ist wesentlich besser zu sagen:

»Mein Termin hat sich verschoben; gilt die Einladung noch?«, als in letzter Minute abzusagen.

5. Wie wär's mit Ehrlichkeit?

Bevor Sie sich den Kopf über mögliche Ausreden zerbrechen, sollten Sie überlegen, ob sie überhaupt notwendig sind. Manchmal kann der Schuss auch nach hinten losgehen.

Unsere Freundin Lucy hat uns neulich von einem solchen Vorfall erzählt. Sie gehört einem Lesezirkel an, der sich regelmäßig trifft; am Tag des Treffens erhielt sie einen Anruf von einem anderen Mitglied der Gruppe. Die Dame erklärte, dass sie an diesem Abend nicht kommen könne, und erzählte eine langatmige, verworrene Geschichte: Ihr Mann sei plötzlich auf eine Geschäftsreise nach Asien beordert worden, und sie müsse seine Koffer packen und ihm diesen samt Pass zum Flughafen bringen, und sie müsse die Kinder noch abholen, die überall in der Gegend verstreut seien, oh Gott, wie solle sie das alles rechtzeitig schaffen! Wie auch immer, klar war zumindest, dass sie nicht teilnehmen konnte.

Der Haken war nur, dass Lucy am selben Nachmittag ins Freibad ging, um eine Runde zu schwimmen, und wen erspähte sie dort? Besagten Ehemann in der Badehose, der völlig entspannt aussah und keinerlei Anstalten machte, sich auf den Weg nach Asien zu begeben.

War seine Frau eine pathologische Lügnerin? Oder hatte sie das Gefühl, der Diskussionsrunde nur mit einer ausgefeilten Entschuldigung fernbleiben zu können? Wie dem auch sei, die Beziehungen zu den anderen Gruppenmitgliedern kühlten danach merklich ab: Sie fühlten sich »verschaukelt«, weil sie ihnen einen Bären aufgebunden hatte. Lucy meinte: »Wenn sie einfach angerufen und gesagt hätte: ›Ich komme heute Abend nicht‹, wäre das kein Beinbruch gewesen! Wir sind befreundet und hätten das doch verstanden. Dass sie meinte, uns ein Lügenmärchen auftischen zu müssen, zeigt, dass sie uns weder respektiert, noch Vertrauen zu uns hat. Und jetzt haben wir kein Vertrauen mehr zu ihr.«

Was ebenfalls ein guter Grund dafür ist, dass Notlügen nur im äußersten Notfall benutzt werden sollten: Man kann dabei erwischt werden und der Beziehung schaden.

Der Anrufbeantworter: Dein Freund und Helfer

Erhalten Sie manchmal Anrufe von Verwandten und Bekannten, die sich rein zufällig in der Gegend befinden und gerne auf einen Sprung vorbeischauen würden? Wenn Sie Ihre Anrufe routinemäßig aufzeichnen, gewinnen Sie wieder mehr Einfluss auf Ihr Leben, vermeiden unerwünschte, unüberlegt angenommene Einladungen oder gewinnen Zeit in anderen Situationen. Sie verringern das Störpotenzial in den eigenen vier Wänden und schützen sich vor Leuten, die Sie einladen, stundenlang Dias aus dem letzten Urlaub anzuschauen.

Benutzen Sie den Anrufbeantworter auch, um für Sie »zeitsparend« Nein zu sagen. Wenn Sie eine Einladung absagen wollen, aber weder Lust auf Smalltalk noch auf lange Debatten haben, rufen Sie an, wenn Sie wissen, dass die andere Person nicht zu Hause ist. Bringen Sie Ihr Bedauern zum Ausdruck, wenn der Anrufbeantworter eingeschaltet ist.

Eingeladen oder erwartet? Machen Sie sich den Unterschied klar

Fragen Sie eine erfahrene Gastgeberin, was sie von Gästen hält, die zusagen, aber nicht auftauchen. (Vermutlich nicht viel.) Sie sollten sich bemühen, nicht zu dieser Kategorie zu gehören. Es besteht ein Unterschied, ob Sie eingeladen werden (und die Wahl haben) oder erwartet werden (weil Sie zugesagt haben). Wir reden hier nicht über legitime Absagen wegen Notfällen, sondern über Leute, die Ja sagen, weil sie Angst haben, Nein zu sagen und sich unbeliebt zu machen. Oder weil sie nicht genau wissen, ob sich an dem Tag nicht etwas Besseres bietet, und sie sich deshalb alle Optionen offen halten wollen.

Am schlimmsten sind diejenigen Leute, die eine Einladung zur Hochzeit oder zu einem anderen aufwändigen Ereignis annehmen und dann durch Abwesenheit glänzen. Wenn Ihre Gastgeber sich die Mühe machen, für Ihre Verköstigung und Unterhaltung zu sorgen, ist das Mindeste, was man von Ihnen erwarten kann, sie mit Ihrer Anwesenheit zu beehren. Vergewissern Sie sich, dass nicht *Ihr Name* auf einer Platzkarte steht, die allein auf weiter Flur stehen bleibt, während alle anderen Gäste eingetroffen sind und ihren Tisch gefunden haben. Sonst könnte es passieren, dass Sie ein für alle Mal von der Gästeliste gestrichen werden – aus gutem Grund.

Nein sagen zu Partys und anderen gesellschaftlichen Verpflichtungen

(Wenn es um Hochzeiten und andere familiäre Verpflichtungen geht, siehe Seite 155 folgende.)

Zeit gewinnen

Wenn Sie nicht von vornherein mit einem definitiven, uneingeschränkten »Nein« gewappnet sind, sollten Sie versuchen, Zeit zu gewinnen, um über Ihre Entscheidung nachzudenken.

Klingt wunderbar! Aber ich muss erst auf meinem Kalender nachschauen, ob es an dem Tag bei mir geht. Ich rufe Sie zurück.

Ich freue mich! Ich muss nur noch mit meinem Mann/Partner/meiner Frau abklären, ob wir an dem Tag können.

Ich bin ziemlich sicher, dass an dem Abend schon etwas war. Lass mich nachschauen, dann melde ich mich wieder bei dir.

Prima! Ich hoffe, dass ich jemanden finde, der auf die Kinder aufpasst. Ich sage dir Bescheid.

Fassen Sie sich kurz

Wenn wir eine Einladung oder Verabredung ablehnen, neigen wir manchmal dazu, uns wortreich zu entschuldigen. Das ist oft gar nicht nötig. Warum versuchen Sie es nicht einmal mit einem »minimalistischen« Ansatz? Vielleicht werden Sie angenehm überrascht sein, wie einfach das ist (und Sie müssen nicht schwindeln).

Danke für die Einladung. Ich wünschte, ich hätte an dem Wochenende Zeit.

Ich würde gerne kommen, aber ich habe schon etwas vor.

Tut mir Leid, es geht nicht. Sonst würde ich gerne kommen.

Ich habe die Party im letzten Jahr sehr genossen. Tut mir Leid, dass ich dieses Mal nicht kommen kann. (Fügen Sie wahlweise Einzelheiten über die letzte Party hinzu, zum Beispiel: *Weißt du noch, wie Tom volltrunken in den Swimmingpool gefallen ist? Was haben wir gelacht!*)

Bedauerlicherweise kann ich nicht. Aber ich würde dich gerne wieder sehen. Vielleicht gehen wir beide nächste Woche mal zum Essen?

Ehrliche Absagen

In manchen Situationen ist es am besten, die Einladung ganz offen auszuschlagen. Wenn Sie dem anderen ehrlich gegenübertreten, ist das für ihn ein Vertrauensbeweis, der Ihre Beziehung festigen kann.

Die folgenden Antworten können eingeleitet werden mit einem Satz wie: »Ich will ganz ehrlich sein, denn ich weiß, dass du mich verstehen wirst.«

Ich muss mich einfach mal ausklinken.

Bei mir war die ganze Woche die Bude voll, ich brauche dringend mal wieder Zeit für mich selbst.

Ich bin im Moment einfach zu erschöpft – du hättest sowieso nichts von mir.

Mir ist gerade einfach nicht nach Partys und vielen Menschen zumute. Wir könnten uns doch in zwei Wochen, wenn alles wieder ruhiger ist, mal wieder treffen.

Der größte Nachteil bei dieser Methode, die auf Ehrlichkeit beruht, besteht in der Möglichkeit, dass eine Freundin Ihre Entschuldigung einfach nicht gelten lässt und Sie mit allen Mitteln zu überreden versucht. Seien Sie darauf gefasst und lassen Sie sich nicht beirren. Wiederholen Sie einfach, was Sie bereits gesagt haben, zum Beispiel, dass Sie Zeit für sich selber brauchen. Wenn es nicht anders geht, machen Sie selber ein bisschen Druck.

Du weißt doch, wenn du mich bedrängst, geht bei mir gar nichts.

Ich habe dir eine ehrliche Antwort gegeben, weil ich gehofft hatte, dass du mich verstehst.

Entschuldigungen, bei denen beide Seiten das Gesicht wahren

Wenn alle Stricke reißen, müssen Sie möglicherweise doch eine triftige Ausrede benutzen. In der Regel möchten wir niemandem zum Lügen ermutigen, aber manchmal bleibt Ihnen keine andere Wahl, wenn Sie eine Beziehung aufrechterhalten wollen. Entschuldigungen, bei denen alle Beteiligten das Gesicht wahren, sind schonungsloser Offenheit vorzuziehen, wenn Sie damit rechnen müssen, jemanden zu verletzen oder einen Bruch herbeizuführen (*Abendessen bei dir zu Hause? Lieber nicht, dein Fraß ist ungenießbar!*) Wenn eine Notlüge der einzige Ausweg ist, sollte man sie so einfach wie möglich formulieren. Durch zu viele Einzelheiten erhöht sich das Risiko, beim Flunkern erwischt zu werden. Die klassischen Alibis – Kinder, Verwandte, Haustiere, Arbeit – sind die besten und werden seltener hinterfragt.

Schieben Sie die Schuld auf die Kinder.
Mein Großer ist seit einiger Zeit völlig verändert; ich muss ihn im Auge behalten.

Wir haben noch keinen Babysitter gefunden, dem wir die Kinder mit gutem Gewissen anvertrauen können.

So kurzfristig kann ich niemanden auftreiben, der die Kinder hütet.

Schieben Sie die Schuld auf die Familie.

Mein Partner hat für den Abend bereits etwas anderes ausgemacht.

Wir müssen zu einer Hochzeit in der Verwandtschaft.

Ich habe meiner Schwester versprochen, an dem Abend Kinder zu hüten.

Meine Schwiegereltern kommen uns besuchen, und wir haben versprochen, etwas mit ihnen zu unternehmen.

Schieben Sie die Schuld auf Ihre Haustiere.

Ich muss nach Hause und mit meinem Hund Gassi gehen.

Ich muss nach Hause und die Katzen füttern.

Ich muss meinen Vogel zum Tierarzt bringen.

Ich muss meinen Hund zum Scheren bringen; es hat Monate gedauert, bis ich einen Termin bekommen konnte.

Schieben Sie die Schuld auf die Arbeit.

Ich kann nicht. Ich habe einen Termin.

Ich muss an dem Tag länger arbeiten.

Da ist bei uns Hochsaison, und ich habe Bereitschaftsdienst.

In der Firma meines Mannes ist um die Zeit viel los, und einer muss bei den Kindern bleiben.

Schieben Sie die Schuld auf außerplanmäßige Aktivitäten.

In der Schule findet ein Elternabend statt.

Ich habe an dem Abend einen Kurs (Sie sollten erklären können, um was für einen es sich handelt).

Wir haben Klassentreffen, und du weißt ja, wie schwer die Termine zu koordinieren sind.

Ich kann nicht weg; ich muss auf den Installateur warten.

Bei solchen Entschuldigungen ist Vorsicht geboten. Das Gute an der Wahrheit ist, dass man sich nicht daran erinnern muss, wem man welche haarsträubende Geschichte aufgetischt hat.

Wenn Sie also eine Verabredung mit der Begründung ausgeschlagen haben, dass Sie zu einer Hochzeit eingeladen sind, sollten Sie sich nicht im Supermarkt nebenan vor der Fleischtheke erwischen lassen.

Pflichtveranstaltung: Wenn Sie nicht Nein sagen können

Es gibt Veranstaltungen, bei denen die Teilnahme nicht ganz so freiwillig ist, wie es auf den ersten Blick scheint. Das trifft auf gesellschaftliche Verpflichtungen zu, die mit dem Beruf verbunden sind, und vor allem auf Familienfeste. Auch wenn keine offizielle Anwesenheitspflicht besteht, könnte Ihre Abwesenheit unangenehm auffallen und Konsequenzen nach sich ziehen. Wenn der Firmenchef Sie zu einer Cocktailparty einlädt, um Sie mit dem Aufsichtsrat bekannt zu machen, kann von »Freiwilligkeit« kaum die Rede sein. Machen Sie sich klar, dass der Satz »Ich rechne mit Ihnen« im Klartext bedeutet: »Ich rechne mit Ihnen, sonst ...« Solche Einladungen sind kaschierte gesellschaftliche Verpflichtungen. Wenn man sie ignoriert, dann auf eigene Gefahr.

Der unerwünschte Verehrer

Hier wird es etwas schwieriger.

Einladungen abzulehnen erfordert generell ein gewisses Maß an Finesse. Doch wenn die Einladung oder Verabredung mit der Möglichkeit verknüpft ist, dass sich eine Romanze anbahnt, kann die Sache knifflig werden. In einem solchen Fall

Nein zu sagen, egal ob zum ersten, zweiten oder zehnten Rendezvous, hat weiter reichende persönliche Folgen, als wenn Sie ein Abendessen bei Ihrer Cousine ausschlagen. Statt sich auf einen bestimmten Abend oder Anlass zu beziehen, enthält dieses »Nein« eine Botschaft für die gesamte Beziehung: normalerweise, dass Sie diese nicht fortsetzen möchten, oder zumindest nicht unter dem Aspekt, auf den Ihr »Verehrer« hofft.

Wenn es um persönliche Anziehungskraft und den Reiz geht, den wir auf das andere Geschlecht ausüben, reagieren wir ziemlich empfindlich. Da Sie sensibel für die Gefühle anderer sind (was dadurch bewiesen ist, dass Sie dieses Buch lesen), kann es Ihnen genauso schwer fallen, jemanden zurückzuweisen, wie eine Zurückweisung zu verkraften. Oft brechen bei dem Gedanken daran alte Wunden wieder auf. Da wir uns gut daran erinnern, wie wir in einer ähnlichen Situation empfunden haben, graut uns davor, anderen das Gleiche anzutun. Infolgedessen zermartern wir uns vielleicht in so mancher schlaflosen Nacht den Kopf, wie wir am besten Nein sagen.

Wie die Katze um den heißen Brei herumzuschleichen, wäre unfair gegenüber Ihrem Verehrer. Wenn Sie kein Interesse daran haben, mit jemandem auszugehen oder eine Beziehung einzugehen, verkomplizieren Sie die Sache nur, wenn Sie zweideutige Signale übermitteln oder falsche Hoffnungen nähren. Sie können die Wahrscheinlichkeit verringern, jemandem eine schmerzhafte Kränkung zuzufügen, wenn Sie die Kunst beherrschen, die Enttäuschung durch ein sanftes, einfühlsames Nein in Grenzen zu halten.

Taktgefühl ist ein erstrebenswertes Ziel, aber Sie sollten sich vor Augen halten, dass dies nicht der richtige Zeitpunkt für vage Anspielungen und Doppeldeutigkeiten ist. Wenn die Kommunikation nicht klar und unmissverständlich ist, besteht das Risiko, dass Ihre Botschaft überhaupt nicht »rüberkommt«, und dann befinden Sie sich wieder am Ausgangspunkt. Ob es Ihnen gefällt oder nicht, ein gewisses Maß an Ernüchterung ist unerlässlich.

Je früher Sie Klartext mit einem unerwünschten Verehrer reden, desto früher können Sie sich beide sagen: Neues Spiel, neues Glück!

Wie Sie sehen, wollen wir Sie nicht ermutigen, jedes »Date« im Keim zu ersticken, um sich abzusondern und wie eine Klosterschwester oder ein Mönch zu leben. Wir sind uns der Tatsache bewusst, dass intakte Beziehungen damit beginnen, dass sich zwei Menschen kennen lernen und näher kommen, und niemand bisher die große Liebe gefunden hat, während er sich im stillen Kämmerlein unter dem Bett versteckt hielt.

Machen Sie sich klar, wonach Sie Ausschau halten

Warum ist es so wichtig, unerwünschte Verehrer und unbefriedigende Beziehungen auf ein Mindestmaß zu beschränken, oder besser noch, von vornherein zu vermeiden? Ein offensichtliches Argument ist, dass Sie sich einen unerfreulichen Abend ersparen. Aber dahinter steckt ein tiefer verwurzelter Grund: Sie sollten sich Ihre Energie für die Suche nach einem Partner aufheben, der wirklich Ihrem Bild und Ihren Bedürfnissen entspricht; auf diese Weise erhöhen Sie Ihre Chancen, aus vollem Herzen Ja sagen zu können. (Falls Sie jetzt fragen »Was für ein Bild?«, bitten wir um ein wenig Geduld; wir kommen gleich darauf zu sprechen.) Es geht nicht nur darum, dadurch mehr Zeit für sich zu haben: Wichtig ist vor allem, wie

Sie diese Zeit nutzen, was Sie tun und denken könnten, wenn Sie nicht in Gesellschaft von irgendeinem Verehrer angestrengt nach Gesprächsstoff suchen müssten.

Wenn Sie eine mögliche Liebesbeziehung in Erwägung ziehen, dann aber zu der Schlussfolgerung gelangen: »Das ist nicht das, was ich will« oder »Das ist nicht das, wonach ich suche«, sollten Sie Abstand von der Beziehung nehmen. Aber haben Sie sich auch überlegt, wie Sie ans Ziel Ihrer Wünsche, sprich zu Ihrem Märchenprinzen gelangen? Solange Sie nicht wissen, wonach Sie überhaupt suchen, befinden Sie sich an einer Weggabelung und haben keine Ahnung, welche Richtung Sie einschlagen sollen. Ohne ein genaues Ziel vor Augen besteigen Sie vermutlich den nächsten klapprigen alten Bus, der daherkommt, und wer weiß, wohin der führt!

Wenn Sie nach jemandem Ausschau halten sollen, dem Sie nie zuvor begegnet sind, hilft es, wenn Sie eine Beschreibung des Betreffenden besitzen. Hier kommt die Sache von dem zuvor erwähnten »Bild« ins Spiel. Im Zusammenhang mit Liebe und Romantik sollten Sie ein klares mentales Bild von derjenigen Person haben, die Ihnen als Partner/Partnerin vorschwebt, und es im Auge behalten, wenn Sie die einzelnen Schritte des Kennenlern-Prozesses durchlaufen: erste Begegnung, erstes Rendezvous, Annäherung. Wir sprechen nicht darüber, wie Ihr Traummann aussieht, sondern über die Essenz einer Liebesbeziehung. Entwickeln Sie Ihr mentales Bild, indem Sie sich auf die Eigenschaften konzentrieren, die Sie bei Ihrem Partner für wesentlich erachten. Dazu können Aufmerksamkeit, Sinn für Humor, attraktive Erscheinung oder Großzügigkeit gehören. Richten Sie Ihr Augenmerk auf Merkmale, die nach Ihrem Dafürhalten in einer intakten Beziehung nicht fehlen dürfen und nicht »verhandelbar« sind. Attribute wie »Guter Tänzer«

mögen gleichermaßen reizvoll erscheinen, sind aber auf lange Sicht zweitrangig.

Ziehen Sie den Partner in Ihren Bann, der Ihnen vorschwebt

Einige traditionsverhaftete Kulturen, aber auch viele spirituelle Lehrer aus heutiger Zeit betonen den Gedanken, dass wir das, was wir suchen, leichter finden, wenn wir es uns bewusst in allen Einzelheiten ausmalen: Es findet *uns,* gewissermaßen. Das ist auch die Grundidee in Shakti Gawains inspirierendem Leitfaden *Stell dir vor. Kreativ visualisieren.* (Siehe Literaturliste)

Es heißt, wenn wir unsere ganze Energie auf dieses Vorstellungsbild richten, wird es von uns angezogen wie ein Magnet und sich irgendwann materialisieren. Das, worauf wir uns konzentrieren, tritt ein. Jeder von uns sieht die Welt durch seine eigene Brille. Wenn wir ein mentales Bild schaffen und lebendig erhalten, beginnen wir, es auch außerhalb unseres Selbst wahrzunehmen.

Klingt das, als ginge die Fantasie mit uns durch? Dann betrachten Sie es einmal anders: Sie kennen gewisse Leute, die ständig mit Gott und der Welt hadern. Sie haben immer das Gefühl, dass man ihnen Unrecht tut, auch wenn keine böse Absicht dahinter steckt, und beklagen sich fortwährend über ihre Mitmenschen. In Geschäften und Restaurants sind sie die Ersten, die sich lauthals über den schlechten Service beschweren. Ist es Zufall, dass ausgerechnet solche notorischen Nörgler immerzu gegen die Widrigkeiten des Schicksals kämpfen und sich mit Inkompetenz und Dummheit auseinander setzen müssen?

Natürlich nicht. Ihr Weltbild ist von dem Vorstellungsbild in ihren Köpfen geprägt. Da sie in jede Begegnung ihre eigene Feindseligkeit einbringen, ist es kein Wunder, dass sie überall auf Feindseligkeit treffen.

Menschen, die optimistisch und aufgeschlossen sind, ziehen ebenfalls ihresgleichen an. Sie begegnen den gleichen Zeitgenossen wie die Pessimisten, sehen aber die Welt aus der positiven Warte. Sie finden ihre eigene innere Einstellung in den Personen reflektiert, die ihren Weg kreuzen. Sehen sie nur das, was sie sehen wollen? Richtig, und genau das ist der Punkt. Im Verlauf dieses Prozesses bewahrheitet sich das Sprichwort *Gleich und Gleich gesellt sich gern*, und sie ziehen das in ihren Bann, was sie sehen möchten – warmherzige, freundliche Menschen. Sie nicht auch?

Patti ist überzeugt, dass sie mit Hilfe dieser Visualisierung ihren Mann gefunden hat. Sie hat sich jeden Tag gesagt: ›Ich möchte mich in einen netten, gescheiten, toleranten, zufriedenen und kerngesunden Mann verlieben, der mich auf Händen trägt.‹ Tag für Tag wurde dieses Bild realer, rückte die »Fantasie« ein Stück mehr in den Bereich des Möglichen. Ihre Perspektive änderte sich; statt sich zu fragen: »Gibt es ihn überhaupt?« sagte sie sich nun: »Ich weiß, dass es ihn gibt. Ich muss ihn nur finden.«

Dann gab sie eine Anzeige in einer regionalen Tageszeitung auf und erhielt viele Zuschriften, unter anderem auch von Stan, ihrem künftigen Ehemann. Dabei hätte er sich um ein Haar »disqualifiziert«, weil er zwei Voraussetzungen nicht erfüllte, auf die Patti in ihrer Annonce hingewiesen hatte: Er wohnte zu weit weg, und der Altersunterschied betrug mehr als zehn Jahre. Zum Glück war er sicher, dass sie zusammengehörten, und konnte sie überzeugen, dass Wohnsitz und Alter im Gesamtzusammenhang relativ unwichtig sind. (Womit er Recht hatte. Jeder kann umziehen oder im Herzen jung bleiben.) Als sie Stan näher kennen lernte, entdeckte sie, dass er die Charaktereigenschaften, die sie am meisten schätzte, im Überfluss besaß: Er war so einfühlsam, gescheit und humorvoll, dass die anderen Kriterien nicht mehr ins Gewicht fielen.

Betrachten Sie jedes Rendezvous als eine Übung

Nein sagen fällt leichter, wenn Sie wissen, wozu Sie Ja sagen möchten. Um sich in diesem Punkt Klarheit zu verschaffen, sollten Sie ein Rendezvous als ein weites Feld betrachten, auf dem Sie experimentieren und Erfahrungen sammeln können.

Jedes Mal, wenn Sie Nein sagen, haben sie etwas entdeckt, was Ihnen nicht gefällt oder fehlt. Mit jedem Rendezvous können Sie sich daran erinnern, dass Sie Ihrem Ziel stetig näher kommen, jemandem zu begegnen, der Sie wirklich interessiert und nach Ihrem Gefühl der Richtige ist.

Verabredungen, die sich als Fehlgriff erweisen, können Ihren Blick schärfen und auf diejenigen Qualitäten richten, die Sie bei einem Partner anziehend und gut finden. Machen Sie es sich zur Gewohnheit, bei jedem etwas Gutes zu entdecken. Vielleicht hat der eine einen erlesenen Geschmack, was Kleidung betrifft, aber keine Tischmanieren. Ein anderer ist nett und warmherzig, kennt aber nur ein Thema: Sport. Damit Sie den Abend einigermaßen überstehen, sollten Sie sich auf das konzentrieren, was Ihnen gefällt, und diese positiven Eigenschaften im Hinterkopf behalten. Das macht die Verabredung zumindest erfreulicher. Es ist außerdem eine lohnenswerte

Übung, nach den guten Seiten bei anderen zu fahnden, auch wenn Sie diese nicht auf die Liste Ihrer unverzichtbaren Eigenschaften bei einem Partner setzen. Wenn Sie nämlich bewusst auf Merkmale achten, die Sie schätzen oder bewundern, sammeln Sie Erfahrung und können sie schneller erkennen.

Die Suche nach dem Mann Ihres Lebens hat Ähnlichkeit mit der Anprobe von Kleidern in einem Kaufhaus. Sie werden merken, wenn es »Klick« macht, weil alles andere nicht zu Ihnen passt. Wenn Sie beispielsweise wissen, dass die Farbe Rot Ihnen nicht steht, können Sie sich die Mühe sparen, rote Kleider anzuprobieren. Auch ein Mann, der rüde mit der Kellnerin umgeht, bekennt Farbe, und niemand sagt, dass er Ihnen gefallen muss. Lassen Sie sich diesbezüglich auf keinen Kompromiss ein: Sagen Sie Nein und suchen Sie weiter.

Das erste Rendezvous ... und das erste Nein

Hingehen oder nicht hingehen, das ist hier die Frage. Obwohl ein Grundsatz bei Einladungen lautet, im Zweifelsfall Nein zu sagen, ist das bei Rendezvous etwas anders. Hier sollte man die Bereitschaft zeigen, sich auf Experimente einzulassen. Sich im Zweifelsfall für die Verabredung zu entscheiden, kann unerwartet positive Ergebnisse zeitigen. Sie haben vielleicht mehr Spaß, als Sie dachten, oder entdecken eine Seite an Ihrem Verehrer, die Sie angenehm überrascht. Wenn Sie wirklich unschlüssig sind, empfehlen wir, es mit dem Sprichwort zu halten: *Probieren geht über Studieren.*

Selbst wenn sich der Abend als Reinfall entpuppt, hat Ihr Ja gewisse Vorteile. Wie bei Vorstellungsgesprächen bietet sich hier eine Chance, den Umgang mit einem »Date« zu üben.

Und je mehr Erfahrung Sie darin haben, desto wohler fühlen Sie sich in Ihrer Haut und desto geschickter handhaben Sie den gesamten Prozess. Außerdem erweitern Sie dadurch Ihr Beziehungsnetz. Auch wenn sich aus der Begegnung keine heiße Romanze entwickelt, könnten Sie Freunde werden, und Freunde sind immer noch die beste Kontaktbörse! Je weitläufiger der Bekanntenkreis, desto größer die Chance, den Richtigen kennen zu lernen.

Manchmal gibt es keine Zweifel, die Sie plagen: Sie müssen nur Nein sagen. Am besten kurz und schmerzlos. Fordern Sie Ihren unerwünschten Verehrer gar nicht erst durch endlose Erklärungen zu einer Debatte heraus. Falls er Ihr Nein nicht akzeptiert, bleiben Sie standhaft. Viele der nachfolgenden Antworten können miteinander kombiniert und so lange wiederholt werden, bis der Groschen endlich fällt. Vermeiden Sie es, sich zu rechtfertigen.

Wenn Sie ein Rendezvous ablehnen oder eine Beziehung vorzeitig beenden, sollten Sie Ihr Augenmerk auf die eigene Person konzentrieren und zu Ich-Formulierungen greifen (zum Beispiel: »*Ich* möchte mich nicht binden« oder »*Ich* bin zu der Ansicht gelangt, dass diese Beziehung nicht das ist, was ich suche«). Dadurch vermeiden Sie die Andeutung, dass die Zurückweisung aufgrund irgendwelcher Unzulänglichkeiten Ihres Gesprächspartners erfolgt und als persönliche Kritik aufgefasst wird.

Da viele Menschen nur das hören, was sie hören wollen, ist es wichtig, dass Sie Ihre Absichten kristallklar zum Ausdruck bringen. Beginnen Sie mit einer unmissverständlichen Aussage wie »Ich möchte nicht« oder »Nein danke«, die mit einer der nachfolgenden Antworten kombiniert werden kann.

(Falls Ihnen dieses Nein besonders schwer fällt, sollten Sie die Antworten im stillen Kämmerlein oder mit einer Freundin im Rollenspiel üben.)

Freundliche Absagen

Ich möchte es bei einer Freundschaft belassen.

Ich bin im Moment nicht verfügbar (in den unterschiedlichsten Situationen zu verwenden).

Das ist nicht das, wonach ich suche.

Ich bin derzeit nicht in der richtigen Stimmung für eine Beziehung.

Ich habe gerade jemanden kennen gelernt. (Ungeachtet dessen, was bei Ihrem letzten Rendezvous herausgekommen ist, deuten Sie damit an, dass Sie sich bereits anderweitig orientiert haben.)

Nein, tut mir Leid, du erinnerst mich an meinen Exmann.

Ich hoffe immer noch, wieder mit meinem Exfreund zusammenzukommen. Eine neue Beziehung kommt für mich nicht in Frage, solange die alte nicht geklärt ist.

Es gibt da einen anderen. (Das kann sich auch auf jemanden beziehen, dem Sie noch gar nicht begegnet sind.)

Das würde nie funktionieren. (Warum?) *Es funktioniert einfach nicht. Ich weiß es.* (Aber warum?) *Das sagt mir mein Gefühl.*

Die Grundsatzerklärung

Ich fange grundsätzlich nichts mit Männern an, die in derselben Firma arbeiten.

Ich fange grundsätzlich nichts mit Männern an, die einer anderen Religion angehören.

Ich fange grundsätzlich nichts mit Männern an, die mit meiner Mutter verheiratet sein könnten.

Aber missbrauchen Sie die Grundsatzerklärung nicht. Zum Beispiel ist die Aussage: »Ich fange grundsätzlich nichts mit Männern an, die Hans oder Peter heißen«, keine angemessene Antwort.

Der Klassiker

Er funktioniert noch heute und hat sich schon für unsere Mütter und Großmütter ausgezahlt:

Ich möchte, dass wir einfach nur gute Freunde bleiben.

»Gute Freunde und sonst nichts«

Wenn Sie wirklich *»gute Freunde und sonst nichts«* bleiben wollen, können Sie beide Ihr Kontaktnetz erweitern und Ihre Chancen erhöhen, den richtigen Partner zu finden:

Ich möchte es bei einer Freundschaft belassen. Übrigens, ich gebe eine Party im kleinen Kreis. Du bist herzlich eingeladen, und wenn du willst, bring ruhig ein paar Freunde mit.

Keine Liebschaften, die Interessenskonflikte heraufbeschwören

Wenn Sie beispielsweise einem Rad- oder Kegelclub angehören, und ein anderes Mitglied bittet Sie um ein Rendezvous, können Sie ablehnen, indem Sie klipp und klar sagen, dass Sie die gemeinsamen Aktivitäten schätzen und nicht durch ein Liebesverhältnis verkomplizieren wollen.

Mit der Gruppe unterwegs zu sein macht mir großen Spaß. Ich möchte das auch in Zukunft nicht missen. Ich fände es schade, wenn wir uns darüber hinaus treffen und feststellen würden, dass aus uns nichts wird. Deshalb möchte ich keine Konflikte heraufbeschwören.

Mit dem Club klettern zu gehen ist mein größtes Freizeit-

vergnügen, und das möchte ich nicht durch eine Affäre gefährden Dadurch würde sich mein Verhältnis zur Gruppe verändern.

Keine Zeit

Manchmal ist das Leben so überwältigend, dass wir weder Zeit noch die Energie für eine Liebesbeziehung haben. Dies sollten wir auch offen ausdrücken.

Für so etwas fehlt mir im Augenblick die Zeit.

Ich habe im Moment viel zu viel am Hut. Ich hätte keine Zeit, mich bei dem ganzen Stress auch noch auf eine Beziehung zu konzentrieren.

Nein sagen zum zweiten und zu allen weiteren Treffen

Gut gemacht – Sie haben dem Schicksal eine Chance gegeben und sind ein Mal mit einem Verehrer ausgegangen. Es war zwar nicht gerade der reinste Horror, aber auch keine Erfahrung, die Sie wiederholen möchten. Wenn Sie zu diesem Zeitpunkt das Gefühl haben, dass es zwischen Ihnen nicht stimmt, ist es ratsam, Ihrer Intuition zu vertrauen. Falls die Aussicht auf ein zweites Rendezvous das Letzte ist, woran Sie denken, gibt es nur eins: Ziehen Sie einen Schlussstrich, so schnell wie möglich. Zusätzlich zu den folgenden Nein-Antworten haben sich auch einige der oben Genannten bewährt.

Wenn er oder sie fragt: »Wann sehen wir uns wieder?«, sollten Sie antworten: »Ehrlich gesagt ...« und hinzufügen:

Ich finde, dass wir nicht zusammenpassen.

Ich glaube, es soll nicht sein.

Ich bin zu der Ansicht gelangt, wir sollten es lassen.

Es war nett, Sie kennen zu lernen, aber ich denke, wir sind nicht füreinander bestimmt.

Ich habe kein gutes Gefühl, was unser Beisammensein betrifft.

Ich habe erst jetzt gemerkt, dass ich noch nicht über meinen Exfreund hinweg bin (oder: *Ich bin noch nicht bereit, mich auf eine neue Beziehung einzulassen).*

Ich habe erst jetzt gemerkt, dass es da jemanden gibt, der mir wichtig ist.

Ich muss erst ein paar wichtige Dinge für mich selbst abklären. Deshalb ist jetzt nicht der Zeitpunkt für eine Beziehung. Versuch bitte, das zu verstehen.

Jetzt bin ich aber überrascht: Ich habe bisher nicht feststellen können, dass bei uns die Chemie stimmt.

Kostümprobe: Üben Sie mit Kontaktanzeigen

Der Gedanke an eine Verabredung kann Ängste auslösen, wenn Sie zu den Menschen gehören, denen es sehr schwer fällt, Nein zu sagen oder eine unerwünschte Beziehung zu beenden. Hier ist eine Technik, die Ihnen hilft, diesen Prozess besser zu überstehen. Üben Sie das Neinsagen, indem Sie eine Kontaktanzeige in der Zeitung oder im Internet aufgeben, mit der Absicht, jedem einen Korb zu geben, der darauf antwortet. Beschließen Sie, mit mindestens fünf potenziellen Kandidaten zu telefonieren, aber machen Sie kein persönliches Treffen aus. Beenden Sie das Gespräch mit dem Satz: »Es war nett, sich mit Ihnen zu unterhalten, aber ich glaube, das ist nicht das, wonach ich suche.« Oder benutzen Sie eine der anderen Antworten, die wir Ihnen in diesem Kapitel als Rüstzeug an die Hand gegeben haben. Mit dieser problemlosen, unverfänglichen Strategie gewöhnen Sie sich daran, Nein in Situationen zu sagen, in denen Sie kaum etwas zu verlieren haben. Außerdem ist es einfacher, mutig Nein zu sagen, wenn man anonym bleibt.

Falls die Person am anderen Ende der Leitung absolut unwiderstehlich klingt, sollten Sie natürlich so frei sein, Ihre Grundsätze über Bord zu werfen!

Halten Sie sich alle Optionen offen

Manchmal möchten Sie nur auf Distanz gehen, ohne den Kontakt ganz abzubrechen.

Wir sollten nichts übereilen. Ich brauche mehr Abstand.

Ich muss darüber nachdenken. Ich melde mich gegebenenfalls wieder. (Viele Leute – am häufigsten Männer – ziehen sich mit dem Spruch »Ich melde mich wieder« sang- und klanglos aus der Affäre. Wenn Sie diesem Klassiker das Wörtchen »gegebenenfalls« hinzufügen, signalisieren Sie von Anfang an unüberhörbar: »Nein danke«.)

Verzichten Sie auf langatmige Erklärungen

Aus irgendeinem unerfindlichen Grund bestehen viele Leute darauf, in allen Einzelheiten zu erfahren, warum wir sie nicht wieder sehen wollen. Lassen Sie es trotzdem beim Nein bewenden. Eine freundliche, klare Absage ist schonungsloser Offenheit vorzuziehen, und beide können langfristig besser damit umgehen. Falls er oder sie Ihnen zusetzt, Ihre Entscheidung lang und breit zu erläutern, bleiben Sie standhaft!

Ich finde, dass meine Entscheidung keiner weiteren Erklärung bedarf.

Jedes weitere Wort erübrigt sich.

Es ist alles gesagt.

Ich habe keine Lust mehr, die Beziehung fortzusetzen, das ist alles. Bitte hör auf, mich zu löchern.

Nein sagen zu unerwünschtem Sex

Sex ist eine wunderbare, starke Antriebskraft im Leben, solange das Drumherum stimmt. Deshalb sollten Sie unbedingt in der Lage sein, sich selbst zu behaupten, falls eine Beziehung schneller oder weiter voranschreitet, als Ihnen lieb ist.

Im Verlauf einer Beziehung kann es vorkommen, dass ein Partner das Stadium der »Bereitschaft« lange vor dem anderen erreicht. John Grays Buch *Mars sucht Venus, Venus sucht Mars* beschreibt die verschiedenen Stadien und befasst sich mit der Frage, warum es wichtig ist, die Intimitätsphase nicht übereilt anzusteuern, wenn man auf eine langfristige Beziehung Wert legt. Dieses Wissen trägt dazu bei, den richtigen Zeitpunkt für Sex zu erkennen und mit einem Partner abzuklären, der vielleicht andere Vorstellungen hat.

Wenn es um die Sexualität geht, haben viele Menschen Probleme, ihre Wünsche und Bedürfnisse zum Ausdruck zu bringen (oder das fehlende Interesse). Hier einige Tipps:

Präventivmaßnahmen

Eine junge Frau aus unserem Bekanntenkreis ließ sich von einem Mann, mit dem sie befreundet war, zu einem Wochenende an einen luxuriösen Badeort in der Karibik einladen. Sie war schockiert, als sie bei der Ankunft erfuhr, dass er ein Doppelzimmer reserviert hatte. Ziemlich naiv.

Auch auf die Gefahr hin, wie Ihre Mutter zu klingen, möchten wir Sie nochmals darauf hinweisen, dass der absolut beste Schutz vor unerwünschten sexuellen Annäherungen darin besteht, sich gar nicht erst in Gefahr zu begeben. Mit anderen Worten: Wenn Sie keine Lust auf eine sexuelle Begegnung haben, treffen Sie sich nicht in seinem Haus, seiner Wohnung oder seinem Hotelzimmer und laden Sie ihn nicht zu sich nach Hause ein. Wozu gibt es schließlich Restaurants, Bars und Hotellobbys? Vorbeugen ist besser, als unerwünschte Annäherungsversuche abzuwehren – und sicherer.

»Noch nicht«

Das geht mir zu schnell. Das braucht bei mir seine Zeit.

Dazu muss ich dich erst besser kennen.

Unsere Beziehung ist noch viel zu frisch.

Ich will nichts übereilen.

Ich finde, wir sollten erst ein paar Mal miteinander ausgehen, bevor wir im Bett landen.

So lange ich nicht das Gefühl habe, dass sich eine echte Beziehung zwischen uns anbahnt, habe ich kein Interesse an Sex.

»Kommt nicht in Frage«

Das ist nicht das, was ich mir unter unserer Beziehung vorstelle.

Ich habe kein Interesse an einer solchen Beziehung.

Ich habe beschlossen, vor der Ehe auf Sex zu verzichten.

Wenn es das ist, worauf du aus bist, suchst du dir besser eine andere.

Wenn Sie noch deutlicher werden müssen

Ich muss dir was gestehen. Es könnte sein, dass ich eine Geschlechtskrankheit habe. (Wir kennen eine Frau, die sich damit aus einer ziemlich beängstigenden Situation retten konnte.)

Nein sagen zu ungeschütztem Sex

Was diesen Punkt angeht, sollten Sie sich auf keinen Kompromiss einlassen. Das Risiko, sich mit einer Geschlechtskrankheit zu infizieren, einschließlich Aids, ist sehr real, und die Folgen sind schwerwiegend. Gleich ob Mann oder Frau: Jeder sexuell aktive Mensch sollte für seinen Schutz selbst verantwortlich sein; deshalb ist es klug, Kondome griffbereit zu haben, auch wenn Sie nicht erwarten, sie zu benutzen.

Eine weitere Möglichkeit, sich zu schützen, ist die rechtzeitige Überlegung, wie Sie diesen Punkt mit einem Partner handhaben wollen, bevor es in der Hitze der Leidenschaft kein Halten mehr gibt. Wenn Sie glauben, es sei heikel, das Thema anzuschneiden, üben Sie diese Antworten zunächst laut für sich allein:

Die Grundsatzerklärung: *Ohne Kondome geht bei mir nichts. Hast du welche dabei? Wenn nicht, habe ich eins.*

Safersex oder gar nichts.

Halt ... Ich habe ein Kondom in der Handtasche. Ich hole es rasch.

Hast du ein Kondom? (Wenn ja): *Bitte lass es uns benutzen.* (Wenn nicht): *Dann verschieben wir das Ganze eben.*

Falls Ihr Partner Einspruch erhebt:
Das ist eine Sache, bei der ich mich auf keine Diskussion einlasse.

Das Thema ist zu ernst, um damit zu spaßen.

Auch wenn du jetzt frustriert bist, morgen früh wirst du mir dankbar sein.

Und tschüs. Ich gehe.

Nein sagen zu Sex aus Schuldgefühlen

Sex und Schuldgefühle. Ist es den beiden immer bestimmt, Hand in Hand zu gehen?

Wir kennen die Schuldgefühle, die herkömmlicherweise mit Sex in Zusammenhang stehen. Sie plagen Leute, die glauben, vorehelicher, außerehelicher, homoerotischer oder »kreativer« Sex sei eine Sünde, und die sich trotzdem dazu hinreißen lassen, weil die Leidenschaft siegt.

Aber es gibt auch andere Schuldgefühle in Verbindung mit Sex: Wenn wir mit jemandem schlafen, weil wir Schuldgefühle hätten, wenn wir es *ließen*. Hier wäre die Formulierung Sex aus einem Schuldgefühl heraus zutreffender.

Wie kann es überhaupt so weit kommen? Angenommen, da gibt es einen Mann, der verrückt nach Ihnen ist. Heute Abend hat er Sie in die Oper eingeladen, eine Aufführung, die Sie schon immer sehen wollten, und anschließend in ein Gourmet-Restaurant. Ihr Verehrer ist offensichtlich entflammt. Und obwohl Sie dem Gedanken, mit ihm zu schlafen, nicht viel abgewinnen können, fühlen Sie sich ihm gegenüber ... »zu Dank verpflichtet«.

Der Mann, der Sie mit teuren Geschenken überschüttet, mag ein netter Kerl mit den besten Absichten sein. Sie kennen ihn noch nicht lange, deshalb würden Sie auch nicht die Hand für ihn ins Feuer legen. Mit Sicherheit fest steht nur, dass dieser Mann es darauf anlegt, Sie ins Bett zu kriegen. Machen Sie sich eines klar: Wie sehr Sie den Abend auch genossen haben und wie tief er dafür auch in die Tasche langen musste – Sie schulden ihm nichts, außer einem aufrichtigen Dankeschön. Der Rest bleibt ganz allein Ihnen überlassen.

Falls Sie das schlechte Gewissen plagt, weil Sie zu viel nehmen und zu wenig geben, revanchieren Sie sich auf andere Weise als mit Sex. Die einfachste: Nehmen Sie weniger Geschenke an und zahlen Sie gelegentlich die Rechnung im Restaurant. Mit diesen Optionen im Hinterkopf und folgenden Antworten gewappnet, können Sie Sex aus Schuldgefühl klar ablehnen:

Die Halskette ist wunderschön, aber ich kann sie nicht annehmen. Ich würde mich dir gegenüber verpflichtet fühlen, und das ist nicht das, was ich mir unter einer Beziehung vorstelle.

Das ist sehr lieb von dir, aber wir kennen uns kaum, und deshalb möchte ich nicht, dass du mir so teure Geschenke machst. Heb es auf und gib es mir zu unserem ersten Jahrestag.

Ich würde gerne mitkommen, aber ich bestehe auf getrennter Kasse, sonst würde ich mich nicht wohlfühlen.

Konzertkarten? Hört sich prima an, aber nur, wenn ich dich hinterher zum Essen einladen darf.

Ein Nerz? Ich weiß deine Großzügigkeit zu schätzen, mein Lieber, aber lieber würde ich tot umfallen als Pelz tragen.

Nein sagen zu einer längerfristigen Beziehung

Wenn Sie über die freundschaftliche Phase hinausgelangt sind, haben Sie vermutlich viel Zeit und emotionale Energie in die Beziehung investiert. Allein deshalb dürfte es schwieriger sein, sich aus einer längerfristigen Beziehung zu lösen. Außerdem verbindet Sie nun eine gemeinsame Geschichte und gemeinsame Erinnerungen.

Obwohl Sie früher hochfliegende Pläne für die gemeinsame Zukunft hatten, ist Ihnen mittlerweile klar geworden, dass Sie und Ihr Partner doch nicht zusammenpassen. Sie haben nicht die gleichen Erwartungen, und die Dinge nehmen einen anderen Verlauf, als Sie es sich wünschen. Oder Sie haben zu guter Letzt erkannt, dass es doch nicht der Mann fürs Leben ist.

Welche Gründe Sie auch haben, um »Nein, das war's!« zu sagen, es lässt sich nicht leugnen, dass jeder Bruch schmerzt. Um sich selbst in dem Beschluss zu bestärken, dass das sprichwörtliche Ende mit Schrecken besser ist als ein Schrecken ohne Ende, sollte man sich darauf besinnen, was man will, und den Blick nach vorne richten.

Und wie führt man das Ende herbei? Im Gegensatz zu den meisten Situationen, die in diesem Buch beschrieben sind, wird die Trennung in einer ernsthaften Beziehung gewöhnlich nicht mit einem einzigen Nein vollzogen, sondern in einem langsamen Ablösungsprozess, der in aller Regel mit Diskussionen verbunden ist, die sich über einen längeren Zeitraum erstrecken. Wir raten zu Verhaltensweisen, die wir auch für das erste und zweite Rendezvous empfohlen haben: Wiederholen Sie Ihre Argumente, statt nach immer neuen Gründen zu suchen. Es ist in Ordnung, wenn Sie einfach sagen: »Ich will die Beziehung nicht mehr fortsetzen« oder »Ich kann meine Energie nicht mehr in diese Beziehung investieren.« Verwenden Sie Ich-Aussagen statt Schuldzuweisungen; das ist viel wirkungsvoller.

In der Welt der Romantik scheint es unumgänglich zu sein, mehr als einen Frosch zu küssen. Früher, als wir noch Single waren, haben wir uns selbst an dem Spiel beteiligt – und sind sogar zu einigen in den Teich gesprungen. Heute haben Sie gelernt, die Spreu vom Weizen zu trennen und Nein zu unerwünschten Bewerbern und Beziehungen zu sagen, die sich als Sackgasse entpuppen. Wenn Sie das nächste Mal ein Rendezvous haben und klammheimlich denken: »Warum bin ich nicht längst zu Hause am Bügelbrett?«, sollten Sie das als Fingerzeig betrachten: Werfen Sie den Frosch ins Wasser zurück.

Und verzagen Sie nicht. Denken Sie daran: Wenn Sie Nein sagen, sind Sie nur noch einen Schritt von einem lauten vielleicht lebenslangen, glücklich machenden Ja entfernt.

Nein sagen zu Verwandten und Freunden

Ihre Mutter erwartet von Ihnen, dass Sie eine Stunde mit ihr telefonieren und sich in allen Einzelheiten anhören, wie sie den Tag verbracht hat. Und das jeden Tag.

Ihre Cousine ruft an, um Ihnen zu erzählen, was ihre entzückenden kleinen Sprösslinge zu Ihrer Hochzeit anziehen werden. Das Problem ist nur, sie waren gar nicht eingeladen.

Kurz vor Ihrem Abflug nach Italien, wo Sie den Urlaub verbringen wollen, bittet ein Freund Sie, ein kleines Geschenk für seine Familie in Sorrent mitzunehmen: einen Kasten Bier.

Wo wären wir ohne Familie und Freunde? Wir schulden ihnen so viel – für ihre Loyalität, ihre Liebe, ihre Unterstützung. Doch ungeachtet dessen, wie sehr wir sie auch lieben, würden wir ihnen wegen ihres mangelnden Einfühlungsvermögens und ihrer Gedankenlosigkeit manchmal am liebsten den Hals umdrehen. Oder wir brauchen nichts weiter als ein wenig mehr Abstand zu ihnen.

In diesem Kapitel geht es darum, Verwandte und Freunde, die uns mit ihrer Präsenz überwältigen, übervorteilen und überfordern, eine diplomatische Absage zu erteilen. Wir untersuchen Szenarien, die zwischen Eltern und erwachsenen Kindern, unter Geschwistern, zwischen Freunden und Nachbarn gang und gäbe sind, und schlagen Techniken vor, die sich in den verschiedensten Situationen anwenden lassen.

Langfristig ist die Fähigkeit, Nein zu nahe stehenden Personen zu sagen, unentbehrlich, damit diese Beziehungen gesund und tragfähig bleiben. Wenn wir anspruchsvollen Verwandten und Freunden vernünftige, klare Grenzen setzen, verhindern wir, dass sich Feindseligkeit aufstaut, bis sie irgendwann explodiert und eine Schlammschlacht auf breiter Front auslöst. Kennen Sie die Geschichten von Familienmitgliedern, die seit Jahren kein Wort mehr miteinander wechseln und sich inzwischen nicht einmal mehr erinnern können, wodurch der Zwist überhaupt entstanden ist? Höchstwahrscheinlich lag es daran, dass jemand nicht Nein sagen konnte.

Angenommen, die Familie Ihres Bruders taucht gerne unangemeldet mit Sack und Pack auf, meistens dann, wenn sie gerade Lust haben, eine Runde in Ihrem Pool schwimmen zu gehen. Nun fühlen Sie sich natürlich verpflichtet, die Gastgeberin zu spielen. Ihr Besuch verputzt alles, was Sie in Kühlschrank und Speisekammer gehortet haben, verbraucht Ihren gesamten

Vorrat an sauberen Handtüchern, hinterlässt Spuren im ganzen Haus und sagt nicht ein einziges Mal Danke. Für Ihre Verwandten ist der Besuch eine Freude, für Sie ein Ärgernis. Wenn es in Ihrem Innern brodelt, lässt der Ausbruch von Feindseligkeiten nicht mehr lange auf sich warten.

Wenn Sie die kleinen Spannungen im Leben meistern, sobald sie entstehen, verhindern Sie größere Frustrationen und können die lichten Momente der Beziehung genießen. Es fällt Ihnen leichter, die Wärme und Fürsorge zu schätzen, die im Grunde jeder im Familien- und Freundeskreis sucht.

Wir sind uns bewusst, dass die Begriffe »Familie« und »Freunde« nicht klar abzugrenzen sind oder sich überschneiden. Ihre Schwester kann gleichzeitig Ihre beste Freundin sein, und gute Freunde stehen Ihnen vielleicht näher als Ihre Familie und die leiblichen Geschwister. In diesem Kapitel werden wir der Einfachheit halber in bestimmten Situationen von Familie *oder* Freunden sprechen. Wie Sie es im Gesamtzusammenhang definieren, liegt ganz bei Ihnen.

Das Leben im engsten Kreis: Die übliche Angst

Im Idealfall bietet Ihnen der engste Freundes- und Verwandtenkreis die beste Möglichkeit, zu entspannen und ganz Sie selbst zu sein. Den Menschen, die Ihnen nahe stehen, möchten Sie ungeschminkt sagen dürfen: »Nein, dafür bin ich zu müde« oder »Nein, das möchte ich nicht«, ohne Angst vor möglichen Konsequenzen.

Die Atmosphäre im engsten Freundes- und Verwandtenkreis ist jedoch nicht immer so locker und liebenswert. Manchmal kann die Nähe, die Bestandteil dieser Beziehungen ist, das Neinsagen sogar noch erschweren.

Eltern, Geschwister, Ehe- oder Lebenspartner und Freunde haben oft mehr Macht über uns als jeder andere Mensch. Vielleicht werden wir von ihnen manipuliert, durch Liebesentzug oder Missbilligung unseres Verhaltens, bis wir ihren Wünschen entsprechen. Infolgedessen strengen wir uns vergeblich an, ihnen zu gefallen, und sagen zu allem Ja und Amen, in der Hoffnung, das zu bekommen, was wir in der Beziehung suchen und brauchen. Andere schüchtern uns mit ihrer Wut ein oder setzen uns herab, indem sie sich vielleicht über unsere Bemühungen lustig machen, eigene Entscheidungen zu treffen. Im Laufe der Zeit werden wir dadurch »konditioniert«, den befürchteten lautstarken Auseinandersetzungen oder sarkastischen Bemerkungen zuvorzukommen: Um uns traumatische Erfahrungen zu ersparen, stimmen wir allem zu, was sie verlangen, und tanzen nach ihrer Pfeife.

Eine 41-jährige Frau aus unserem Bekanntenkreis kann sich nach eigenen Aussagen heute noch nicht gegen ihren älteren Bruder zur Wehr setzen, der immer über ihren Geschmack und ihre Interessen gespottet hatte. »Normalerweise kann ich mich ganz gut durchsetzen«, sagt sie. »Aber bei ihm gebe ich immer nach und lasse ihm seinen Willen. Sobald ich versuche, meine Rechte geltend zu machen, bringt er mich mit einer abfälligen Bemerkung aus dem Konzept, indem er beispielsweise behauptet, meine Idee sei schwachsinnig. Und da ihm dieses Spielchen in Fleisch und Blut übergegangen ist, gelingt es ihm jedes Mal, mich irgendwie zu überzeugen.«

Schuldgefühle sind eine weitere starke Waffe, die Freunde und Verwandte bisweilen benutzen, um Kontrolle über uns auszuüben. Wir beugen uns ihren unverfrorenen Forderungen, aus Angst, dass sie andernfalls zutiefst verletzt sein oder Schaden nehmen könnten.

Obwohl wir damit rechnen, Opfer für die Personen zu bringen, die wir am meisten lieben, müssen wir uns auch vor ihnen schützen. Menschen, die uns nahestehen, kennen unsere Schwachstellen am besten und wissen, wie sie uns dort treffen, wo es wehtut. Sie können ganz allmählich unser Selbstwertgefühl untergraben, unsere Energie anzapfen, unser Leben empfindlich stören und uns schneller auf die Palme bringen als jeder andere.

Diesen Menschen Grenzen zu setzen, ist kompliziert und schwierig, und wir behaupten nicht, die Probleme würden sich dank unserer Vorschläge in Wohlgefallen auflösen. Einige Leser haben vielleicht Eltern oder andere Familienangehörige, von denen sie missbraucht, misshandelt, vernachlässigt oder sonstwie verletzt wurden, oder der Partner/die Partnerin muss derartig traumatische Erfahrungen verkraften. Solche destruktiven Muster können die Fähigkeit beeinträchtigen, Ihre eigenen Bedürfnisse zu erkennen und zu berücksichtigen.

Wenn schon der Gedanke, Nein zu einem Angehörigen, Freund oder Partner zu sagen, schwerwiegende Ängste hervorruft, brauchen Sie unter Umständen mehr Unterstützung, als wir Ihnen in diesem Buch bieten können. Ein guter Therapeut kann helfen, destruktive Verhaltensmuster innerhalb der Familie, die sich womöglich bis heute fortsetzen, besser zu verstehen und zu verändern.

Wir hoffen, dass Sie sich von jetzt an gegen jeden zur Wehr setzen, der aus welchen Gründen auch immer versucht, Sie zu kontrollieren, herabzusetzen oder Ihre Persönlichkeit zu schwächen. Im Gegensatz zu unmündigen Kindern, die mit ihren Eltern oft auf Gedeih und Verderb zusammenleben müssen, haben Sie als erwachsener Mensch die Chance und die Macht, eine Beziehung, die Ihnen nicht gut tut, zu beenden.

In den meisten Fällen können mentale Vorbereitung und ein paar praktische Maßnahmen dazu beitragen, Grenzen zu setzen und Ihr Recht auf persönlichen Freiraum, Zeit und Selbstachtung einzufordern.

Nein sagen, wenn jemand Sie niedermachen will

Stellen Sie sich im Umgang mit Angehörigen oder Freunden hin und wieder die Frage, warum Sie so wenig Rückgrat besitzen? Manchen Leuten können wir sehr schwer etwas abschlagen, weil wir genau wissen, was dabei herauskommt: Sie respektieren die Entscheidung nicht, machen uns nieder oder sparen nicht mit sarkastischen Seitenhieben, auf unsere Kosten, versteht sich. Um verbaler Misshandlung zu entgehen, geben wir lieber klein bei. Doch jedes Mal leidet unser Selbstwertgefühl.

Wenn jemand daran gewöhnt ist, Sie zu drangsalieren, können Sie sein Verhalten nur schwer verändern. Es ist leichter, bei sich selbst anzufangen. Sagen Sie kurz und schmerzlos, dass diese Tour nicht mehr zieht. Wenn Sie ihm zu verstehen geben, dass seine Worte keine Macht mehr über Sie haben, ist die Wirkung nachhaltiger, als wenn Sie sich auf eine langwierige Debatte über eine bestimmte, auf Sie gemünzte Kritik einlassen.

Sich gegen jemanden zu wehren, der Sie einschüchtert, erfordert Mut und Entschlossenheit. Es könnte sein, dass in dieser Situation der Glaube Berge versetzen muss: Täuschen Sie beides so lange nach außen hin vor, bis Sie es wirklich in Ihrem Innern empfinden. Unter Umständen fühlen Sie sich noch nicht zu einer der folgenden Aussagen bereit, oder Sie glauben nicht einmal selber daran. Aber nehmen Sie Ihren ganzen Mut zusammen und legen Sie los. Konzentrieren Sie sich auf den Grund für Ihr Nein und stellen Sie sich bildlich vor, wie die spitzen Bemerkungen an Ihrer Elefantenhaut abprallen. Machen Sie sich bewusst, dass Ihre eigenen verbalen Waffen nur dann ihre volle Schlagkraft entfalten, wenn Sie es zulassen.

Offenbar weißt du genau, wie du mich herumkriegen kannst, aber ich sehe inzwischen immer deutlicher, was für mich am besten ist.

Und wenn du noch sooft sagst, ich sei blöd, ich bleibe bei meiner Meinung.

Du kommst dir wohl sehr gescheit vor, aber mit deinem Sarkasmus erreichst du dieses Mal nicht das Geringste bei mir.

Ich habe die Nase voll von deinen Beleidigungen. Von einem Freund erwarte ich mehr Unterstützung.

Ich weiß, dass du mich mit deiner Bemerkung verletzen willst. Aber der Versuch ging voll daneben.

Wenn du so weitermachst, klinke ich dich aus meinem Leben aus. Du bist nicht auf meiner Wellenlänge.

Nein sagen, wenn Ihnen jemand Schuldgefühle einimpfen will

Bei einigen Verwandten und Freunden haben Sie ein besonders schlechtes Gewissen, wenn Sie Nein sagen, weil diese es darauf anlegen, Ihnen Schuldgefühle einzuimpfen. Eltern sind manchmal wahre Experten darin: Sie hoffen, damit das Verhalten ihrer erwachsenen Kinder zu kontrollieren. Sie können nicht loslassen und es nicht ertragen, dass die Kinder ihr Leben selbst in die Hand nehmen und ihre eigenen Entscheidungen treffen.

Es ist etwas anderes, wenn Ihre Mutter Ihnen als Achtjährige eine Strafpredigt gehalten hat, weil Sie mit Steinen nach dem Nachbarkind geworfen haben. Damals war es Aufgabe Ihrer Eltern, Schuldgefühle infolge bestimmter Verhaltensweisen zu wecken. Das war ihre Art, Ihnen den Unterschied zwischen Recht und Unrecht vor Augen zu führen. Und wenn sie mit ihren Bemühungen Erfolg hatten, sind Sie nun ein rechtschaffener Bürger mit einem ausgeprägten Gewissen und können selbst zwischen Recht und Unrecht unterscheiden.

Trotz des gebührenden Respekts gegenüber älteren Familienangehörigen und den Lebensweisheiten, die sie weitergegeben haben, sind Sie nun vielleicht gezwungen, ihnen ein paar Dinge beizubringen. Dass Sie zum Beispiel keine Egoistin sind, nur weil Sie hin und wieder alleine, mit Ihrem Partner oder Mann, Urlaub machen möchten. Oder lieber Ballettunterricht nehmen, statt eine Kampfsportart für harte Jungs zu erlernen. Macht es nicht Spaß, erwachsen zu sein und eigene Entscheidungen zu treffen?

Schuldgefühle wecken, um noch mehr Zuwendung zu erhalten

Ungeachtet der Zeit und Zuwendung, die Sie bestimmten Leuten zukommen lassen – einige wollen immer mehr.

Selbst wenn ein Nein völlig gerechtfertigt ist, schaffen es manche Menschen immer wieder, Schuldgefühle in einem zu wecken. Es gibt keinen Ausweg aus dieser Falle: Das schlechte Gewissen verschwindet nicht auf Kommando. Aber wenn Sie großzügig mit Ihrer Zeit und Zuwendung sind und es in Ihrem tiefsten Innern auch wissen, sollten Sie darauf vertrauen, dass die Schuldgefühle mit entsprechender Übung verblassen. In der Zwischenzeit »tun Sie so als ob«, bis sich das Wunschdenken bewahrheitet.

Es ist nicht das Schlechteste, Freunde und Verwandte zu haben, die sich nach Ihrer Gesellschaft sehnen. Bringen Sie Ihre Dankbarkeit häufig zum Ausdruck, aber kümmern Sie sich getrost um Ihre eigenen Bedürfnisse, wenn Sie sich überfordert oder erschöpft fühlen. Hier einige Tipps:

Ich besuche euch gerne, aber heute Abend geht es nicht. Ich muss zu Hause ein paar Sachen erledigen, und das würde in Stress ausarten. So weit will ich es gar nicht erst kommen lassen, und deshalb schlage ich vor, wir vertagen den Besuch auf nächste Woche.

Ich war in letzter Zeit oft mit dir zusammen, aber dieses Mal kann ich nicht kommen. Bitte mach mir deswegen kein schlechtes Gewissen. Das wäre nicht fair.

Regelmäßige Besuche einzuplanen (entweder im persönlichen Gespräch oder per Telefon) kann eine wirksame Strategie bei Menschen sein, die einen großen Teil Ihrer Zeit in Anspruch nehmen. Die Regelmäßigkeit kann von ihnen als beruhigend empfunden werden, und Ihnen fällt es leichter, standhaft Nein zu sagen, wenn Druck ausgeübt und »außerplanmäßige« Aufmerksamkeit verlangt wird.

Du weißt, wie gerne ich dich besuche; ich wünschte, ich könnte häufiger kommen, aber das geht nicht immer. Warum machen wir nicht aus, dass wir jeden ersten und dritten Mittwoch im Monat gemeinsam zu Abend essen? Dann würden wir uns regelmäßig sehen.

Vater, ich wünschte, ich hätte die Zeit, jeden Tag mit dir zu telefonieren; aber das ist nicht möglich, weil mein Leben ziemlich ausgefüllt ist. Ich rufe jeden Sonntag und öfter an, wenn es geht, aber es wäre nicht fair, etwas zu versprechen, was ich nicht halten kann. Bitte erzähl mir die Geschichte bei unserem nächsten Gespräch, ich finde sie sehr spannend.

Sagen Sie Nein, indem Sie Ihr Gegenüber daran erinnern, dass es noch andere Leute gibt, die Sie brauchen.

Mutter, wir müssen die Feiertage dieses Mal bei Teds Familie verbringen. Sie freuen sich auch, wenn sie uns hin und wieder sehen. Bitte hab Verständnis.

Es tut mir Leid, Tante Lydia, dass wir Weihnachten dieses Jahr nicht bei dir feiern können, aber wir fahren mit der Familie über die Feiertage in Skiurlaub. Wir haben es den Kindern versprochen, und das ist unsere einzige Chance in diesem Winter, Ski zu fahren. Ich weiß, dass du Verständnis haben wirst. Könntest du uns nicht die Reste einfrieren?

Wie Sie sich gegen Einmischungen wehren

Eltern, Großeltern, Geschwister, Tanten, Onkel und andere nehmen sich bisweilen das Recht heraus, Ihnen vorzuschreiben, was Sie zu tun oder zu lassen haben. Sie haben das Recht, ihnen auf höfliche Weise zu verstehen zu geben, dass sie sich um ihre eigenen Angelegenheiten kümmern sollen. Mit folgenden Antworten können Sie die wohlmeinenden, aber unwillkommenen Ratschläge von Menschen, die Ihnen nahe stehen, abblocken:

Ich weiß, dass wir in diesem Punkt nicht einer Meinung sind, aber belassen wir es dabei, dass wir unterschiedliche Standpunkte haben.

Ich weiß es zu schätzen, dass du nur mein Bestes willst, aber es wäre mir lieber, wenn du mir zutrauen würdest, meine eigenen Entscheidungen zu treffen und aus eigenen Erfahrungen zu lernen.

Es tut mir Leid, dass dir meine Wohnung/mein Haus/die Nachbarschaft nicht gefällt, aber ich fühle mich hier sehr wohl. Ich habe nicht die Absicht, umzuziehen, also lassen wir das Thema.

Ich weiß, dass du Phil nicht magst, aber was mein Liebesleben angeht, brauche ich keine Ratschläge, auch wenn sie noch so gut gemeint sind. Ich weiß dein Interesse zu schätzen, aber ich muss meine eigenen Entscheidungen treffen.

Ich weiß, dass ich mehr Geld verdienen könnte, wenn ich das Geschäft übernehmen würde, aber ich muss meinen eigenen Weg gehen und ich möchte nun mal Maler/Tänzer/Musiker werden. Ich hoffe, dass du froh bist, wenn ich einen Beruf ergreife, der mich erfüllt, auch wenn es eine brotlose Kunst ist.

Ein Kind in die Welt zu setzen ist eine ganz persönliche Entscheidung. Ich hoffe, dass du meine Privatsphäre respektierst und aufhörst, mich andauernd danach zu fragen. Ob und wann ich ein Baby bekommen will, ist ganz allein meine Sache.

Liebes Schwesterlein, ich weiß, du findest es unmöglich, wie ich meine Kinder erziehe, aber ich tue, was ich für das Beste halte, und würde mich über deine Unterstützung mehr freuen als über deine ständige Kritik.

Jetzt reicht's!

Wenn trotz aller Bemühungen Ihrerseits die Einmischungen und Versuche, Ihnen Schuldgefühle einzuimpfen, nicht aufhören, sollten Sie die Diskussion mit den gleichen Worten beenden, wie es Ihre Mutter und Ihr Vater früher getan haben.

Mutter, du hast früher immer gesagt, »Nein ist Nein und damit basta«. Deshalb gibt es dazu auch nichts mehr hinzuzufügen.

Vater, erinnerst du dich, dass du immer gesagt hast »Solange du die Füße unter meinem Tisch hast, bestimme ich!«? Und jetzt sitzen wir an meinem *Tisch.*

Ich sage es meinen Kindern, und jetzt muss ich es auch dir sagen: Nein heißt Nein. Lass es bitte dabei bewenden, ja?

Als ich klein war, hast du gesagt, »Wenn du erwachsen bist, kannst du tun und lassen, was du willst«. Jetzt bin ich erwachsen und ich möchte in der Stadt leben, nicht bei dir in der Pampa!

Ehrlich währt am längsten

Bisweilen ist ein entschiedenes, klares »Nein« besser als ein Wischiwaschi-»Ja«. Waren Sie jemals mit einer Freundin verabredet, die am Tag des Treffens:

- in allerletzter Minute mit einer fadenscheinigen Ausrede abgesagt und damit alle Ihre Pläne über den Haufen geworfen hat?
- viel zu spät gekommen ist und/oder angekündigt hat, dass sie gleich wieder gehen muss?
- völlig unvorbereitet aufgekreuzt ist, das heißt, ohne Geld oder irgendetwas, was sie mitbringen sollte?
- die ganze Zeit auf die Uhr geschaut oder sich über das Essen, den Service oder den Lärm im Restaurant beschwert hat?
- »vergessen« hat zu kommen?

Vermutlich wäre es Ihnen lieber gewesen, Ihre Freundin hätte gleich abgesagt, dann wäre Ihnen der Ärger erspart geblieben.

Leute, die sich aus Gewohnheit einverstanden erklären, etwas zu tun, was sie eigentlich nicht wollen, meinen vielleicht, »nett« zu sein. Aber so kooperativ sie auf den ersten Blick auch erscheinen mögen, ihre wahren Gefühle kommen oft an den Tag, wenn auch nicht immer so direkt wie oben beschrieben. Sie »zahlen es Ihnen heim«, mit oder ohne Absicht, indem sie eine unsichtbare Barriere aufbauen oder nonverbal signalisieren, dass sie lieber anderswo wären. Rein äußerlich entsprechen sie Ihren Wünschen, aber sie geben Ihnen zu verstehen, dass sie nicht zufrieden sind.

Wir wissen, wie frustrierend es ist, wenn wir dieses versteckt aggressive Verhalten am eigenen Leibe zu spüren bekommen. Aber es gibt wahrscheinlich Zeiten, wo wir keinen Deut besser sind. Wenn wir lernen, Nein zu sagen, vermeiden wir ein solches Verhalten, weil wir weniger Zeit mit Aktivitäten verbringen, die uns eigentlich widerstreben.

Und wenn Sie die zermürbenden Situationen mit Freunden und Verwandten begrenzen wollen, denken Sie daran, was *Sie* bei einem Nein empfinden.

Nein sagen ... und ein Nein akzeptieren

Nein sagen ist ein Zwei-Personen-Stück, ein Drama, in dem wir entweder den Part des Sprechers oder des Zuhörers spielen. Beide sind gleichermaßen wichtig. Wenn wir die Rolle des Sprechers innehaben, liegt es in unserer Entscheidung, ob wir klar und direkt Nein sagen oder einen missverständlichen, schönfärberischen Ton anschlagen. Als Zuhörer haben wir, wenn wir das »Nein« überhaupt zur Kenntnis nehmen, nur die Wahl, es zu akzeptieren oder nicht.

Wenn der Ehemann oder Partner, eine gute Freundin oder Verwandte Nein sagt, sind wir eher geneigt, die Person umzustimmen und dabei Taktiken einzusetzen, mit denen wir Druck ausüben, wie betteln, drangsalieren, drohen, verhandeln oder Schuldgefühle einimpfen. Je enger die Beziehung, desto schwerer fällt es uns offenbar, ein Nein zu akzeptieren.

Es ist nichts dagegen einzuwenden, Freunde oder Familienangehörige mit allen Mitteln der Kunst überzeugen zu wollen. Manchmal brauchen die Leute eben einen kleinen Anstoß. Aber zu viel des Guten ist kontraproduktiv. Wenn Sie die Daumenschrauben ansetzen, erreichen Sie vielleicht Ihr Ziel, und Ihrem Gegenüber vergeht ein für alle Mal die Lust, Ihnen die Stirn zu bieten. Doch ein »Ja« unter Druck kann mehr Probleme mit sich bringen, als Ihnen lieb ist.

Wenn jemand dagegen das Gefühl hat, frei von Repressalien Nein sagen zu können, besteht kein Grund für versteckt aggressives Verhalten. Wenn er häufiger zu den Dingen Ja sagen kann, die *ihm* am Herzen liegen, räumen Sie Hindernisse aus dem Weg, die Spannungen zwischen Ihnen erzeugen. Und Sie fühlen sich erheblich wohler, wenn die Reihe an Ihnen ist, Nein zu sagen.

Oft stellen wir sehr hohe Ansprüche an die Menschen, die wir lieben. Aber manchmal kann es klüger sein, die eigenen Erwartungen herunterzuschrauben. Sie werden sehen, man fühlt sich gleich besser, wenn man weniger Ansprüche stellt. Freunde haben uns folgende Geschichte erzählt, die das beste Beispiel dafür ist:

Vanessa und ihr Mann Tom waren von einer Geschäftsfreundin Vanessas eingeladen, das Wochenende in ihrem Haus auf dem Lande zu verbringen. Sie freute sich schon den ganzen Monat darauf, aber als der Termin näher rückte, deutete Tom immer häufiger an, dass er keine Lust hatte. Ich kenne dort niemanden, und außerdem muss ich arbeiten, hieß es. Vanessa, enttäuscht und verärgert, gab sich die größte Mühe, Tom umzustimmen – sie bettelte, redete sich den Mund fusselig usw. Doch dadurch wurden die Spannungen zwischen ihnen immer größer. Je mehr Druck sie machte, desto größer wurde sein Widerstand und desto schlechter fühlten sich beide.

Schließlich wurde Vanessa klar, dass es Toms gutes Recht war, Nein zu sagen – eine ebenso einleuchtende wie verblüffende Tatsache. Seine Gefühle waren verständlich. Sie erkannte, dass es nicht von ihm abhing, ob sie das Wochenende genießen wollte, auf das sie sich schon so lange gefreut hatte. Sie konnte auch ohne ihn fahren! Das entsprach zwar nicht ganz ihren Plänen, war aber immer noch besser, als zu Hause bleiben und zu schmollen. Als ihr das bewusst wurde, hörte sie auf, ihren Mann unter Druck zu setzen. Sie eröffnete ihm – aufrichtig und ohne Groll –, dass es ihr nichts ausmache, wenn er lieber zu Hause bleiben wolle. Prompt fühlte sie sich wie von einer Last befreit.

Dann geschah etwas Seltsames. Als Tom sah, dass Vanessa entschlossen war, ohne ihn zu fahren, entschied er sich, doch mitzukommen. Er hat es nicht bereut, denn er amüsierte sich prächtig.

Manchmal gehen Wünsche in Erfüllung, wenn man bereit ist, loszulassen. Der Verzicht auf die krampfhaften Versuche, Tom umzustimmen – indem sie sein Nein akzeptierte –, wirkte Wunder in ihrer Beziehung. Tom fühlte sich vom Stress einer Forderung befreit, der er nicht nachkommen wollte, und Vanessa befreite sich von dem Gedanken, dass es von *seiner* Entscheidung abhängig war, ob sie *ihr* Wochenende genoss. Durch diesen Prozess fiel ihr genau das in den Schoß, was sie so verbissen angestrebt hatte.

Wir können nicht versprechen, dass Sie immer so viel Glück haben wie Vanessa, wenn Sie lernen, ein »Nein« ohne Wenn und Aber hinzunehmen. Aber langfristig zahlt sich diese Einstellung aus. Ihre Großzügigkeit wird bei den Menschen, die Ihnen nahe stehen, Schule machen. Wenn Sie auch ihnen das Recht zugestehen, vernünftige Grenzen zu setzen – also gelegentlich Nein zu sagen –, gehen Sie mit gutem Beispiel voran und ermutigen sie, gleichermaßen Toleranz zu üben.

Siamesische Zwillinge?

Manche Leute finden es seltsam, dass Vanessa in Erwägung zog, ein Wochenende ohne ihren Mann zu verbringen. Aber gibt es ein Gesetz, das besagt, Eheleute müssten alles gemeinsam unternehmen? Wenn Sie Nein sagen möchten, müssen Sie sich vielleicht zuerst von der Vorstellung lösen, dass Sie siamesische Zwillinge sind. Eine andere Freundin, Maria, hat genau das getan und im Verlauf des Prozesses ein großes Problem gelöst:

Im ersten Jahr nach der Hochzeit begleitete Maria ihren Mann Jens immer, wenn er seine Eltern besuchte. Dass sie mitkam, schien nicht nur erwartet zu werden, sondern unumgänglich zu sein. Aber jedes Mal gerieten sich Maria und ihre Schwiegermutter in die Haare. »Man braucht viel Energie und Geduld«, sagt Maria. »Sie meckert an allem herum. Selbst wenn ich gut drauf bin, ist es schwer, mit ihr auszukommen. Und wenn es mir nicht so gut geht, habe ich überhaupt keine Nachsicht mit ihr.«

Maria hatte keine Lust, ihre kostbare Freizeit mit einem Menschen zu verbringen, der ständig auf ihr herumhackte. Sie gab Jens zu verstehen, was sie für seine Mutter empfand. »Er saß zwischen zwei Stühlen. Natürlich war ihm daran gelegen, dass wir beide uns gut verstehen. Aber das tun wir nicht. Daran gibt es nichts zu rütteln.«

Schließlich fand Maria einen Weg, die Situation zu entschärfen: Sie begann, Nein zu sagen und den einen oder anderen Besuch auszulassen. »Ich habe meine Schwiegermutter angerufen und gesagt: ›Ich kann nicht mitkommen.‹ Sie ist ziemlich neugierig und meinte: ›Aha. Und wieso?‹ Ich habe gesagt: ›Es geht nicht.‹ Das ist in ihren Augen keine zulässige Begründung. Es wäre ihr lieber, wenn ich sagen würde, dass ich krank bin oder arbeiten muss. Aber ich wollte nicht andauernd irgendwelche Ausreden erfinden. Anfangs war das ziemlich problematisch. Sang- und klanglos Nein sagen macht man in dieser Familie einfach nicht. Aber im Lauf der Zeit hat sie es akzeptiert. Sie ist immer noch neugierig, aber nicht mehr so wie früher. Das Verhältnis ist überhaupt besser geworden. Ich fühle mich nicht gezwungen, mitzukommen, und alle sind zufrieden. Sie hat wohl begriffen, dass es Grenzen geben muss.«

Der größte Vorteil war laut Maria, dass es weniger Stress in der Beziehung zu ihrem Mann gab. »Durch die schlechte Beziehung zu Jens' Mutter hatten auch wir beide Schwierigkeiten miteinander. Wir haben uns die ganze Zeit ihretwegen gestritten. Weil er sich unter Druck gesetzt fühlte, mich mitzubringen, hat er seinerseits Druck auf mich ausgeübt. Er hatte Angst, dass ich durch mein Nein die Gefühle seiner Mutter verletzen könnte.

Im Verlauf der Zeit habe ich ihm klarmachen können, dass es dabei nicht um ihn ging. Er muss nicht die Verantwortung für meine Beziehung zu seiner Mutter übernehmen und mich verteidigen. Seit er das kapiert hat, läuft es auch zwischen uns wieder. Jetzt nimmt er manchmal unsere Tochter mit oder besucht seine Familie alleine. Sie verbringen ein paar schöne Stunden miteinander, und ich habe Zeit für mich. Das A und O war, ihm beizubringen, dass ich das Recht habe, hin und wieder Nein zu sagen, und dass es für alle Beteiligten besser ist.«

Durch die von ihr gesetzten Grenzen hat sich auch Marias Einstellung zu der Zeit, die sie aus eigenem Antrieb mit ihren Schwiegereltern verbringt, zum Positiven verändert.

»Wenn ich weiterhin gute Miene zum bösen Spiel gemacht hätte, wäre es noch schlimmer geworden. Jetzt sehe ich das Ganze aus einer anderen Perspektive. Ich weiß, dass ich mir den Freiraum nehmen kann, wenn ich ihn brauche. Die Beziehung ist nicht perfekt, aber wesentlich besser als früher.«

Mit der Aussage »Es geht nicht«, ohne langwierige Erklärungen hinzuzufügen, hat Maria das Boot zum Schaukeln gebracht. Aber sie hat auf die bestmögliche Weise und aus gutem Grund Nein gesagt: um ihren eigenen Bedürfnissen zu entsprechen und die glückliche Beziehung zu ihrem Mann aufrechtzuerhalten. Als sich Marias Schwiegereltern mit dem Gedanken an ihre gelegentliche Abwesenheit abgefunden hatten, glätteten sich die Wogen.

Um sich aus einer häufig wiederkehrenden, unangenehmen Situation herauszulavieren, benutzen Sie vielleicht lieber Ausreden, bei denen alle Beteiligten das Gesicht wahren. Zugegeben, das kann die einfühlsamste, einfachste und wirkungsvollste Lösung sein. Aber denken Sie trotzdem darüber nach, ob Ihre Beziehung durch mehr Aufrichtigkeit nicht besser und offener werden könnte. Möglicherweise kommt es anfangs, wie bei Maria, zu einer Konfrontation, aber unter Umständen setzen Sie damit einen Prozess in Gang, der die andere Person veranlasst, ihre Erwartungen herunterzuschrauben und weniger von Ihnen zu fordern.

Nein sagen zum Beisammensein rund um die Uhr

Wenn Ihr Partner Sie unter Druck setzt, mitzukommen oder etwas zu tun, wozu Sie keine Lust haben, und Sie lassen sich »breitschlagen«, besteht die Gefahr, dass am Ende keiner von beiden auf seine Kosten kommt. Analog dazu haben Sie vielleicht mehr Spaß, wenn Sie sich nicht andauernd den Kopf zerbrechen müssen, ob sich Ihr Mann amüsiert.

Das soll nicht heißen, dass Paare keinesfalls Opfer bringen oder Kompromisse schließen sollten. Doch in manchen Situationen kann es durchaus besser sein, sich mit einer der folgenden Antworten aus dem Joch des Beisammenseins rund um die Uhr zu befreien.

Liebling, ich finde es sehr nett, dass du allein losziehen und den neuen Fernseher fürs Wohnzimmer kaufen willst. Du weißt ja, wie ich mich in solchen Läden langweile. Bestimmt wirst du auch ohne mich eine gute Wahl treffen, und ich bin froh, dass du gar nicht erst versuchst, mich zum Mitkommen zu überreden. Ich wäre sowieso keine große Hilfe.

Das Beisammensein mit deinen alten Klassenkameraden macht dir doch immer so viel Spaß. Und ich weiß, dass ihr jede Menge alter Erinnerungen austauschen wollt. Ich würde mir wie ein Außenseiter vorkommen; warum fährst du nicht allein hin? Ich wünsche dir viel Spaß!

Ich bin sicher, du amüsierst dich großartig, wenn du mit deinen Freunden ins Fußballstadion gehst, aber ich komme nicht mit. Ich brauche einen Tag für mich alleine.

Ich bin sicher, die Weihnachtsfeier wird super, aber ich finde, dass nur Firmenangehörige daran teilnehmen sollten. Ich passe dieses Jahr und bleibe bei den Kindern. Ich wünsche dir viel Spaß. Aber pass auf, dass du nicht unter den Mistelzweig gerätst; schließlich hast du ja schon eine Ehefrau.

»Bleib ruhig daheim, Liebling«

Es kann vorkommen, dass auch Sie einmal etwas allein unternehmen möchten, ohne Ihren Partner im Schlepptau. Ein Nein im Vorfeld ist in solchen Situationen nützlich.

Ich weiß, dass du es hasst, wenn wir das Wochenende getrennt verbringen, und ich werde dich genauso vermissen. Aber es kommt so selten vor, dass ich mich mit meinen Schwestern treffe. Du fändest unsere Weiberrunde sicher sterbenslangweilig. Danke, dass du so verständnisvoll bist.

Familienzusammenkünfte

»Diese ständige Feierei ist völlig außer Kontrolle geraten«, sagt Melissa seufzend. »Ich stamme aus einer großen Familie, und andauernd findet irgendein Fest statt. Ich kann euch gar nicht sagen, wie viele Wochenenden damit verplant sind: Junggesellinnenabschied, Baby anschauen, Taufe, Geburtstagspartys, Erstkommunion ... Ich liebe meine Familie, aber manchmal reicht es mir.«

Manche Leute wären heilfroh, Teil einer großen Familie zu sein, die zusammenhält wie Pech und Schwefel. Andere verstehen Melissas Problem. Familienbande können wirklich zu eng werden, wenn Sie ein eigenes, aktives Leben führen möchten.

Wenn Sie beschließen, bei Familienfesten einfach nicht mehr aufzutauchen, werden Sie irgendwann auch nicht mehr eingeladen. Aber es gibt weniger drastische Mittel, um sich den benötigten Freiraum zu verschaffen.

Nein sagen zu übermäßigen Familienkontakten

Was Familienfeste von den meisten anderen gesellschaftlichen Anlässen unterscheidet, ist, dass sie sich wiederholen und meistens dieselben Personen daran teilnehmen. Das ist gut und schlecht zugleich.

Einerseits können Sie sich aus den weniger wichtigen Ereignissen ausklinken, weil Sie wissen, dass Sie die Verwandtschaft bei einem wichtigeren Anlass wieder sehen. Andererseits lässt sich darüber streiten, was »wichtig« ist. Viele Familienmitglieder, die wir kennen und lieben, versuchen sich in dieser Beziehung gegenseitig den Rang abzulaufen. Sie führen genau Buch (zum Beispiel: »Du hast Tante Julia letzten Monat zweimal besucht. Aber du hast es nicht einmal geschafft, zu uns zu kommen!«)

Bei Menschen, die uns nahe stehen, ist Fairness – oder zumindest der Anschein von Fairness – ein erstrebenswertes Ziel. Hier können »Grundsatzerklärungen« außerordentlich hilfreich sein. Sie müssen nur vorab entscheiden, zu welchen Familienzusammenkünften Sie Ja sagen möchten. Je nach Größe der Verwandtschaft und Anzahl der Einladungen, die erfolgen, wissen Sie am Besten, wann und wo Sie einen Schlussstrich ziehen sollten.

Eine Familienpolitik, die allen gerecht wird

Hier einige Vorschläge, wie Sie Richtlinien für Familienfeste festlegen könnten:

Hochzeiten: Die Hochzeit selbst sollte Priorität haben. Dann entscheiden Sie, ob Sie damit verbundene Festivitäten einschließen wollen, wie Junggesellenabschied oder Verlobungsparty. Sie können beispielsweise zur Hochzeit und einem weiteren Fest Ja sagen, aber das war's dann.

Taufe/Party für ein Neugeborenes: Nehmen Sie teil, wenn es sich um das erste Kind handelt, nicht aber beim zweiten, dritten oder zehnten. Das Baby kennt den Unterschied nicht, und abgesehen davon schicken Sie ja ein hübsches Geschenk.

Religiöse Feste (zum Beispiel Taufe, Erstkommunion, Konfirmation): Um eventuelle Eifersüchteleien zu vermeiden, sollten Sie sich klarmachen, dass eine konsequente Umsetzung Ihrer Familienpolitik unabdingbar ist, zum Beispiel abgestuft nach Verwandtschaftsgrad. Wenn Sie zur Kommunion Ihrer Nichte gehen, müssen Sie auch an der Kommunion Ihres Neffen teilnehmen.

Abschlussfeiern: Nehmen Sie nur an Abitur- und Examensfeiern teil, sofern Sie möchten.

Religiöse oder traditionelle Feiertage: Oft stellt sich die problematische Frage, wo man feiert. Sie können es sich angewöhnen, sie abwechselnd bei Ihren Eltern und Ihren Schwiegereltern zu verbringen, oder eine neue Tradition aus der Taufe heben und die ganze Sippe zu sich nach Hause einladen.

Wenn Sie das nächste Mal zu einem Familienfest gebeten werden, das nicht auf Ihrer »Liste« steht, können Sie ohne schlechtes Gewissen sagen:

Du weißt, dass ich unsere Familienzusammenkünfte liebe, aber ich muss unbedingt kürzer treten. Ich habe daher eine Regelung getroffen, von der ich hoffe, dass sie fair ist. Ich werde mich auf Abitur- oder Examensfeiern beschränken. Deshalb muss ich dieses Mal leider passen. Gib Sophie einen dicken Kuss von mir und sag ihr herzlichen Glückwunsch zur Versetzung in die fünfte Klasse. Nun ist sie Gymnasiastin! (Oder wahlweise: *Hat sie schon das Buch* Grüne Eier mit Schinken? *Ich würde es ihr gerne zur Feier des Tages schicken.)*

Hochzeiten: Sollen Sie die Torte doch ohne mich essen

Unterschätzen Sie die Bedeutung von Hochzeiten nicht – wenn auch nicht für Sie, so doch für die wichtigsten Beteiligten. Besteht ein enger Kontakt, wird man sich an Ihre Abwesenheit erinnern und es Ihnen zeitlebens nachtragen. Falls Sie deswegen Schuldgefühle haben, sollten Sie lieber hingehen. Falls Sie jedoch überrascht sind, dass man Sie überhaupt eingeladen hat, ist vermutlich nichts dagegen einzuwenden, wenn Sie absagen.

Zum Glück fällt es uns bei den meisten Hochzeiten leicht, Nein zu sagen: Man kreuzt einfach die Zeile in der Rückantwort an, in der es heißt: »Ich kann nicht kommen.« (Eine handgeschriebene Notiz wäre eine nette Geste. Wünschen Sie dem Brautpaar alles Gute und sagen Sie, dass Sie in Gedanken mit bei der Feier sind.)

Gelegentlich befinden Sie sich jedoch in der ungewöhnlichen Lage, Ihre Entscheidung vor jemand anderem als den Gastgebern rechtfertigen zu müssen. Das könnte der Fall sein, wenn Ihre Mutter Ihnen die Hölle heiß macht, weil Sie nicht an der Hochzeit Ihrer Cousine zweiten Grades teilnehmen. Vermutlich hat sie Angst, wie ihre Cousine – die Brautmutter – auf Ihre Abwesenheit reagieren könnte. Auch wenn es der Braut selbst völlig egal ist, ob Sie kommen oder nicht, haben andere Personen vielleicht Gründe, Ihre Teilnahme zu wünschen.

Nein sagen zum Druck, den eine dritte Partei ausübt

Wenn Sie von einer anderen Person als Braut oder Bräutigam unter Druck gesetzt werden, wimmeln Sie diese ohne schlechtes Gewissen ab.

Mutti, ich habe weder die Zeit noch die Energie, an der Hochzeit teilzunehmen. Mein Job hält mich die ganze Woche auf Trab, und ich brauche unbedingt das Wochenende, um mich um alles andere in meinem Leben zu kümmern. Abgesehen davon kenne ich die Braut kaum. Ich würde das gerne ändern, aber Hochzeiten sind dafür nicht der richtige Rahmen. (Oder wahlweise: *Warum planen wir nicht nach der Hochzeit ein Essen im Familienkreis, sagen wir, in vier Wochen oder zwei Monaten, wenn Ruhe eingekehrt ist?)*

Du bedeutest mir sehr viel, und ich würde dich gerne wieder sehen, aber ich hasse diesen Hochzeitstrubel, und die Band ist auch immer so laut, dass man sein eigenes Wort nicht verstehen kann. Ich komme dich nächsten Sonntag besuchen, wenn es dir recht ist, und wir machen uns einen schönen Nachmittag.

Ich würde gerne Zeit mit dir und Großvater verbringen, aber ich habe keine Lust, euch mit zweihundert anderen Leuten zu teilen. Lass uns ein Treffen planen, aber nur wir drei.

Und falls Sie mit diesen Erklärungen auf taube Ohren stoßen: *Ich kann nicht kommen – ich habe schon seit Monaten etwas vor, was ich nicht rückgängig machen kann.* Die meisten Mütter werden daraufhin fragen: »Und was?« An diesem Punkt können Sie sagen, dass sie nicht so neugierig sein soll, oder zu einer Ausrede Zuflucht nehmen. Hier ein paar Vorschläge:

Wir haben für den Abend Theaterkarten.

Wir haben an dem Wochenende einen Kurzurlaub am Meer geplant und das Hotelzimmer bereits gebucht.

Wir haben an dem Abend eine Firmenveranstaltung.

Ich habe bereits eine Einladung zur Hochzeit angenommen – eine Arbeitskollegin heiratet am selben Tag.

Ein verstecktes Ja?

Sie stehen der Braut nicht sehr nahe, obwohl Sie zur Verwandtschaft gehört, und den Bräutigam haben Sie überhaupt noch nicht zu Gesicht bekommen. Die Hochzeit findet am Abend in hundertfünfzig Kilometern Entfernung statt, und wenn Sie nicht im Hotel übernachten wollen, bleibt Ihnen nichts anderes übrig, als die lange Heimfahrt bei Dunkelheit in Kauf zu nehmen (und auf die Cocktails zu verzichten). Da die Kinder nicht eingeladen sind, müssten Sie auch auf diesem Gebiet Vorkehrungen treffen. Alles in allem bereitet Ihnen die Sache eher Kopfschmerzen.

Bevor Sie Nein sagen, sollten Sie die Situation einmal aus einer anderen Warte betrachten. Wird Ihre heiß geliebte Großmutter dort sein, die Sie viel zu selten sehen? Bietet die Hochzeit Ihnen eine Gelegenheit, mit sämtlichen Cousinen zusammenzutreffen und in Erinnerungen zu schwelgen? Ist Ihnen schon häufiger der Gedanke gekommen, dass es eigentlich schön wäre, engeren Kontakt zur Familie zu haben? Wäre eine Nacht im Hotel ohne die Kinder eine angenehme Abwechslung für Sie und Ihren Mann?

In diesem Buch geht es darum, Nein zu sagen, um Zeit für Dinge zu gewinnen, die im Leben wirklich wichtig sind. Deshalb müssen Sie lernen, die Spreu vom Weizen zu trennen.

Was zunächst wie eine lästige Verpflichtung erscheinen mag, kann sich letztlich als das genaue Gegenteil entpuppen. Ein Familienfest bietet viele Vorteile, die man aus vollem Herzen genießen kann – wenn man weiß, worin sie bestehen. Äußern Sie nicht schriftlich Ihr Bedauern, bevor abgeklärt ist, ob sich dahinter nicht trotz aller Unannehmlichkeiten ein »Ja« versteckt: nämlich genau die Einladung, deretwegen Sie zu anderen Aktivitäten Nein gesagt haben. Wie oft haben Sie Gelegenheit, etwas zu feiern, Menschen wieder zu sehen, die Sie lieben, und den Kontakt zu Familienangehörigen und Freunden zu pflegen?

Für einige Menschen sind Familienzusammenkünfte zu besonderen Anlässen eine Zeit, die sie genießen und die unvergessliche Momente beschert. Selbst wenn Sie keinen großen Wert darauf legen, könnte Ihre Anwesenheit anderen viel bedeuten, zum Beispiel einem älteren Verwandten. Und jemand anderen glücklich zu machen kann Befriedigung genug sein.

Die Teilnahme an Familienfesten in großem Rahmen bietet Ihnen zumindest die Möglichkeit, Zeit »von Angesicht zu Angesicht« mit der Familie zu verbringen; vielleicht fällt es Ihnen dann leichter, beim nächsten Mal Nein zu sagen.

Und falls Sie Single sind, wer weiß? Vielleicht angeln Sie sich ja einen Freund des Bräutigams!

Manchmal lohnt sich die Mühe, das Schneckenhaus zu verlassen.

Beerdigungen

Bei Beerdigungen werden in der Regel keine Einladungen ausgesprochen. Aber in einigen Familien entbrennen jahrzehntelange Fehden, weil ein Verwandter ferngeblieben ist. Deshalb geben wir Ihnen keinen Rat, wie Sie entscheiden sollten. Falls man Sie ausdrücklich um Ihre Teilnahme bittet, dann vermutlich deshalb, weil Ihre Anwesenheit einem Hinterbliebenen oder Trauergast Trost spendet. Vielleicht erinnern Sie sich nicht einmal an Ihre Großtante Emma, die Ihre Mutter großgezogen hat. Aber wenn Sie Ihrer Mutter wichtig war und Ihre Mutter Ihnen wichtig ist, sollten Sie ihretwegen hingehen.

Nein sagen zum Konsumzwang

Kaum nahen die Weihnachtsfeiertage, schon beschweren sich alle Leute, die wir kennen, über drei Dinge:

1. Die überbordende Kommerzialisierung
2. Die Hektik
3. Der Konsumzwang

Nichts trübt die Weihnachtsstimmung mehr, als auf den letzten Drücker Geschenke besorgen zu müssen, die zu kaufen Sie im Grunde weder die Zeit noch das Geld haben und die ohnehin keiner wirklich braucht. Wenn Sie Teil einer weit verzweigten Familie sind, die sich gegenseitig reich beschenkt, wird Ihnen dieses Szenario bekannt vorkommen.

Vielleicht haben Sie die Nase gestrichen voll vom Weihnachtstrubel. Sie können sich natürlich weigern, an der Familientradition festzuhalten – falls es Ihnen nichts ausmacht, als ungeliebter Spielverderber zu gelten. Oder die Einführung einer neuen Familientradition vorschlagen, die Ja sagt zum Beisammensein der Familie, zu Freigebigkeit und Spaß. (Dass Sie dabei gleichzeitig Stress vermeiden und sowohl Zeit als auch Geld sparen, ist ein positiver Nebeneffekt.)

Machen Sie Ihren Verwandten oder Freunden, mit denen Sie normalerweise Geschenke austauschen, einen der folgenden Vorschläge. Starten Sie Ihr Experiment zunächst im engsten Familienkreis, und wenn Sie Erfolg damit haben, beziehen Sie Geschwister, Schwiegerfamilie und andere Angehörige ein.

Eine Tombola ist ideal für Familien, die bereit sind, auf Geschenke für jeden einzelnen zu verzichten. Jeder zieht ein Los mit einem Namen aus einer Schüssel und beschenkt nur diese eine Person. Das ist einfach, ökonomisch und macht Spaß.

Statt einzelner Geschenke kaufen Sie etwas für alle Mitglieder des Haushalts, z. B. Videofilme, eine Tischtennis-Platte oder Brettspiele.

Bestimmen Sie ein »offizielles« Geschenk, womit sich alle gegenseitig eine Freude machen, zum Beispiel nur Bücher, Schlafanzüge oder Gartenzubehör. Es macht Spaß, zu sehen, wie die einzelnen den Auftrag interpretiert haben – und es vereinfacht den Entscheidungsprozess.

Wie wäre es mit einer Tauschbörse? Statt Geschenke zu kaufen, muss jeder etwas weitergeben, was er bereits besitzt und was einer anderen Person gefällt.

Verschenken Sie Gutscheine mit Diensten, die Sie übernehmen wollen. Die Familienmitglieder können dabei ihre jeweiligen Interessen und Fähigkeiten einbringen: Überraschen Sie die anderen mit einem Gutschein für eine Maniküre/Pediküre, Gartenarbeit, Reparaturen im Haus oder am Auto, eine leckere Mahlzeit, Nähen oder Kleidung ausbessern, Chauffeur spielen oder was auch immer – Ihrer Fantasie sind keine Grenzen gesetzt!

Legen Sie das Geld zusammen, das Sie sonst für Geschenke ausgeben würden, und lassen Sie ein Porträtfoto von einem Starfotografen anfertigen, mit Abzügen für alle.

Verschenken Sie einen Gutschein vom Lieblingsgeschäft Ihres Angehörigen. Setzen Sie einen Höchstbetrag fest.

Investieren Sie in gemeinsame Erfahrungen statt in materielle Dinge. Planen Sie einen Ausflug oder einen Familienurlaub, von dem alle begeistert sind. Mieten Sie beispielsweise eine Ferienwohnung in einem Skigebiet oder unternehmen Sie eine Fahrt in einen Freizeitpark. Oder gehen Sie mit Kind und Kegel ins Theater. Sie müssen nicht gleich Karten für die Mailänder Skala besorgen, um daraus eine denkwürdige Familientradition zu machen.

Tun Sie Gutes im Namen Ihrer Familie: Pflanzen Sie einen Baum, werden Sie »Patin« für ein bedürftiges Kind, spenden Sie für einen guten Zweck oder eine Organisation, deren Arbeit Sie unterstützen. Mit solchen Gaben kommen Sie dem eigentlichen Sinn des Weihnachtsfestes wieder nahe.

Damit die neue Tradition Fuß fassen kann, müssen die übrigen Mitglieder des Haushalts mitmachen. Ihre Aufgabe besteht darin, sie zu überzeugen, dass sie damit Stress abbauen und die Feiertage im Familienkreis mehr genießen können. Vielleicht bedarf es keiner langen Vorrede. Da in aller Regel die Frauen in der Familie die Hauptlast der Verantwortung für die Gestaltung des Weihnachtsfestes tragen, setzen Sie sich einfach mit ihnen in Verbindung, um den Vorschlag zu testen und zu sehen, wie er ankommt.

Das heißt nicht, dass Sie auf weihnachtliche Aktivitäten verzichten müssen, die für Sie dazu gehören, zum Beispiel Backen, Baum schmücken oder das Haus dekorieren. Ihr Ziel besteht darin, nur zu jenen Aspekten der Feiertage Nein zu sagen, die für alle Familienangehörigen eine Last sind. Gehen Sie ökonomisch mit Ihren Ressourcen um und setzen Sie diese lieber ein, um zu feiern und beisammen zu sein.

»Iss doch!«: Nein sagen zu Dränglern

Einige Familienmitglieder begreifen nicht, wie man die Worte »Nein« und »Essen« in einem Atemzug aussprechen kann. Es geht für sie nicht darum, dass sie selbst für ihr Leben gerne essen, sondern vielmehr, *Sie* essen zu sehen! Wenn Sie also gerade auf Diät sind, schon mehrmals kräftig zugelangt oder beim besten Willen keinen Hunger haben, sollten Sie den Mut haben, zu verhindern, dass man Sie vollstopft, bis Sie platzen.

Die beste Methode, Nahrung zu verweigern, ist, den Koch oder die Köchin überschwänglich zu loben. Es geht nicht darum, wie viel Sie verputzen, sondern dass Sie sich jeden Bissen auf der Zunge zergehen lassen. Loben Sie die Köchin über den grünen Klee. Überschütten Sie sie mit den Lorbeeren, nach denen sie Ausschau gehalten hat. Selbst wenn Sie wie ein Spatz essen, sollten Sie sich laut und begeistert darüber auslassen, wie fantastisch es schmeckt. Machen Sie ein großes Tamtam um die gelungene Tischdekoration. Und sorgen Sie sich nicht, dass Sie zu dick auftragen – das können Sie nicht.

Stufe I: Ouvertüre

Marina! Du hast Lasagne gemacht! Das ganze Jahr habe ich mich schon darauf gefreut!

Liebes Schwesterlein, beim Gedanken an deine Weihnachtsgans läuft mir schon Ostern das Wasser im Mund zusammen.

Ist das etwa Zwiebelsuppe, was ich da rieche? Oh mein Gott, werden wir heute verwöhnt!

Stufe II: Essverhalten

Nehmen Sie zuerst kleine Portionen, damit Sie eine Riesenshow abziehen können, wenn Sie um Nachschlag bitten.

Mmm, herrlich, Oma. Deine Kartoffelpfannkuchen sind ein Gedicht! Ich muss noch mal zulangen.

Stufe III: Nein sagen

Das sieht wirklich köstlich aus. Ich wünschte, ich hätte noch Platz.

Ich bringe keinen einzigen Bissen mehr runter.

Am liebsten würde ich gar nicht mehr aufhören, aber ich kann beim besten Willen nicht mehr.

Ich platze gleich. Aber wenn du nicht weißt, wohin damit, nehme ich liebend gerne etwas mit nach Hause. Darf ich?

Mutter, ich kann nicht mehr, ich bin pappsatt. Ich weiß, das ist mit Liebe gekocht, aber ich brauche erst mal eine kleine Pause.

Sonderwünsche

Leute, die auf Diät gesetzt sind, Vegetarier und andere, die aus medizinischen oder religiösen Gründen bestimmte Ernährungsvorschriften befolgen, geraten oft in die Verlegenheit, Nein zu sagen, wenn es ums Essen geht. Wenn Sie eingeladen sind, können Sie den großen Hunger vorher stillen und bei Ihrem Gastgeber mit dem vorlieb nehmen, was Sie essen dürfen, oder anbieten, ein Gericht beizusteuern. Aber damit ist das Problem nicht gelöst, dass Oma gekränkt ist, wenn Sie »Nein danke« zu ihrem Sauerbraten sagen. Wenn Sie befürchten, die Köchin zu enttäuschen, weil Sie nicht kräftig zulangen, ist es ratsam, sie vorab über Ihre neuen Essgewohnheiten aufzuklären. Seien Sie tolerant: Erwarten Sie nicht, dass Oma eine »Extrawurst« für Sie brät, auch wenn sie es vermutlich gerne tut.

Ich bin auf Diät und habe mir geschworen, durchzuhalten; deshalb werde ich nicht so viel wie sonst an den Feiertagen essen. Ich wollte es dir vorher sagen, damit du dich nicht wunderst.

Ich freue mich auf das Abendessen bei dir daheim. Aber ich muss dir sagen, dass ich mich inzwischen rein vegetarisch ernähre. Ich hoffe, das ist kein Problem. (Falls die Köchin um Vorschläge bittet: Nudeln machen immer glücklich.)

Das Angebot, ein Gericht beizusteuern, ist eine elegante Art, das Problem zu umgehen – und zu gewährleisten, dass Sie nicht hungrig vom Tisch aufstehen.

Soll ich einen Salat/eine Beilage/den Nachtisch mitbringen?

Wenn Sie wegen Ihrer Ernährung auf Widerstand stoßen, zitieren Sie den Rat eines Arztes, um Ihrem Standpunkt zusätzliche Glaubwürdigkeit zu verleihen.

Mein Arzt hat mir dringend geraten, in den nächsten Monaten alles zu meiden, was Cholesterin enthält.

Wenn Sie von vornherein wissen, dass Sie zu einem bestimmten Gericht Nein sagen müssen, appellieren Sie an den Stolz der Köchin, etwas Besonderes für Sie auf den Tisch zu bringen.

Da ich Ostern kein Lammfleisch esse, wie du weißt, hätte ich eine Bitte: Könntest du vielleicht dein berühmtes Auberginengemüse als Beilage machen? Da könnte ich mich reinlegen!

Viele Köchinnen ergreifen die Gelegenheit beim Schopf, sich in allen Einzelheiten über die Zubereitung und die Zutaten auszulassen. Um die Aufmerksamkeit von den Speisen abzulenken, auf die Sie verzichten, richten Sie ihr Augenmerk auf das, was Sie essen möchten.

Wirklich, Oma, ich esse kein Fleisch mehr, damit ist es mir ernst. Aber deine grünen Bohnen sind köstlich. Daran sieht man, dass du eine Spitzenköchin bist; die können nämlich auch Gemüse erstklassig zubereiten. Hast du die Bohnen eigentlich vorher mariniert?

Ich esse kein Fleisch und keine Milchprodukte mehr, und deshalb hätte ich gerne ein paar von deinen Lieblingsrezepten für Gemüsegerichte.

Auch wenn, ich Euch mag ...

Eine sanftmütige, patente Person zu sein kann auch eine Kehrseite haben: Sie werden leicht Opfer von Verwandten und Freunden, die Ihre Gutmütigkeit ausnutzen. Im Folgenden werden wir Möglichkeiten beschreiben, wie Sie sich selbst treu bleiben und ansonsten guter Dinge sein können, weil Sie Zumutungen und anderen Konfliktstoffen, die sich zwischen Ihnen und Ihren Lieben auftun, Paroli bieten.

Übernachtungsbesuch einschränken

Übernachtungsgäste fern zu halten ist wesentlich leichter, als sie wieder loszuwerden, wenn sie erst einmal da sind. Sobald sie sich unter Ihrem Dach einquartiert haben, ist es fast unmöglich, sie mit Anstand und ohne schlechtes Gewissen wieder aus dem Paradies zu vertreiben. Vorbeugung ist hier die beste Strategie, wenn Sie den Aufenthalt Ihrer Gäste verkürzen oder eine Invasion von vornherein vermeiden möchten.

Benutzen Sie folgende Antworten, wenn Übernachtungsgäste im Anmarsch sind:

Abschrecken

Was? Du machst Urlaub in unserer Stadt? Das ist ja wunderbar! Gleich um die Ecke hat gerade ein neues Hotel/eine kleine Frühstückspension aufgemacht. Es wird dir gefallen!

Ich würde mich freuen, dich wieder zu sehen, aber leider bauen wir um und können im Moment keinen Übernachtungsbesuch unterbringen.

Ich kann es gar nicht mehr erwarten, dich endlich wieder zu sehen. Weißt du schon, wo du übernachten wirst oder sollen wir dir ein paar Tipps geben?

Den Aufenthalt begrenzen

Dafür müssen Sie die Tage nennen, an denen der Besuch genehm ist.

Ich freue mich, wenn du uns besuchen kommst. Kannst du Freitag und Samstag über Nacht bleiben?

Schön, dich wieder zu sehen – warum bleibst du nicht eine Nacht bei uns?

Könntest du nicht den letzten Abend, wenn du schon in der Stadt bist, bei uns schlafen?

Wenn Sie Nein sagen müssen

Tut mit Leid, da geht es bei uns nicht.

Wir würden dich gerne bei uns einquartieren, aber wir haben leider keinen Platz.

Das Haus ist eine Baustelle und im Augenblick nicht für Gäste geeignet.

Die Freunde unserer Kinder gehen ein und aus. Es geht bei uns zu wie im Bienenstock. Kann ich dir bei der Suche nach einem guten Hotel behilflich sein?

Ich wünschte, ich könnte dich unterbringen, aber du hättest es hier viel zu unbequem.

Wir haben aus unserem Gästezimmer ein Arbeitszimmer gemacht … und da jeder es benutzt und der Computer die halbe Nacht läuft, ist das ein reines Durchgangszimmer. Leider haben wir keinen Platz für Übernachtungsbesuch.

Tut mir Leid, aber ohne Kinder

Einige Eltern nehmen an, dass bei Einladungen, die sie erhalten, die Sprösslinge automatisch mit eingeladen sind. Das kann die Sache komplizieren, vor allem wenn Sie ein Abendessen im Freundeskreis planen und sich auf ein Gespräch mit Erwachsenen freuen.

Um solche Überraschungen zu vermeiden, sollten Sie vorab klären, dass »nur Erwachsene« eingeladen sind. Sie ziehen sich am besten aus der Affäre, wenn Sie die Namen der Gäste nennen, die Sie erwarten. Bei einer mündlichen Einladung könnten Sie sagen:

Wir haben für den 21. ein Abendessen geplant. Ich hoffe, dass du und Tom kommen könnt.

Wenn diese Botschaft zu subtil ist, versuchen Sie, die »Ohne-Kinder-Botschaft« folgendermaßen rüberzubringen:

*Wir dachten, es wäre zur Abwechslung mal ganz nett, einen Abend nur mit Erwachsenen zu verbringen. (*Oder: *Damit habt ihr Eltern zur Abwechslung mal die Chance, etwas ohne euren Anhang zu unternehmen.)*

Wenn Sie rundheraus gefragt werden, ob Kinder bei einem bestimmten Anlass erwünscht sind, antworten Sie:

Dieses Mal nicht, leider. Die Party wäre nichts für Kinder. Ich hoffe, ihr könnt einen Babysitter auftreiben, und kommt.

Wer es trotz Ihres ausdrücklichen Wunsches angemessen findet, mit den lieben Kleinen im Schlepptau aufzukreuzen, verdient es, ein für alle Mal von der Gästeliste gestrichen zu werden.

Ich möchte vorher gefragt werden

Es ist schwer, Nein zu sagen, wenn man überhaupt nicht gefragt wurde. Familienmitglieder und Freunde handeln bisweilen eigenmächtig, ohne Sie vorher zu fragen, in der Annahme, Sie hätten sicher nichts dagegen. Um solche »Übergriffe« in Zukunft zu vermeiden, sagen Sie kategorisch Nein:

Du weißt, wie sehr ich mich freue, dich und die Kinder wieder zu sehen, aber ich muss wissen, wann du zu Besuch kommst. Bitte ruf mich in Zukunft vorher an.

Den ersten Weihnachtsfeiertag verbringt die ganze Verwandtschaft schon seit Jahren bei uns, aber ich brauche eine Verschnaufpause. Dieses Mal sollte jemand anders mit dem Gänsebraten dran sein, sonst gehen wir essen.

Klara, wenn du dir meinen Schmuck oder meine Kleider ausborgst, sage ich gerne Ja, wie du weißt. Aber es ärgert mich, wenn ich vorher nicht gefragt werde. Wenn ich nicht da bin, trage bitte deine eigenen Sachen.

Schluss mit den rassistischen, sexistischen Kommentaren

Haben Sie sich jemals gefragt, wie Sie mit so engstirnigen Menschen verwandt sein können? Manchmal haben unsere Lieben den Hang, sich mit ihrem Verhalten äußerst unbeliebt zu machen.

Sie sitzen gemütlich beisammen, um das Weihnachtsmahl im trauten Kreis der Familie zu genießen, und Onkel Fritz lässt eine rassistische Bemerkung vom Stapel. Oder Vetter Klaus erzählt einen sexistischen Witz, den Sie kein bisschen komisch finden. Oder Tante Emma lästert über Angehörige einer anderen Nation, die sie für den Niedergang des gesamten Abendlandes verantwortlich macht.

Sitzen Sie still und wortlos daneben, was auf gleiche Gesinnung oder schweigendes Einverständnis schließen lässt? Oder setzen Sie sich vehement für Werte wie Gerechtigkeit, Gleichheit und Achtung vor allen Menschen ein? Einerseits wollen Sie sich nicht vor Ihren moralischen Verpflichtungen drücken und solche vorsintflutlichen Einstellungen im Raum stehen lassen, aber andererseits wissen Sie, wie Onkel Fritz in Fahrt geraten kann, wenn man sich auf Diskussionen mit ihm einlässt. Wenn Sie ihm auch nur den geringsten Zündstoff bieten, geht das den ganzen Abend so weiter. Vielleicht möchten Sie am liebsten Ihren Protest zum Ausdruck bringen *und* den Eiferern das lose Mundwerk stopfen.

Damit wir uns nicht missverstehen: Falls Sie heiße Diskussionen mögen, lassen Sie sich nicht abhalten! Nach unserer Erfahrung ist es jedoch vergebene Liebesmüh, jemanden im Rahmen einer Esstisch-Debatte eines Besseren »belehren« zu wollen; meistens schaltet er dann auf stur (und wird lauter). Vermutlich können Sie seinen Standpunkt nicht ändern, aber es ist Ihr gutes Recht, darauf zu bestehen, dass bestimmte Grundregeln des Verhaltens in Ihrer Gegenwart eingehalten werden. Wenn Sie Ihre Missbilligung offen zum Ausdruck bringen, wird Onkel Fritz es sich in Zukunft zweimal überlegen, ob er seine diskriminierenden Äußerungen wiederholt, zumindest in Ihrem Beisein. Damit machen Sie ihm klar, dass Sie Beleidigungen solcher Art nicht durchgehen lassen, und er erhält einen Dämpfer. Außerdem untermauern Sie damit die Prinzipien, an die Sie glauben, für ihn und alle in der Umgebung sichtbar.

Die Ansichten eines Menschen in Frage zu stellen beinhaltet definitionsgemäß eine Herausforderung. Sie müssen dabei immer mit einer negativen Reaktion rechnen. Um eine endlose, hitzige Debatte zu vermeiden, beschränken Sie sich darauf, Einspruch einzulegen und dem Übeltäter zu erklären, dass Sie Anstoß an seinem Verhalten nehmen. Die folgenden Sätze können abgewandelt werden und dazu dienen, dass Sie das erste und das letzte Wort in der Angelegenheit haben. Wiederholen Sie sich sooft wie nötig.

Nein sagen zu rassistischer, sexistischer oder ethnischer Diskriminierung

Solche Redensarten möchte ich in Zukunft nicht mehr hören.

Das ist keine Tatsache, sondern deine ganz persönliche Meinung. Und der muss ich mit Nachdruck widersprechen.

Ich protestiere! Jeder hat das Recht auf Achtung seiner Menschenwürde. Ich finde deine Einstellung verletzend.

Bitte erspar mir in Zukunft solche Witze. Ich finde sie nicht zum Lachen.

Ich wundere mich, dass ein intelligenter Mensch wir du eine solche Bemerkung von sich geben kann.

Jeder Mensch hat seine Fehler. Die Person, über die du redest, nicht ausgenommen. Aber die Nationalität hat damit nichts zu tun. Ich dachte, wir hätten diese alten Klischees endlich hinter uns gelassen.

Ich finde, das Gespräch nimmt eine ungute Richtung. Lasst uns das Thema wechseln.

Machen Sie in Ihren eigenen vier Wänden und im Beisein Ihrer Kinder von Ihrer Autorität Gebrauch.

Die Grundsatzerklärung: *In meinem Haus werden solche Redensarten nicht geduldet. Wir haben unseren Kindern beigebracht, dass man niemanden wegen seiner Nationalität oder*

Hautfarbe herabwürdigt. Vielleicht kannst du noch etwas von ihnen lernen, zum Beispiel, dass man andere fair behandelt.

Ich wäre eine schlechte Mutter, wenn ich dir diese Bemerkung durchgehen ließe. Das ist das genaue Gegenteil dessen, was wir unseren Kindern predigen. Wir haben keine Vorurteile und möchten nicht, dass du sie in unserem Haus verbreitest.

Du kannst glauben, was du willst, aber in meinem Haus dulde ich solche Redensarten nicht.

Manchmal gehören diejenigen, die andere diskriminieren, selbst einer Gruppe an, die unter Diskriminierung und Klischeevorstellungen zu leiden hatte. In diesem Fall sollten Sie sie daran erinnern.

Wie fühlst du dich denn, wenn jemand behauptet, wir (unsere Gruppe) wären alle einfach nur faul? Findest du solche Voreingenommenheiten und Verallgemeinerungen fair? Warum stellst du dich dann mit solchen Leuten auf eine Stufe?

Hatten wir nicht schon genug gegen Diskriminierung zu kämpfen? Hast du nichts daraus gelernt?

Um die Diskussion zu beenden, müssen Sie dem »Wortführer« unter Umständen in die Parade fahren:

Ich habe keine Lust, mit dir zu streiten. Wir haben unterschiedliche Ansichten, und jetzt lass uns das Thema beenden.

Behandle mich respektvoller als deine Familie!

Auch zwischen Freunden können Konflikte entstehen, weil mit jedem Fest unterschiedliche Erwartungen an die Beziehung verbunden sind, die von der eigenen Familienkultur beeinflusst werden.

Pamela hat uns von einem Zwischenfall mit Beate erzählt, einer Freundin und Kollegin, die aus einer weitläufigen Familie stammt, in der es viele Spannungen gibt.

»Kurz vor ihrer Hochzeit haben wir bei mir zu Hause ihren Junggesellinnenabschied gefeiert. Ich habe das Ganze geplant, Zeit, Energie und Geld investiert und ich habe es gerne getan. Ich wollte es so. Und es war ein voller Erfolg. Eine Woche später gab ihre Schwester einen Junggesellinnenabschied für sie, nur für Verwandte und gute Freunde. (Zur Party bei mir waren hauptsächlich Kollegen gekommen.) Damals studierte ich noch und stand kurz vor dem Examen; deshalb hatte ich keine Zeit, zwei aufeinander folgende Wochenenden zu opfern. Also rief ich an und sagte ab. Beate war fuchsteufelswild. Weil man in ihrer Familie so etwas nicht macht.«

Seltsamerweise entstanden die Differenzen, weil Beate Pamela als »Familienmitglied« betrachtete. Und deshalb erwartete sie, dass sie sich den Gepflogenheiten anpasste und wenigstens ihr zuliebe kam. Was für Beate Loyalität war, hielt Pamela für eine Zumutung.

Freunde sind hin und wieder genauso fordernd – und uneinsichtig – wie Familienmitglieder. Auch wenn Ihre Freunde sehr wichtig für Sie sind, kann der Preis der Zugehörigkeit zum engsten Kreis sehr hoch sein.

Lass uns ausgehen – und zur Abwechslung das tun, was ich gerne möchte

Freunde mit starker Persönlichkeit können Sie zu Aktivitäten nötigen, die Sie eigentlich gar nicht wollen. Wenn Sie sich stets den Wünschen anderer fügen, wird es Ihnen ein Bedürfnis sein, ab und zu für einen Ausgleich zu sorgen. Überlegen Sie, ob nicht Ihr Mangel an Eigeninitiative zu dem Problem beitragen könnte. Wenn Sie genau wissen, wie Sie Ihre Zeit verbringen möchten (und wie nicht), wird es Ihnen leichter fallen, Ihre eigenen Vorstellungen durchzusetzen.

Die Suche nach Harmonie

Bei der Planung gemeinsamer Aktivitäten sollten alle Beteiligten davon ausgehen, dass sie dann und wann Kompromisse schließen müssen. Lassen Sie sich nicht von Meinungsverschiedenheiten abschrecken – das ist völlig normal unter Freunden. Das Ziel ist, eine Lösung zu finden, mit der alle zufrieden sein können. Wenn Sie Nein zum Vorschlag einer Freundin sagen, probieren Sie eine dieser Strategien aus:

Erste Option: Schlagen Sie etwas anderes vor.

Tut mir Leid, Richard. Ich habe keine Lust, mir heute Abend Teil Zwölf von Friss Vogel oder stirb *anzuschauen. Wie wär's mit* Ein schräges Paar? *Läuft im Lustspielhaus ... oder wir lassen das Kino und gehen Essen!*

Die griechische Küche reizt mich nicht besonders. Warum probieren wir nicht mal das neue thailändische Lokal aus? … Nein? Dann schlag du doch etwas vor.

Zweite Option: Gehen Sie getrennte Wege und treffen sich später wieder.

Ich werde bei der Monster-LKW-Rallye passen. Das ist nichts für mich. Aber warum gehst du nicht allein hin, und wir unternehmen hinterher etwas gemeinsam?

Warum treffen wir uns nicht, wenn dein Backgammon-Spiel vorbei ist? Ruf einfach an. In der Zwischenzeit könnte ich viel erledigen.

Dritte Option: Wenn Sie sich nicht einigen können, halten Sie an Ihren Prioritäten fest und machen Sie notfalls einen anderen Termin aus.

Ich habe seit dreißig Jahren darauf gewartet, Pavarotti live *zu sehen, und er gibt nur ein Konzert in unserer Stadt, ausgerechnet an dem Abend. Das kann ich mir nicht entgehen lassen; wenn du nicht mitkommen willst, könnten wir uns ja ein anderes Mal treffen. Hast du nächsten Samstag schon etwas vor?*

Karten besorgen

Theater, Konzerte oder Sportveranstaltungen mit Freunden zu besuchen führt zu der Frage: Wer besorgt die Karten? Einige Leute sind im »Dauerstress«, wenn es um dieses Thema geht. Das nächste Mal sollten Sie verkünden:

Ich würde gerne in das Konzert gehen, wenn du die Eintrittskarten besorgst. Ich habe ein hektisches Wochenende vor mir und schaffe es nicht, mich darum zu kümmern.

Falls Ihre Freundin immer noch Ausreden hat:

Warum rufst du nicht den Ticketservice an und bestellst die Karten telefonisch? Die schicken sie auch zu.

Die Mehrkosten rentieren sich, weil Sie nicht mehr das Gefühl haben, von Ihrer Freundin manipuliert zu werden.

Wenn Sie die Gastgeberin spielen

Nehmen Sie sich die Freiheit, nicht mitzugehen, wenn Ihre ortsfremden Gäste Sehenswürdigkeiten besichtigen möchten, die Sie in- und auswendig kennen.

Ihr werdet euch in der Zahnseidenfabrik auch ohne mich amüsieren. Ich kenne sie bereits, und deshalb treffen wir uns am besten hinterher, zum Mittagessen, einverstanden?

Nein danke, ich kaufe nichts

Nichts treibt uns so in die Enge wie eine eifrige Freundin, die uns etwas verkaufen will. Ihre persönliche Beziehung verpflichtet Sie aber nicht, Wasserfilter, Staubsauger oder sonstige Produkte zu kaufen. Die Freundschaft erschwert natürlich das Nein.

Wenn Sie gute Gründe dafür haben, sollte das Grund genug sein. Entweder brauchen Sie das Produkt nicht, benutzen es nicht, wollen Ihr Geld nicht dafür ausgeben, oder Sie wollen sich nicht auf das Vertriebssystem einlassen. Jeder zusätzliche Druck, den Freunde oder Verwandte ausüben, zielt auf reine Ausbeutung und ist darauf angelegt, Schuldgefühle zu wecken. Ist das ein Geschäftsgebaren, das Sie gut finden?

Wenn Sie das nächste Mal die Verkaufspräsentation einer Freundin über sich ergehen lassen sollen, können Sie sich folgendermaßen aus der Affäre ziehen:

Versuchen Sie, das Thema so früh wie möglich abzublocken. Das erspart Zeit, auf beiden Seiten, und macht es Ihnen leichter, dem Köder zu entgehen, der bei der Präsentation ausgelegt wird.

Unterstützen Sie Ihre Freundin in ihren Verkaufsbemühungen, indem Sie ihr viel Erfolg wünschen.

Reagieren Sie mit einer schlichten Erklärung für Ihr Nein. Seien Sie standhaft: Bleiben Sie bei Ihrem Entschluss und wiederholen Sie sich sooft wie nötig.

Folgende Antworten können auf alle erdenklichen Produkte abgestimmt werden, die Ihnen Freunde, Verwandte und Kollegen verkaufen wollen.

Allgemein

Tut mir Leid, aber dieser Wasserfilter ist in meinem Budget nicht drin.

Tut mir Leid, aber das ist nichts für mich – ich benutze solche Produkte nicht.

Danke, kein Bedarf.

Der Staubsauger ist wirklich beeindruckend. Wenn ich Verwendung für ein solches Hochleistungsgerät hätte, würde ich ihn in Betracht ziehen. Aber meiner läuft noch einwandfrei, und ich bin sehr zufrieden damit. Trotzdem vielen Dank.

Gesundheitsfördernde Produkte

Was du mir da über die gesundheitlichen Vorteile des Co-Enzyms Q-10 erzählst, klingt interessant. Mag sein, dass es wirklich das reinste Wundermittel ist. Aber ich kaufe grundsätzlich nichts, was ich nicht brauche.

Ich bin natürlich sehr daran interessiert, gesund zu bleiben, aber durch richtige Ernährung und viel Bewegung. Vitamin-Zusatzpräparate mag ich nicht. Trotzdem danke.

Reinigungsprodukte

Ehrlich gesagt, die Produkte, die ich verwende, leisten mir gute Dienste und sind wesentlich preisgünstiger. Ich sehe keinen Sinn darin, zu wechseln. Nein, ich bin nicht interessiert. Aber trotzdem danke.

Ich kaufe meine Reinigungsprodukte en bloc bei einer Reinigungsfirma, und im Moment habe ich für die nächsten drei Jahre genug. Danach darfst du mich gerne wieder darauf ansprechen.

Meine Putzfrau besteht auf ihrer gewohnten Marke. Sie würde ausrasten, wenn ich mit neuen Produkten daherkäme.

Könntest du mir einen Gefallen tun? Wie Sie Nein sagen

Anderen zu helfen ist eine sehr befriedigende Art, zwischenmenschliche Beziehungen zu festigen. Wir fühlen uns gut, wenn wir wissen, dass wir jemandem das Leben erleichtern oder verschönern, der das Gleiche für uns tun würde. Auch wenn wir durchaus auf eigenen Füßen stehen können, tut es gut, Menschen zu haben, auf die wir uns hundertprozentig verlassen können, selbst wenn es nur um das Blumengießen während unserer Abwesenheit geht. In der Regel ergreifen wir gerne die Gelegenheit zu positiven Kontakten mit anderen und sagen mit Freuden Ja, wenn wir um Beistand gebeten werden.

Solange keine Konflikte oder größere Unannehmlichkeiten entstehen, wenn Sie jemandem einen Gefallen erweisen, ist es auch aus einem praktischen Grund vorteilhaft, Ja zu sagen: Ihre »Haben-Seite« macht es Ihnen dann leichter, auch einmal Nein zu sagen. Und wenn Sie wissen, dass Sie hilfsbereit sind und andere sonst nach Möglichkeit unterstützen, haben Sie auch weniger Schuldgefühle, wenn Sie einmal nicht zur Verfügung stehen.

Eine nützliche Technik

Wenn sich die Verpflichtungen in Ihrem Leben anhäufen und Sie zögern, neue einzugehen, können Sie sich mit einem klaren Nein vor Überlastung schützen. Benutzen Sie folgende Technik, um Bitten abzublocken, die unzumutbar sind oder Ihnen nicht ins Konzept passen. Beginnen Sie mit der Einleitung

»Bestimmt weißt du es nicht, aber …«, und dann geben Sie Auskunft darüber, warum Sie Nein sagen müssen. Zum Beispiel:

Bestimmt weißt du es nicht, aber beim leisesten Hauch von Knoblauch bricht meine Allergie aus. Deshalb kann ich dieses Jahr beim griechischen Weinfest leider nicht den Zaziki-Stand übernehmen.

Bei der Enthüllung (in diesem Fall, dass Sie eine Knoblauch-Allergie haben) kann es sich um einen Tatbestand handeln, den die Person, die Sie um einen Gefallen bittet, durchaus kennt. Doch wenn Sie unterstellen, dass sie keine Ahnung hat, gestatten Sie ihr, das Gesicht zu wahren. Damit unterstreichen Sie Ihre Überzeugung, sie wäre gar nicht erst auf die Idee gekommen, zu fragen, wenn sie Bescheid gewusst hätte. Angesichts dessen werden die meisten Ihr Nein akzeptieren und Sie nicht bedrängen. Ein weiteres Beispiel:

Bestimmt hast du es nicht bemerkt, aber ich bin in letzter Zeit pausenlos unterwegs und kann dir nicht versprechen, dass ich zu Hause bin, um dein Paket entgegenzunehmen. Sicher findest du jemand anderen.

Ist das Ihre ehrenamtliche Tätigkeit?

Nicht alle ehrenamtlichen Tätigkeiten finden in Altenheimen und Krankenhäusern statt. Manchmal gibt es Hilfsbedürftige direkt vor Ihrer Nase, ohne dass Sie es merken. Viele Leute würden andere nur dann um einen Gefallen bitten, wenn ihnen absolut keine Wahl mehr bleibt, zum Beispiel ältere oder kranke Nachbarn, oder eine allein erziehende Mutter, die mit ihrem Latein am Ende ist.

Wenn Sie zu den Menschen gehören, die schon immer eine ehrenamtliche Tätigkeit in Erwägung gezogen haben, sich aber noch nicht dazu aufraffen konnten, müssen Sie unter Umständen nicht weit suchen. Überlegen Sie nicht, wie Sie vermeiden können, sich einspannen zu lassen, sondern ob Sie damit ein gutes Werk tun. Sie müssen nicht rund um die Uhr zur Verfügung stehen; oft reicht es aus, eine oder zwei Stunden Zeit in der Woche zu erübrigen. Betrachten Sie Ihre Tätigkeit nicht als Pflicht, sondern als Unterstützung, die Sie einem Mitmenschen angedeihen lassen. Sie könnte darin bestehen, dass Sie zu festen Zeiten für eine betagte Nachbarin einkaufen, ihr bei der Korrespondenz helfen oder einfach nur nach ihr sehen. Und einer allein erziehenden Mutter würden Sie eine Sorge abnehmen, wenn Sie an einem Abend in der Woche das Baby hüteten, damit sie ihren Schulabschluss nachholen kann.

Wenn Sie dann einmal Nein sagen müssen, haben Sie weniger Gewissensbisse, weil Sie einem anderen Menschen helfen.

Kinder und Haustiere hüten

Es gibt wohl kaum eine Gefälligkeit, die mehr Verantwortung erfordert, als ein fremdes Kind zu hüten. Haustiere hüten kommt gleich danach. Wenn Sie beides als Zumutung empfinden, sollten andere Ihre Entscheidung respektieren. Denken Sie daran, dass die einfachsten Gründe oft die wirksamsten sind. Eine schlichte Antwort wie *Tut mir Leid, ich kann nicht* oder *Da geht es nicht* reicht oft aus. Falls die Person sich nicht damit zufrieden gibt oder Sie sich zu einer Rechtfertigung verpflichtet fühlen, versuchen Sie es damit:

Nein sagen, wenn Sie in Zukunft nicht mehr gefragt werden wollen

Wenn es sich nicht um einen Notfall handelt, muss ich Nein sagen. Ich kann nicht gut mit Kindern/Haustieren umgehen.

Ich weiß, wie sehr Sie an Ihrer Katze hängen, und ich fürchte, ich kann die Verantwortung nicht übernehmen.

Mein Tagesablauf ist sehr unregelmäßig. Ich kann dir nicht versprechen, da zu sein, wenn du mich brauchst.

Du hast es bestimmt nicht gewusst, aber mein Mann ist schrecklich allergisch gegen Katzen und Hunde. Deshalb kann ich mich leider nicht um Bello kümmern, während du weg bist. Tut mit Leid, dass ich dir nicht helfen kann, aber ich habe eine Heidenangst vor Hunden / Katzen / Schlangen / Vierbeinern.

Schlagen Sie eine angemessene Alternative vor, sofern möglich. Das sollte für Sie aber keine Gelegenheit sein, den Schwarzen Peter weiterzugeben, sondern eine echte Problemlösung.

Leider geht es bei mir nicht. Aber Susanne hat Kinder im gleichen Alter. Vielleicht könnte sie deine für die Zeit beaufsichtigen.

Tut mir Leid, ich kann nicht. Aber Edith liebt Hunde. Vielleicht geht sie ja mit Rambo Gassi, während du weg bist.

Empfehlen Sie professionelle Hilfe. Abgesehen davon, dass dieser Vorschlag die Möglichkeit bietet, Nein zu sagen, erinnert er daran, dass andere Geld für die Dienstleistung nehmen, die Sie umsonst verrichten sollen. (Die Antworten können Sie auch dann verwenden, wenn man Ihnen eine Bezahlung in Aussicht stellt.)

Tut mir Leid, ich kann die Zwillinge nicht hüten. Ich weiß aber, dass Susanne häufig einen Babysitter hat. Soll ich sie mal nach der Telefonnummer fragen?

Tut mir Leid, ich kann nicht mit Simba im Park spazieren gehen. Ich kenne aber jemanden in der Nachbarschaft, der das gegen Entgelt macht. Hast du dort schon gefragt?

Nein sagen, aber die Tür für die Zukunft offen halten

Dieses Mal geht es leider nicht.

Tut mir Leid, ich kann an dem Tag nicht Babysitten, ich habe bereits etwas vor.

Tut mir Leid, aber an dem Tag klappt es nicht.

Leider kann ich dir nicht helfen. An dem Wochenende geht es bei mir hoch her. Charly braucht viel Aufmerksamkeit, und dazu würde mir die Zeit fehlen. Aber das nächste Mal gerne.

Verhaltensmuster durchbrechen

Manchmal haben sich schlechte Gewohnheiten eingebürgert, die angesprochen werden müssen. Wenn Sie sich zum Beispiel seit langem nach Schulschluss um die Kinder Ihrer Freundin kümmern, aber nicht mehr als unbezahlter Babysitter arbeiten möchten, wäre es nicht fair, abrupt damit aufzuhören oder Ausflüchte zu suchen. Gehen Sie geradlinig vor, um Ihren Wünschen und Bedürfnissen Geltung zu verschaffen. Je nach Zielsetzung finden Sie nachfolgend Tipps, um Verhaltensmuster zu durchbrechen, die seit längerem Fuß gefasst haben:

Ich betreue deine Kinder gerne, aber das bedeutet für mich viel Arbeit und große Verantwortung. Wenn du möchtest, dass ich mich weiterhin um sie kümmere, fände ich einen finanziellen Ausgleich angemessen. Du nicht auch?

Wenn ja, sagen Sie: *Ich habe mich nach dem derzeit üblichen Satz erkundigt und ... Euro in der Woche scheint angemessen zu sein. Was meinst du dazu?*

Wenn Sie keine Einigung erzielen, sollten Sie ihrer Freundin sagen, dass es besser ist, sich jemand anderen zu suchen. Und verkneifen Sie sich Schuldgefühle: Was man von Ihnen verlangt, ist schließlich harte Arbeit und die sollte auch entsprechend honoriert werden.

Ich will dich nicht hängen lassen, aber ich kann nicht ewig deine Kinder beaufsichtigen. Wir können über den Zeitpunkt reden, aber du musst dir definitiv jemand anderen suchen.

Als ich angefangen habe, deine Kinder nach Schulschluss zu betreuen, war mir nicht bewusst, dass das eine Dauerlösung sein sollte. Ich mag die Kinder sehr, aber die Verantwortung ist mir zu groß. Ich möchte dir nur sagen, dass ich es begrüßen würde, wenn du schnellstmöglich ein andere Lösung fändest.

Nein sagen zu »Schwarzarbeit«

Oft erwarten Freunde und Angehörige, dass wir ihnen kostenlos eben jene Dienstleistungen zur Verfügung stellen, mit denen wir sonst unser täglich Brot verdienen – gleich ob es sich dabei um medizinische Betreuung, juristische Beratung, Haareschneiden, Reparaturen im Haushalt oder am Auto, Schreiben, Buchhaltung oder was auch immer handelt. Selbst wenn Sie kein Problem mit solchen Formen der »Schwarzarbeit« haben, sollten Sie Grenzen setzen, wenn es Ihnen zu bunt wird.

»Nichts ist umsonst«

Ich habe dir gerne bei deinem Lebenslauf geholfen, schließlich bin ich ja Karriereberaterin, aber wie mir scheint, möchtest du mich noch für weitere Projekte einspannen. Tut mir Leid, aber beim Abfassen der verschiedenen Versionen und Begleitschreiben kann ich dir nicht helfen. (Oder wahlweise: *es sei denn, du engagierst mich offiziell. In diesem Fall würde ich dir zehn Prozent Rabatt auf mein übliches Honorar geben.)*

Als ich angefangen habe, deine Bäume und Büsche zu stutzen, hatte ich Zeit. Außerdem brauchte ich praktische Erfahrung. Mittlerweise habe ich mit den Aufträgen meiner Kunden alle Hände voll zu tun, und das Geschäft hat nun mal Vorrang. Wenn ich weitermachen soll, muss ich dir etwas für meine Arbeit berechnen. Ich mache dir einen Freundschaftspreis.

Ich freue mich, dass du mit deiner Doktorarbeit fast fertig bist, und würde sie dir gerne tippen. Ich verlange einen Stundenlohn von … Euro.

Du weißt ja, dass ich derzeit viel um die Ohren habe, und in meiner ohnehin knapp bemessenen Freizeit möchte ich nicht auch noch an Arbeit denken. Warum lässt du dir keinen Termin geben und kommst in die Praxis?

Die Grundsatzerklärung

Eine Grundsatzerklärung wie die folgende kann sehr nützlich sein. Sie machen den Leuten damit klar, dass sie gewisse Ansprüche stellen können, wenn sie für Ihre Dienstleistung zahlen. Umgekehrt signalisieren Sie, dass niemand von Ihnen die schnellstmögliche Erledigung einer Arbeit verlangen kann, die Sie umsonst verrichten:

Ich arbeite grundsätzlich nicht kostenlos für Freunde und Verwandte, und ich werde dir auch sagen, warum. Renovierungen können ziemlich kompliziert werden, und ich möchte, dass alle meine Kunden zufrieden sind und das Recht haben, Mängel zu beanstanden. Deshalb ist es nach meiner Erfahrung besser, wenn jeder Auftrag, den ich annehme, wie eine normale Geschäftsbeziehung gehandhabt wird.

Präventivmaßnahmen

Wenn Sie das Gefühl haben, dass jemand Sie um eine Beratung, einen kostenlosen Haarschnitt oder eine andere Dienstleistung bitten will, beugen Sie vor:

Bin ich froh, dass die Praxis für heute geschlossen ist. Endlich muss ich mir nicht mehr den Kopf über die Magen-Darm-Probleme meiner Patienten zerbrechen.

In der letzten Zeit ist viel los im Geschäft. Das Wochenende war der reinste Horror. Gut zu wissen, dass ich bis Dienstag die Schere nicht mehr in die Hand nehmen muss.

Tauschbörse

Wenn Leute Sie bitten, Ihnen aus Gefälligkeit einen professionellen Dienst zu erweisen, sollten Sie überlegen, ob Sie nicht nach dem Prinzip »Eine Hand wäscht die andere« vorgehen. Das ist eine gute Möglichkeit, für eine ausgewogene Bilanz in der privaten Beziehung zu sorgen und gleichzeitig dem geschäftlichen Aspekt Rechnung zu tragen.

Manchmal kann diese »Tauschbörse« Probleme lösen und helfen, Geld zu sparen. Überlastete Eltern können sich beispielsweise zusammentun und eine »Babysitter-Initiative« gründen. Auf diese Weise haben sie einen Abend frei, können sich eine Menge Geld für die Kinderbetreuung sparen und knüpfen Kontakt zu Leuten, die sich in der gleichen Situation befinden.

Hier einige Beispiele für weitere Dienste, die getauscht werden können:

Ein Web-Designer schuf eine Website für eine Freundin, die mit hausgemachten Schlemmermahlzeiten zahlte.

Eine Grafikdesignerin entwarf eine Werbebroschüre für einen Wirtschaftsprüfer, der ihre Steuererklärung übernahm und sie bei der Finanzplanung beriet.

Eine Frisörin tauschte Haareschneiden gegen Tapezieren.

Einige Berufsgruppen – Redakteure, Mitarbeiter in Agenturen, Aufnahmeleiter, Plattenproduzenten und Börsenmakler – sind heiß begehrt bei allen, die auf »Vitamin B« hoffen. Wenn Sie zu diesen Entscheidungsträgern gehören, sollten Sie darauf achten, dass Sie nicht für sich selbst die Werbetrommel rühren. Hüllen Sie sich in Schweigen bei Festen, wenn Sie sich keine abendfüllende »Verkaufspräsentation« anhören wollen. Wenn jemand Sie fragt: »Und was machen Sie so?« sprechen Sie über Ihre Interessen statt über Ihre berufliche Tätigkeit.

Ich tanze gerne; ich spiele Volleyball; ich arbeite ehrenamtlich in einem Altenpflegeheim; ich mache einen Kochkurs, französische Küche, gefällt mir sehr …

Oder antworten Sie ganz einfach mit dem Klassiker: *So wenig wie möglich.*

Wie man sich gegen das Ausleihen wehrt

Manche Leute sind hochgradig empfindlich, wenn es gilt, bestimmte Besitztümer zu verleihen. Vielleicht gehören Sie selbst auch dazu, falls Sie ein Faible für Bücher, CDs, Werkzeug, Kleidung, Autos oder irgend etwas anderes haben. Nicht jeder mag es, wenn sich andere ihrer Sachen bemächtigen. Was ist, wenn sie die Leihgaben nicht zurückbringen? Oder verlieren? Oder beschädigen? Das wäre eine Katastrophe.

Selbst wenn die Gründe gegen das Verleihen völlig gerechtfertigt sind, deutet das Nein doch an, dass Sie der Person nicht unbedingt zutrauen, die ausgeliehenen Sachen im gleichen (guten) Zustand zurückzugeben. Damit Ihre Zurückhaltung nicht wie ein Urteil über den Charakter des Bittstellers erscheint, nehmen Sie die ganze Schuld auf sich. Gestehen Sie, dass Sie sich nicht von Ihrem Akku-Drillbohrer trennen können oder von Ihrer Beatles-Platte, die inzwischen Seltenheitswert hat. Wenn Sie diese Dinge aus der Hand gäben, würden Sie vor Angst in der Nacht kein Auge mehr zutun. Und deshalb bedauern Sie sehr, Bohrer oder Platte nicht verleihen zu können, auch wenn es schrullig klingt. Hier finden Sie einige Strategien, um Ihre Schätze vor dem Zugriff Unbefugter zu bewahren:

Ihr fahrbarer Untersatz

Wenn es um mein Auto geht, bin ich eigen, das hast du sicher schon gemerkt. Ich habe einfach kein gutes Gefühl, andere damit fahren zu lassen. Tut mir Leid.

Ich weiß, dass du eine gute Fahrerin bist, aber hier geht es um mein Auto. Ich würde umkommen vor Sorge. Und wenn etwas passiert, würde ich mir zeitlebens Vorwürfe machen. Deshalb muss ich Nein sagen.

Bücher

Die Grundsatzerklärung: *Ich habe Schwierigkeiten, mich von meinen Büchern zu trennen. Ich kriege eine Krise, wenn ich daran denke, dass sie irgendwo herumschwirren und ich sie nicht jederzeit lesen kann, wenn ich möchte. Deshalb verleihe ich grundsätzlich keine Bücher.*

Ich hänge sehr an einigen meiner Bücher, und das ist eins davon. Ich nehme es immer wieder in die Hand und lese darin. Deshalb würde ich es lieber nicht ausleihen.

Eigentlich wollte ich das Buch selbst noch einmal lesen, und deshalb möchte ich es nicht verleihen. (Oder wahlweise: *Ich hänge sehr an diesem Buch, aber ich mache dir einen Vorschlag: Du bekommst von mir das Gleiche geschenkt, und dann können wir darüber sprechen.* Oder: *Das ist ein Klassiker; du findest ihn mit Sicherheit in der Bibliothek.)*

CDs, Schallplatten, Videofilme etc.

Die Grundsatzerklärung: *Ich verleihe grundsätzlich keine CDs/Schallplatten/Kassetten. Wenn ich das Bedürfnis habe, mir eine bestimmte anzuhören, und sie ist nicht da, raste ich aus.*

Ich kann dir diese CD nicht leihen, weil ich sie selber andauernd spiele.

Ich möchte den Videofilm nicht verleihen, aber warum kommst du nicht mal am Abend vorbei, und wir schauen ihn gemeinsam an?

Werkzeug

Tut mit Leid, ich verleihe kein Werkzeug, weil ich nie weiß, wann ich es brauche. (Oder wahlweise: *Aber ich bringe es dir nächsten Samstag und helfe dir bei der Reparatur.)*

Kleider, Schmuck, Accessoires

Ich weiß, dass du sehr vorsichtig bist, aber es wäre schrecklich, wenn irgendetwas mit der Halskette passieren würde. Sie hat großen Erinnerungswert für mich. Ich fühle mich einfach nicht wohl, wenn ich sie verleihe. Ich bin sicher, dass du das verstehst.

Ich vertraue dir mehr als den meisten anderen Leuten, aber ich habe schlechte Erfahrungen damit gemacht, Kleider an Freundinnen zu verleihen. Es ist bestimmt besser für uns beide, wenn wir es lassen.

Egal was

Kennst du das Sprichwort »Verborgen bringt Sorgen«? Ich finde, das ist ein guter Rat, um Ärger zu vermeiden und Freundschaften zu erhalten – und deshalb muss ich Nein sagen!

Mitfahrgelegenheit und Einkäufe erledigen

Fahrgemeinschaften tragen dazu bei, die Anzahl der Autos im Straßenverkehr zu verringern. Aber sie können eine Plage sein, wenn Sie jemanden mitnehmen, auf den Sie ewig warten oder für den Sie einen großen Umweg in Kauf nehmen müssen. Mit Anfragen, ob Sie nicht schnell eine Bestellung abholen können, verhält es sich ähnlich: Nicht immer ist es ein Leichtes, zu helfen.

Sagen Sie Ja, sooft Sie können, und nicht nur dem Schutz der Umwelt zuliebe. Wenn Sie hin und wieder jemanden in Ihrem Wagen mitnehmen, ist es leichter, auch einmal Nein zu sagen:

Ich nehme dich gerne mit, aber ich kann nicht warten, weil ich Besorgungen machen muss. Wenn es dir nichts ausmacht, mit dem Taxi/Bus nach Hause zu fahren, setze ich dich gerne dort ab.

Ich kann dich bis zum Fußballstadion mitnehmen, dann muss ich in die andere Richtung. Leider habe ich keine Zeit, dich zum Einkaufszentrum zu fahren.

Tut mir Leid, aber das geht nicht. An dem Tag ist bei uns ziemlich viel los. (Oder wahlweise: *Mittwoch würde es besser passen, falls du so lange warten kannst.*)

Ich bringe dir die Lebensmittel gerne mit, wenn ich in den Supermarkt fahre. Aber erst morgen, heute geht es bei mir nicht. (Oder wahlweise: *Falls du die Milch gleich brauchst, kann ich dir gerne etwas leihen.)*

Heute passt es mir gar nicht. Ich muss tausend Dinge erledigen. (Oder wahlweise: *Ich weiß nicht, wann ich zurückfahre, aber wenn ich etwas für dich abholen soll, gerne.)*

Auch wenn es Ihnen schwerfällt, Nein zu Verwandten und Freunden zu sagen, sollten Sie sich vor Augen halten, dass Sie damit der Beziehung unter Umständen einen Dienst erweisen. Wenn Sie Ihr Recht in Anspruch nehmen, Grenzen zu setzen – sei es, weil Sie Zeit für sich selbst brauchen oder sich gegen Zumutungen wehren –, sind Sie weniger frustriert und generell großzügiger gegenüber den Menschen in Ihrem Leben, die Ihnen nahe stehen. Trotz der gelegentlichen, beidseitigen Enttäuschungen gelingt es Ihnen besser, allen Stürmen zu trotzen, wenn Sie nicht den Ballast aufgestauter Wut mit sich herumtragen.

Vor allem in Konfliktsituationen hilft Ihnen der Gedanke, dass es ein Segen ist, Menschen um sich zu haben, die Sie lieben und Sie an ihrem Leben teilhaben lassen möchten.

Nein sagen zu Kindern

»Wenn es um meine Kinder geht, habe ich immer das Gefühl, ich müsste mehr tun, obwohl sie bestimmt nicht zu kurz kommen.«

Mutter von zwei kleinen Kindern

»Mein Sohn hat das Gymnasium abgebrochen, und ich habe nichts dagegen getan; ich wusste, dass er in schlechte Gesellschaft geraten war. Es ist mir schon immer schwer gefallen, ihm etwas abzuschlagen. Vermutlich konnte ich nicht mitansehen, dass er unglücklich war.«

Geschiedener Vater eines erwachsenen Sohnes

»Manchmal kaufe ich ihm mehr Sachen, als er sonst bekommen würde - um meine Schuldgefühle zu kompensieren, weil ich nicht genug Zeit für ihn habe.«

Mutter eines sechsjährigen Jungen

Für manche Eltern ist es am schwersten, zu ihren Kindern Nein zu sagen. Sie schlagen ihren Sprösslingen nur selten einen Wunsch ab. Gleich, ob es sich dabei um die neueste Barbie-Puppe, das dritte Eis am Tag, ein Privileg oder das vermeintliche Recht handelt, Mami nach Lust und Laune zu stören – die Bedürfnisse werden meistens erfüllt.

Sämtliche Pädagogen stimmen heute darin überein, dass Kinder solide, klare Grenzen brauchen, um angemessene Verhaltensweisen zu erlernen und sich zu vernünftigen, verantwortungsbewussten Erwachsenen zu entwickeln. Nur wenige Eltern sind in dieser Hinsicht anderer Meinung, zumindest theoretisch. Doch warum haben dann so viele in der Praxis ein Problem damit, Grenzen zu setzen und Nein zu sagen? Hier sind einige weit verbreitete Erklärungen:

Es ist leichter, Ja zu sagen (zumindest im Augenblick). Eltern sagen oft Ja, weil sie einen Konflikt vermeiden wollen. Wenn Sie Ihrem Sohn erklären, dass Sie ihm seinen Wunsch nicht erfüllen, wird er nicht gerade einen Luftsprung vor Freude machen. Kinder neigen eher als Erwachsene dazu, ihrem Ärger sehr lautstark Luft zu machen – indem sie beispielsweise »Ich hasse dich!« brüllen und mit den Fäusten gegen die Wand trommeln. (Natürlich sind auch Erwachsene zu solchen Ausbrüchen fähig.) Wenn Sie selbst müde und ungeduldig sind, ist es verlockend, um des lieben Friedens willen nachzugeben: *Na gut, mein Schatz. Von mir aus iss die ganze Tüte Weingummis. Aber leise, wenn ich bitten darf.* Wie eine Mutter sagte: »Mit einem ›Ja‹ ist die Diskussion beendet. Mit einem ›Nein‹ geht sie endlos weiter.«

Bei Kleinigkeiten nachzugeben ist keine große Sache und vermutlich eine unentbehrliche Überlebenstaktik im heutigen

Familienalltag. Mit einem Ja erkaufen Sie sich Ihre Ruhe, aber Kindern beizubringen, dass sie auch einmal ein Nein hinnehmen müssen, ist eine bessere Investition, mit der Sie die langfristige Harmonie fördern.

Jeder Mensch möchte angenommen/geliebt werden. Kinder großzuziehen ist Schwerarbeit, es ist also ganz natürlich, wenn Sie dafür ein bisschen Lob und Anerkennung erwarten. Wir sind dankbar, wenn Kinder ihre Liebe und Zuneigung zum Ausdruck bringen. Wir finden es weniger lustig, wenn sie uns in ihrer Wut beschimpfen, gemeine Spielverderber zu sein. In ihrem Buch *Dein Kind braucht mehr als Liebe* erklärt Familienberaterin Nancy Samalin, dass viele Eltern in die »Harmoniefalle« tappen: »Wenn das Bedürfnis, den Wünschen der Kinder gerecht zu werden und ihre Sympathien zu sichern, zwanghaft wird, können wir nicht Nein sagen.« Aber Sie erweisen weder Ihrem Kind noch sich selbst einen Gefallen, wenn Sie zu allem Ja und Amen sagen.

Wir haben Gewissensbisse, wenn wir Nein sagen. Sie müssen keine berufstätige Mutter sein, um sich Sorgen zu machen, ob Sie Ihrem Kind genug Zeit und Aufmerksamkeit widmen. Viele Eltern haben gelegentlich Schuldgefühle und kompensieren sie dadurch, dass sie ihre Kinder verwöhnen, entweder mit materiellen Dingen oder mit Privilegien. Wie die Mutter, die zu Beginn des Kapitels zitiert wurde, haben auch Sie vielleicht das Gefühl, dass Sie ihren Kindern nie genug Fürsorge und Zeit angedeihen lassen. Das erschwert ein Nein, wenn das Kind Ihre ungeteilte Aufmerksamkeit fordert, während Sie gerade mit etwas anderem beschäftigt sind. (Gehören Sie zu den Eltern, die unfähig sind, zu sagen: »Moment noch, ich telefoniere gerade«?) Wenn es lernt, dass Sie nicht gleich springen, sobald es pfeift, ist das kein Liebesentzug. Sie bringen ihm dadurch lediglich anständige Manieren und Achtung vor anderen bei, außerdem die Einsicht, dass manche Bedürfnisse einfach nicht immer sofort befriedigt werden können. Geduld ist eine Tugend, die Kinder darauf vorbereitet, die unvermeidlichen Frustrationen im Leben besser zu ertragen.

Wir befürchten, dass wir Kinder durch unser Nein um eine wichtige Erfahrung bringen. Kinder kommen immer mit dem Argument: »Aber Mami, alle anderen dürfen auch!« Aber wir müssen erkennen, dass diese Taktik so alt wie die Menschheit ist, und lernen, dem eigenen Urteil zu vertrauen.

Auch wenn Ihr Kind über die Beschränkungen schimpft, die Sie ihm auferlegen, bedeutet das nicht, dass Sie das Falsche tun. Oder dass Ihr Kind Ihnen das Nein bis an Ihr Lebensende nachträgt. Genauso, wie wir unseren Müttern irgendwann verziehen haben, dass wir nicht zu dem mehrtägigen Openair-Festival durften, wird Ihr Kind eines Tages anerkennen, dass Sie die Pflicht der »elterlichen« Sorge hatten. Und mit ein bisschen Glück müssen Sie nicht dreißig Jahre darauf warten.

Die eigenen Kindheitserfahrungen erweisen sich als Hürde. Diejenigen von uns, die in einem strengen, autoritären Elternhaus aufgewachsen sind, nehmen sich vielleicht vor: »Ich will nicht so werden wie meine Eltern« oder »Meinen Kindern soll erspart bleiben, was ich durchmachen musste«.

Andere Probleme können hinzukommen. Eine Frau, die ihre Eltern in frühester Kindheit verloren hatte und in einem Waisenhaus aufgewachsen war, erzählte uns, dass sie ihrem Sohn selten etwas verbot, aus Angst, ihn zu verlieren. Sie hoffte, ihn an sich zu binden, solange er in seinem »Nest« zufrieden war.

Wie wir sehen werden, erweisen Eltern, die nicht Nein sagen können, weder ihren Kindern noch sich selbst einen Gefallen.

Warum es gut ist, Grenzen zu setzen

Wenn die Kinder klein sind, sagen Sie Nein, um sie vor Schaden zu bewahren. Wenn das Krabbelalter und damit die Erforschung ihrer Umgebung beginnt, müssen sie lernen, dass sie nicht den Herd anfassen und nirgendwo hochklettern dürfen, damit sie sich nicht verletzen. Älteren Kindern bringen Sie bei, nicht mit Streichhölzern zu spielen, nicht blind über die Straße zu laufen, nicht mit Fremden zu sprechen. Natürlich sagen Sie nicht Nein, weil Sie »gemeine Spielverderber« sind, sondern weil Sie Ihr Kind lieben und ihm beibringen müssen, sich zu schützen.

Das Nein ist nicht nur ein Instrument, um die physische Gesundheit Ihres Kindes zu gewährleisten, sondern trägt auch zur emotionalen Stabilität bei. Wenn Sie seinem Verhalten Grenzen setzen – indem Sie einem Fünfjährigen beibringen, dass er das Baby nicht schlagen darf, oder einem Teenager sagen, dass er nicht bis nach Mitternacht ausbleiben darf –, signalisieren Sie, dass seine Aktivitäten nicht im luftleeren Raum stattfinden. Es gibt eine Bezugsperson (Sie), die sich für ihn interessiert und verantwortlich fühlt. Kinder brauchen einen geschützten Raum, in dem sie wachsen und sich entwickeln können. Während es in der Natur des Kindes liegt, die Grenzen dieses Freiraums auszutesten, indem es immer höher hinaufklettert, sich immer weiter auf unbekanntes Terrain vorwagt oder immer mehr verlangt, als es bekommen kann, empfindet es das Wissen, dass es von Ihnen nicht allein gelassen wird, auch als Beruhigung und als Sicherheit.

In seinem Buch *Eltern sein dagegen sehr* vergleicht Ron Taffel diesen geschützten Raum mit einem »Kokon«: »Theoretisch sind Eltern für diesen Kokon verantwortlich, der aus *ihren* Werthaltungen, *ihren* Erwartungen und *ihrem* Umgang mit den Kindern besteht ... Er vermittelt den Kindern ein Gefühl der *Zugehörigkeit* und das Wissen, dass sie bei den Eltern sicher und geborgen sind: ›Das ist mein Elternhaus. Ich weiß, was mich hier erwartet. Ich gehöre hierher.‹«

Es ist unmöglich, diesen geschützten Raum zu schaffen, ohne Grenzen zu setzen. Sie sollten das wichtige Wort Nein unbedingt in Ihr Vokabular aufnehmen, wenn Sie möchten, dass sich Ihr Kind sicher und behütet fühlt.

In einem liebevollen Gesamtzusammenhang ist Nein ein Akt der Zuwendung. Es bietet Kindern Orientierungshilfen für ein angemessenes Verhalten, die sie durch sämtliche Phasen der Entwicklung begleiten. Wenn es Ihnen schwerfällt, Nein zu sagen, weil Sie den daraus resultierenden Konflikt scheuen oder Schuldgefühle haben, weil Sie Ihrem Kind etwas versagen, was es sich sehnlich wünscht, sollten Sie sich vor Augen halten, dass Eltern und Kinder nicht in allem konform gehen *müssen*. Wenn nichts als eitel Sonnenschein herrscht, stimmt etwas nicht. Wollen Sie Ihre Erziehungsaufgabe verantwortungsbewusst erfüllen, lässt es sich manchmal nicht vermeiden, dass Sie auch mal »Spielverderber« sind.

Ein Kind, das seine Grenzen nicht kennt, fühlt sich verunsichert. Wenn es merkt, dass es zu Hause das Sagen hat, besteht die Gefahr, dass es ständig über die Stränge schlägt. Solche

Kinder haben oft Schwierigkeiten, sich in der Schule anzupassen, eine angefangene Arbeit zu Ende zu führen und mit Menschen auszukommen.

Sich auf den Weg vorbereiten

Nein sagen ist nicht nur ein Mittel, um das Verhalten Ihres Kindes im Hier und Jetzt in die richtigen Bahnen zu lenken: Sie vermitteln ihm damit auch Selbstdisziplin für sein ganzes weiteres Leben. Das ist eine der wichtigsten Lektionen, und sie gewinnt noch mehr an Bedeutung, wenn die Kinder flügge werden. Die Grenzen und Verhaltensleitlinien, die Sie vorgeben, sind eine Investition, die sich in der Adoleszenz umso mehr auszahlt.

Mit zunehmendem Alter wachsen auch die Gefahren. Viel zu früh werden die Heranwachsenden heute mit Drogen, Alkohol und Sex konfrontiert, Themen, die Eltern so manche schlaflose Nacht kosten. Sie können Ihre Tochter nicht in ihrem Zimmer einsperren, auch wenn Sie das am liebsten möchten, zu ihrem eigenen Schutz. Und Sie wissen nicht immer, wo sie steckt und in welcher Gesellschaft sie sich befindet, auch wenn Sie sich vornehmen, jede Bewegung rund um die Uhr zu überwachen. Es gibt Situationen, die Ihren Argusaugen entgehen. Ihre fünfzehnjährige Tochter wird gewiss nicht anrufen und fragen: »Mama, da ist so ein süßer Junge auf der Party, der hat mich gefragt, ob ich mit ihm in den Wald fahre. Er hat das Auto von seinem Vater, aber er ist schon neunzehn und hat auch nur sechs Bier getrunken. Hast du etwas dagegen?«

Ihre heranwachsende Tochter wird viele Entscheidungen allein treffen müssen, die ihre Sicherheit und ihr Wohlbefinden angehen. Der beste Schutz, um unbeschadet durch die klippenreichen Gewässer der Teenagerzeit zu steuern, ist ihr eigenes, gesundes Urteilsvermögen. Die unerschütterliche, liebevolle Anleitung, die Sie ihr geben – indem Sie Nein zu Verhaltensweisen sagen, die sie künftig vermeiden sollte –, festigt diese Urteilskraft und dient als Rollenmodell für intelligente und angemessene Entscheidungen.

Mit zu wenig Kontrolle geben wir Kindern keine Orientierungshilfen für ihren Weg durch die Welt. Dann werden sie von anderen, die unter Umständen kein gutes Vorbild sind, etwas über das Leben und seine Grenzen lernen müssen. Wenn Sie von Anfang an Nein sagen, legen Sie den Grundstein für eine weniger problematische Entwicklung während der späteren turbulenten Jahre der Adoleszenz.

Kurzer Schmerz, langfristiger Gewinn

Ein Ehepaar aus unserem Bekanntenkreis konnte seiner Tochter nichts abschlagen. Wenn die beiden Gäste hatten, und sie kam zur Tür herein, brachen die Eltern das Gespräch ab und konzentrierten sich voll auf sie. Sie machten ihr nicht ein einziges Mal klar, dass die Erwachsenen um diese Zeit unter sich sein wollten. Das hat uns auf die Palme gebracht. Eines Tages brüllte dieser verzogene Fratz, damals ganze fünf Jahre alt, die Mutter an: »Ich bring dich um!« Die Eltern bekamen es mit der Angst zu tun und gingen mit ihr zu einem Psychotherapeuten, der ihnen riet: »Sie sollten ihr klare Grenzen setzen.« Es war ein hartes Stück Arbeit. Aber am Ende verwandelte sich der kleine Satansbraten in ein reizendes kleines Mädchen.

– Mutter eines Kindes im Krabbelalter

Viele Eltern haben uns versichert, dass es sich ungeachtet der unvermeidlichen Explosionen und zahlreichen Wutausbrüche langfristig auf jeden Fall lohnt, Nein zu sagen und die harten Zeiten durchzustehen. Trotz Schmollen und Protest schaffen Sie mit unverrückbaren, klaren Grenzen auf lange Sicht ein harmonisches, friedvolleres Klima, in dem der Haussegen seltener schief hängt.

In Familien, in denen Kinder keinerlei Grenzen respektieren, ist die eigentliche Ursache oft die Unfähigkeit der Eltern, Nein zu sagen und konsequent dabei zu bleiben. Paula Solomon, eine Familientherapeutin, die Workshops für Eltern leitet, erklärt: »Sie kommen zu mir, weil sie frustriert sind. Ihr Kind ist extrem anspruchsvoll und uneinsichtig; es weigert sich, abends ins Bett zu gehen, findet tausend Ausreden, um länger aufzubleiben, möchte noch einen Keks, noch ein Spielzeug, noch eine letzte Gutenacht-Geschichte. Wenn ich nachhake, wird sehr bald klar, dass die Eltern zu diesen Verzögerungstaktiken nicht konsequent und mit Nachdruck Nein sagen. Ich mache praktische Vorschläge, um das Problem zu lösen, aber oft können sie einfach nicht über ihren eigenen Schatten springen. Sie sagen: ›Ich kann ihm nichts abschlagen; ich hätte das Gefühl, dass ich ihm etwas Wichtiges vorenthalte. Ich muss ständig für ihn da sein. Ich halte es nicht aus, ihn weinen zu hören. Ich komme mir wie eine schlechte Mutter vor, usw.‹ Daraus entnehme ich, dass hier klare Grenzen fehlen. Es ist nicht so, dass die Kinder sich unverschämt oder völlig daneben verhalten. Das eigentliche Problem sind oft die Eltern.«

Damit sich das unangemessene Verhalten ändert, sagt Solomon, müssen die Eltern ihre eigenen Schuldgefühle auf Eis legen, Nein sagen und hart bleiben. Da Kinder aus Ritualen und Regeln Sicherheit ableiten, schlägt sie vor, einen Wecker in das allabendliche Bettgeh-Ritual einzuführen, um den Anpassungsprozess zu erleichtern. »Eltern müssen sagen: ›So, jetzt ist Schluss. Du bleibst im Bett. Du darfst noch zehn Minuten lesen, aber wenn es klingelt, wird das Licht ausgemacht. So war es vereinbart.‹« Damit die Regeln greifen, müssen Eltern sie durchsetzen können. Aller Anfang ist bekanntlich schwer, aber die Mühe lohnt sich.

Einmal Nervensäge, immer Nervensäge

Meine zehnjährige Nichte Anna saß auf dem Sofa vor dem Fernseher, meine Schwester brachte ihr ein Eis in der Waffel und verzierte es auch noch mit bunten Streuseln. War doch nett, oder? Aber statt danke zu sagen, heulte Anna los. Sie wollte kein Eis mit bunten Streuseln, sondern mit Schokostreuseln. Und was macht meine Schwester? Sie geht in die Küche zurück, kratzt die Streusel ab und streut Schokostreusel drauf. Ich hätte schreien können!

Können wir Anna verdenken, dass sie heulend ein neues Eis verlangt, das ihr lieber ist? Sie wendet diese Taktik nur deshalb an, weil sie weiß, dass sie funktioniert.

Mag sein, dass es Eltern heute wirklich schwerer gemacht wird, Nein zu sagen, aber die Unfähigkeit, Grenzen zu setzen, ist mit Sicherheit nicht neu. Schauen Sie sich doch einmal in Ihrer Nachbarschaft oder in der Firma um: Überall begegnen Sie Menschen, denen man noch im Erwachsenenalter anmerkt, dass sie früher selbstsüchtige, verzogene Kinder waren. Der Boss, der sich wie ein Berserker aufführt, wenn irgendjemand nicht nach seiner Pfeife tanzt. Die Kollegin mit Primadonna-

Allüren, die erwartet, dass Sie ihretwegen alles stehen und liegen lassen. Oder der junge Mann von nebenan, der beim Autowaschen die Stereoanlage voll aufdreht, so dass man es auch noch zwei Straßen weiter hört.

Es hilft, an solche unliebsamen Zeitgenossen zu denken, wenn Sie das nächste Mal wider besseres Wissen den Forderungen Ihres Kindes nachgeben. Als Erwachsener haben Sie fraglos nicht gerne mit Menschen zu tun, die meinen, es müsste immer nach ihrer Nase gehen, die außerstande sind, eine Enttäuschung einzustecken oder sich in die Lage anderer zu versetzen. Von der Sorte gibt es bereits genug; warum wollen Sie noch einen großziehen?

Falls das Verhältnis zwischen Anna und ihrer Mutter typisch ist für ihren Umgang miteinander (was nach Angaben unserer »Spionin« zutrifft), ist Anna auf dem besten Weg, sich zu einer dieser Nervensägen zu entwickeln, die sich auch als Erwachsene nicht ändern. Ihre Mutter erweist ihr keinen Gefallen, wenn sie ihr jeden Wunsch von den Augen abliest. Sie verpasst eine ideale Gelegenheit, Anna dabei zu helfen, etwas Wichtiges zu lernen: a) sich zu bedanken, wenn jemand ihr etwas Gutes tut; b) zu akzeptieren, dass man im Leben nicht immer das bekommt, was man sich wünscht; c) Eigenverantwortung zu übernehmen (zum Beispiel in die Küche zu gehen und sich selber Schokostreusel zu holen); und d) Respekt vor ihrer Mutter.

Wenn Sie Ihrem Kind altersgemäße Pflichten überantworten, kann es etwas über das Geben und Nehmen lernen und sich zu einem reifen Erwachsenen entwickeln, statt auf der Stufe einer selbstsüchtigen Nervensäge stehen zu bleiben. Richten Sie Ihren Blick in die Zukunft: Wen von beiden möchten *Sie* in Ihrer Familie haben?

Wie uns eine Bekannte sagte: »Meine Cousine bekam als Kind immer ihren Willen, weil sie sonst einen Tobsuchtsanfall inszenierte. Das funktioniert heute noch, mit fünfundvierzig!«

Die Suche nach dem Gleichgewicht

Einige Leute haben eine instinktive Abneigung gegen Begriffe wie Grenzen, Einschränkung und Kontrolle. Sie setzen sie mit »starr« und »repressiv« gleich. Als Eltern fürchten sie, durch solche Restriktionen die Fantasie ihrer Kinder zu blockieren und ihre Kreativität im Keim zu ersticken. »Warum soll ich mein Kind maßregeln?«, sagen sie. »Es soll ohne Verbote aufwachsen.«

Darauf können wir nur erwidern: War Shakespeares schöpferisches Genie durch die strikten Versmaße des Sonnets blockiert? Mangelt es den japanischen Dichtern an Fantasie, die ihre Gedanken in Haiku-Form niedergeschrieben haben?

Tatsache ist, dass Struktur nicht der Feind der Kreativität ist und ein großer Unterschied besteht, ob man dem *Verhalten* eines Kindes oder der Entfaltung seiner kreativen Fähigkeiten Beschränkungen auferlegt. »Freiheit ohne Grenzen« und »Freiheit der Gedanken« sind nicht ein und dasselbe. Ganz im Gegenteil: Eltern, die ihren Kindern eine Überdosis Freiheit gestatten, fördern nicht den Ideenreichtum, sondern stiften Verwirrung.

Manche Eltern lassen ihren Kindern zu viele Freiheiten, bevor sie alt genug sind, damit umzugehen. Das ist so, als würden sie mit ihnen in eine Bäckerei gehen, fragen »Was möchtest du?« und dann alles aufzählen, was es im Laden gibt. Das Kind wäre völlig überfordert. Es wüsste nicht, wie es sich entscheiden soll. Die beiden könnten Ewigkeiten da drinnen verbringen.

Wenn man dagegen zwei Optionen zur Wahl stellt (»Möchtest du ein Rosinenbrötchen oder einen Apfelkrapfen?«), kann das Kind in einem überschaubaren Rahmen von seiner Entscheidungsfreiheit Gebrauch machen. Und wenn es zu dem Schluss kommt: »Keins von beiden, ich möchte eine Brezel«, ist auch das in Ordnung. Es hat seine Wahlmöglichkeiten in annehmbarem Maß erweitert.

Der Umgang mit Zweifeln und Schuldgefühlen

Ich möchte fair sein, möchte das Richtige tun. Aber ich stelle mir vor, wie meine Tochter in zwanzig Jahren einem Psychiater die schrecklichen Dinge erzählt, die ich ihr angetan habe.

– Mutter von zwei Schulkindern

Vielen Eltern graut bei dem Gedanken, ihr Kind könnte irgendwann einmal eine Psychotherapie benötigen! Selbstzweifel scheinen ein »Berufsrisiko« zu sein, wenn man Kinder hat. Für Eltern, die erkannt haben, wie wichtig ein Nein sein kann, stellt sich die bange Frage: »Woher weiß ich, wo ich die Grenze ziehen muss? Sind meine ›unverrückbaren, liebevollen Orientierungshilfen‹ vielleicht doch zu harsch? Werfen mir meine Kinder zu Recht vor, ich sei ein Tyrann – zumindest dieses Mal?«

Da die Kindererziehung keine *exakte* Wissenschaft ist, bleibt es nicht aus, dass Sie bisweilen Entscheidungen treffen, die Ihnen hinterher zu hart erscheinen. Damit haben Sie aber keinen Schaden angerichtet, der nicht wieder gutzumachen wäre, oder bewirkt, dass Ihr Kind für den Rest des Lebens grollt. Wir raten Eltern, die sich wegen der Ausgewogenheit ihrer Disziplinarmaßnahmen Sorgen machen, den Blick auf das übergeordnete Bild zu konzentrieren statt auf die Einzelheiten. Wenn Sie sicher sind, dass sich Ihr Kind geliebt und als Teil der Familie akzeptiert fühlt, wiegen diese Empfindungen im Lauf der Zeit jede einzelne Episode mit zu viel oder zu wenig Kontrolle auf.

Wenn Sie an Ihrem eigenen Urteilsvermögen zweifeln und Ihre Entschlossenheit ins Wanken gerät, hilft es, einen Menschen zu haben, der als »Kummerkasten« dient und Sie aufmuntert. In dieser Hinsicht können sich Eltern gegenseitig unterstützen.

»Meine Freundin und ich sind seit der Geburt unserer Kinder füreinander da; der Altersunterschied zwischen den beiden beträgt nur drei Monate«, erklärt die Mutter eines Teenagers. »Ich habe sie mitten im schlimmsten Streit mit meiner Tochter angerufen und gesagt: ›Sie ist in ihrem Zimmer und bockt. Ich muss mit dir reden!‹ Dann hat sie mich aufgebaut und gesagt: ›Du hast dich völlig richtig verhalten. Lass sie bocken, sonst machst du alles noch schlimmer.‹«

Wenn Sie ein unterstützendes Netzwerk mit anderen Eltern aufbauen, können Sie außerdem herausfinden, ob es stimmt, dass »alle anderen Kinder dürfen, nur ich nicht!« Eine kurze Nachfrage, was andere Eltern erlauben, rückt Themen wie Hausarrest in die richtige Perspektive. (Aber nicht in Gegenwart Ihres Kindes, um ihm die Peinlichkeit zu ersparen.) Doch vergessen Sie nicht, dass schlussendlich Sie entscheiden müssen, was für Ihr Kind am besten ist, und es Ihnen freisteht, von den herrschenden Ansichten abzuweichen, wenn diese Ihnen nicht behagen. Zum Beispiel haben wir von einer Freundin erfahren, dass es heute für die Jugendlichen in ihrer Umgebung weitgehend gang und gäbe sei, zu Hause Alkohol zu trinken. Dahinter steht die Überlegung, dass sie es sonst heimlich machen, und deshalb sei es besser, einen sicheren Raum zu schaffen. Unsere Freundin und ihr Mann sind anderer Meinung und haben es ihren heranwachsenden Kindern klar gemacht.

Geben Sie kleinen Nervensägen nicht nach

Eltern können ein Lied davon singen, dass Kinder Meister im Manipulieren sind. Um ihre Wünsche durchzusetzen, ziehen sie alle Register: »Du bist gemein«, »Du magst mich nicht« oder »Ich wünschte, ich könnte bei Stephanie wohnen.« Angesichts solcher »Hämmer« meldet sich das schlechte Gewissen, und die Eltern werden mürbe. Wenn Kinder merken, dass sie mit ihrer Taktik Erfolg haben und das erreichen, was sie möchten, greifen sie immer wieder dazu.

Nancy Samalin, Autorin und Leiterin eines Workshops für Eltern, rät: »Eltern sollten sich in solchen Situationen nicht erweichen lassen, sondern sagen: ›Ich mache dir keinen Vorwurf, weil du wütend bist, aber das ändert trotzdem nichts an meinen Erwartungen.‹ Schuldgefühle sind in der Kindererziehung nutzlos.«

Auch wenn es Ihrer kleinen Nervensäge immer wieder gelingt, Sie zu verunsichern und Ihr Selbstvertrauen, mit dem Sie Nein sagen, zu untergraben: Bleiben Sie fest. Bleiben Sie bei Ihrer Entscheidung, selbst mit Schuldgefühlen. Wenn Kinder sehen, dass ihre Masche nicht mehr zieht, wird diese in Zukunft keinen Anreiz mehr haben.

Teenager: Die Regeln ändern

Im Idealfall haben die Eltern von Anfang an konsequent und unwiderruflich Nein gesagt, mit dem Erfolg, dass die Kinder wie geplant zu verantwortungsbewussten, vertrauenswürdigen Teenagern heranwachsen. Aber was ist, wenn dies in Ihrem Fall nicht zutrifft?

Auch wenn andere das Gegenteil behaupten: Es ist nie zu spät (wenn auch bei Halbwüchsigen erheblich schwerer). Werfen Sie nicht das Handtuch. Beschließen Sie lieber, von jetzt an die Regeln zu ändern und bewusst Grenzen zu setzen. Lassen Sie Ihre Kinder wissen, dass eine neue Spielrunde beginnt. Sie können die Neuigkeit schon im Vorfeld verkünden und beispielsweise sagen:

Bisher habe ich dir sehr viel Freiheiten gelassen. Aber jetzt bist du älter, und da wird es ernst; die Gefahren, denen du da draußen in der Welt begegnest, sind größer geworden. Da du mir viel bedeutest und ich mir Sorgen um dich mache, möchte ich sicher gehen, dass ich in deine Entscheidungen einbezogen bin und du meinen Standpunkt kennst. Deshalb wird sich das eine oder andere ändern. Ich werde immer versuchen, dir gegenüber fair zu sein. Aber wahrscheinlich wirst du dir häufiger als früher ein Nein von mir sagen lassen müssen.

Betonen Sie, dass Sie trotz des Missfallens, das Ihre Einschränkungen möglicherweise hervorrufen werden, erwarten, dass Ihre Entscheidungen respektiert werden.

Sie werden vermutlich Protest auslösen und Entschlossenheit und Beharrlichkeit brauchen, um standhaft zu bleiben. Aber letztendlich wird Ihr Kind davon profitieren, wenn Sie mehr Aktivität entwickeln. Die Mutter eines Teenagers sagte:

»Jugendliche finden es gut, wenn jemand sich um sie kümmert, sich für sie interessiert, auch wenn sie das Gegenteil behaupten. Diejenigen, die Narrenfreiheit haben, erzählen zwar, dass sie es genießen, aber das stimmt nicht. Sie haben das Gefühl, als ob sie niemandem auch nur einen Pfifferling wert sind.«

Im Eifer des Gefechts: Nein sagen

Nein. Weil ich es sage.
Nein. Weil ich deine Mutter/dein Vater bin, deshalb.
In meinem Haus bestimme ich. Und ich habe Nein gesagt.

Kommen Ihnen solche Sprüche bekannt vor? In mancher Hinsicht sind sie Klassiker wie die Verse von Skakespeare. Eltern haben sie seit Generationen heruntergebetet, Ihre vermutlich nicht ausgenommen. Vielleicht ist eine solche Litanei nicht die beste Kommunikationsform, aber sie lässt wenig Zweifel offen, wie Mutter oder Vater über das anstehende Problem denken. Verwirrung wird durch das »Machtwort«, das gesprochen wurde, vermieden. Sehen wir der Realität ins Gesicht: Es passt uns ab und zu ganz gut ins Konzept.

Eltern haben oft das Gefühl, sie müssten ihre Entscheidung bis ins Kleinste rechtfertigen, wenn sie Nein sagen. Sie reden ohne Unterlass und überschütten ihr Kind mit wesentlich mehr Informationen, als nötig wäre. Wenn es den Fernseher ausschalten soll, heißt es zum Beispiel: »Für heute hast du genug ferngesehen, und dann auch noch diese Zeichentrickfilme, geistlos und gewalttätig, hoffentlich kommst du nicht auf die Idee, jemandem mit einem Hammer den Schädel einzuschlagen sei eine annehmbare Art, Probleme zu lösen, und überhaupt, den ganzen Tag hockst du vor der Glotze, statt dich mit etwas Fantasievollem oder Geistreicherem zu beschäftigen, du gehst ja nicht einmal mehr an die frische Luft, und dabei solltest du dich viel mehr bewegen, das ist gesund und hält fit bis ins hohe Alter!«

Uff! Inzwischen sind dem armen Kind die Augen aus dem Kopf gefallen – aber nicht wegen des Zeichentrickfilms!

Kinder haben ein Anrecht darauf, zu erfahren, warum Sie Nein sagen. Es hilft ihnen zu verstehen, warum Sie ihr Verhalten in eine bestimmte Richtung steuern möchten. Aber Erklärungen sollten altersgemäß und in kleineren Häppchen präsentiert werden, damit sie »verdaut« werden können. Im oben geschilderten Beispiel begründet die Mutter, warum das Kind nicht länger fernsehen darf. Aber *ein* Grund reicht aus; mehr ist zu viel des Guten. Und wenn sie auf Widerstand stößt, sollte sie nicht zögern, die Diskussion mit einer klassischen Zeile zu beenden, zum Beispiel: »So sind die Spielregeln und damit basta.« Regeln sind wichtig und wirksam, weil Kinder sie im Allgemeinen respektieren und die Struktur schätzen, die sie bieten.

Vor allem bei kleinen Kindern gilt: Je mehr Worte Sie machen, desto weniger gelingt es Ihnen, sich Gehör zu verschaffen. Eine Mutter erzählte uns: »Mein vierjähriger Sohn ist in der Beziehung sehr deutlich. Wenn ich ihm etwas zu langatmig erkläre, sagt er: ›Red nicht so viel, Mama.‹ Er ist mit meinen Informationen überlastet und lässt mich auf diese Weise wissen, dass er nichts mehr aufnehmen kann.«

Je nach Alter des Kindes ist ein einfaches »Du hast für heute genug ferngesehen« oder »Es ist Zeit, das Spielzeug aufzuräumen« alles, was Sie brauchen. Warum? Weil Sie es gesagt haben.

Mit allzu ausführlichen Erklärungen tappen Sie möglicherweise in die gleiche Falle, die Ihnen auch bei Erwachsenen blühen kann, wenn Sie ohne Punkt und Komma reden: Je mehr Argumente Sie vorbringen, desto unentschlossener wirken Sie, und desto mehr Angriffsfläche bieten Sie. Und sobald Kinder eine Schwachstelle wittern, setzen sie gnadenlos den Hebel an (»Aber Mami, ich hab mit meinen Freunden heute Morgen schon eine ganze Stunde lang Fußball gespielt und genug Bewegung gehabt. Darf ich mich nicht mal eine Weile ausruhen?«).

Wenn Sie es kurz und schmerzlos machen, stehen Sie auf einem festeren Fundament.

In der Familie hält jeder Tag eine Fülle von Meinungsverschiedenheiten bereit. Und das bedeutet, dass Eltern das Wörtchen »Nein« in den unterschiedlichsten Situationen herunterbeten müssen, einschließlich der modernen Variation des biblischen Themas »Du sollst nicht ...«

Natürlich können wir nicht auf alle Situationen eingehen und haben deshalb einige Allzweck-Gebote zusammengestellt.

Elf Gebote, um Nein zu Kindern zu sagen

Folgende Tipps sind sehr nützlich, wobei die beiden ersten als die Obersten Gebote gelten.

1. Bleiben Sie konsequent

Sie kennen die Regel bereits, aber sie ist tatsächlich die allerwichtigste, wenn Sie Nein sagen. Das »Nein« bedeutet Ihrem Kind nichts mehr, wenn Sie fünf Minuten später Ja sagen. Wenn Sie kapitulieren, damit es aufhört, zu lamentieren oder zu nörgeln, ist die Gelegenheit vertan, ihm die Bedeutung dieses Wörtchens beizubringen – und sich das Leben in Zukunft zu erleichtern. Wenn Sie sich erweichen lassen, zieht es daraus die Schlussfolgerung, dass steter Tropfen den Stein höhlt. Das nächste Mal wird es zur selben Taktik greifen und Ihnen so lange zusetzen, bis Sie nachgeben.

Konsequent sein heißt nicht, dass Sie Ihre Meinung prinzipiell nie ändern dürfen. Natürlich können Sie. Während manche »Neins« nicht verhandelbar sind (zum Beispiel das Baby schlagen), können andere eingeschränkt werden, wie »Nein, heute Abend darfst du nicht länger aufbleiben.« Wenn Sie nicht sicher sind, wie Sie entscheiden sollen, versuchen Sie Zeit zu gewinnen und sagen Sie Ihrem Kind, dass Sie darüber nachdenken werden. Doch sobald Ihr Entschluss feststeht, sollten Sie in jedem Fall dabei bleiben.

2. Konsequenzen festlegen

Früher pflegte man von »Strafen« zu sprechen. Vielleicht ist der Unterschied rein semantischer Natur, aber wir ziehen den neuen Ausdruck vor, weil er weniger an Gefängniswärter erinnert, sondern an einen Lehrer, der im Interesse der Schüler seine Autorität geltend macht. Nennen Sie es, wie Sie wollen: Ihr Nein erhält mehr Nachdruck, wenn das Kind weiß, dass sein Fehlverhalten Folgen hat.

Eltern, die bei einem Nein ein schlechtes Gewissen haben, fällt es wahrscheinlich schwer, die angedrohten Konsequenzen in die Tat umzusetzen, aber beides ist untrennbar miteinander verbunden und gleichermaßen wichtig. Wenn Sie Nein sagen, verleiht das Wissen um die Folgen Ihren Worten zusätzliche Glaubwürdigkeit und Bedeutung. Sie sagen damit: »Dein Verhalten fällt ins Gewicht. Deine Entscheidungen sind mir wichtig.« Sie sind Elemente des geschützten Raums, in dem Ihr Kind sich an Sie als Bezugsperson gebunden und durch die gesetzten Grenzen sicher fühlt. Sie sind ein praktischer Ausdruck Ihrer Liebe – im »Tarnkleid«.

Die Fähigkeit, angedrohte Konsequenzen wahr zu machen, ist wesentlicher Bestandteil eines konsequenten und damit vorhersehbaren Verhaltens. Bei jüngeren Kindern können diese in zeitweiligem Zimmerarrest oder Verzicht auf ein bevorzugtes Spielzeug bestehen. Bei älteren wäre »Ausgehverbot« oder der Verzicht auf Fernsehen, Computerspiele, Telefon oder das Benutzen Ihres Autos angemessen.

3. Blickkontakt herstellen

Bevor Sie ein Wort sagen, vergewissern Sie sich, dass Sie die ungeteilte Aufmerksamkeit Ihres Kindes haben. Wenn nötig, schalten Sie den Fernseher aus oder fordern Sie Ihr Kind auf, sich umzudrehen, wenn es am Computer sitzt, oder das Spielzeug einen Moment beiseite zu legen.

4. Stellen Sie keine Fragen, sondern sagen Sie, was Sache ist

Wenn Sie nicht gerade *Trivial Pursuit* mit Ihren Kindern spielen, besteht keine Notwendigkeit, das, was Sie zu sagen haben, als Frage zu formulieren. Achten Sie auf Ihre Stimme: Geht sie am Ende nach oben, so wie in diesem Satz? Wenn ja, schlagen Sie bewusst einen vertrauensvollen, entschlossenen Ton an. Wenn Sie dagegen sagen: »Abendessen ist fertig, hast du gehört?« oder »Heb endlich deine Kleider vom Boden auf, ja?« fordern Sie den Konflikt buchstäblich heraus.

5. Achten Sie auf einfache, altersgemäße Erklärungen

Eltern haben das Recht, ein bestimmtes Verhalten zu erwarten, ohne sich rechtfertigen zu müssen.

6. Keine Angst vor Wiederholungen

Diese enorm wichtige Taktik lässt sich sowohl im Umgang mit Erwachsenen als auch Kindern anwenden. Wenn eine andere Person, gleich ob alt oder jung, nicht akzeptieren kann, dass »Nein« Nein bedeutet, ist es nicht an Ihnen, die Entscheidung mit einer anderen Erklärung abzufedern. Wenn Sie Ihrem Sohn gesagt haben: »Ich möchte nicht, dass du dir eine Luftpistole kaufst, weil du damit jemanden verletzen kannst«, reicht das aus. Falls er versucht, Sie in eine Diskussion zu verwickeln, wiederholen Sie Ihr Argument mehr oder weniger in der gleichen Formulierung. Und danach sagen Sie klipp und klar, dass das Thema für Sie beendet ist.

7. Nehmen Sie Gefühle bewusst zur Kenntnis – und lassen Sie es dabei bewenden

Die meisten Pädagogen empfehlen Eltern, die Wutgefühle des Kindes bewusst zur Kenntnis zu nehmen, als Bestätigung, dass das Kind gehört und verstanden wurde. Das macht Sinn: Jeder Mensch möchte ernst genommen werden. Die Bestätigung der Gefühle ist daher Teil des Prozesses, Nein zu sagen.

Wenn Ihr Kind wütend oder enttäuscht ist, weil Sie ihm etwas verweigert haben, könnten Sie versucht sein, den Schlag mit einem tröstlichen »Ist doch nicht so schlimm« oder »Das ist kein Grund, so wütend zu sein« abzuschwächen. Aber damit machen Sie die Sache unter Umständen nur noch schlimmer. Zeigen Sie, dass Sie seine Enttäuschung verstehen, aber »reiten« Sie nicht darauf herum. Es genügt, wenn Sie sagen: »Ich sehe, dass du wütend bist, und es tut mir Leid, aber das ändert nichts an meiner Entscheidung.« Fakt ist, dass Sie beide in diesem Moment über Kreuz sind. Am besten lassen Sie es für den Moment dabei bewenden.

8. Machen Sie Ihr Kind nicht nieder

Nein sagen bedeutet, dass Sie Ihrem Kind Orientierungshilfen, aber nicht das Gefühl geben, es sei böse oder dumm. Machen Sie es nicht nieder oder lächerlich, weil es bestimmte Wünsche äußert. Konzentrieren Sie sich mit Ihrem Nein auf die Sache und nicht auf die Person. Wenn Sie zum Beispiel sagen: »Ein Stück Kuchen reicht. Morgen ist auch noch ein Tag«, ist das eine angemessene Methode, um den Nachtischkonsum zu reduzieren. Aber »Noch ein Stück? Ich fasse es nicht! Du bist ein richtiger Vielfraß!« klingt abwertend.

9. Eltern stehen für eine gemeinsame Linie

Wenn ein Elternteil Nein und der andere Ja sagt, entsteht eine Situation, in der alle verlieren. Sie übermitteln dem Kind damit widersprüchliche Botschaften und fordern es geradezu auf, diese Situation auszunutzen. Geschiedenen Eltern fällt es mitunter schwer, an einem Strang zu ziehen, aber Sie sollten versuchen, Streitigkeiten beizulegen, ohne Ihr Kind einzubeziehen. Falls erforderlich, versuchen Sie Zeit zu gewinnen, bevor Sie auf die Bitte Ihres Kindes reagieren (»Ich möchte zuerst mit deinem Vater darüber sprechen, dann sagen wir dir Bescheid.«) Können Sie sich nicht einigen, beraten Sie, ob Sie nicht abwechselnd die Entscheidung übernehmen oder demjenigen Elternteil den Vorrang geben, der die stärksten Prinzipien bezüglich eines bestimmten Themas hat.

10. Erwarten Sie Kooperationsbereitschaft

Wenn Sie Nein sagen oder bestimmte Verhaltensweisen ermutigen, sollten Sie nicht automatisch voraussetzen, dass es Probleme gibt. (Zum Beispiel: »Wir müssen in zehn Minuten los, und immer kommen wir deinetwegen zu spät, also trödle nicht wieder!«) Fördern Sie stattdessen die Kooperationsbereitschaft mit dem Ansporn: »Ich weiß, dass du es kannst« oder »Ich wette, ein großes Mädchen wie du braucht nicht mehr als zehn Minuten, um zu frühstücken und die Schuhe anzuziehen.« Legen Sie die Messlatte in einer annehmbaren Höhe an und erinnern Sie Ihre Tochter, dass sie es schaffen kann. Wahrscheinlich wird sie beweisen wollen, dass Sie sich nicht in ihr getäuscht haben.

11. Seien Sie Vorbild

(Das ist leichter gesagt als getan.) Für manche Menschen ist die Entscheidung, ein Kind in die Welt zu setzen, ein Katalysator, sich selbst auf »Vordermann« zu bringen: Sie hören auf zu rauchen, zu fluchen, usw. Aber diese Erwachsenen haben vielleicht andere negative Verhaltensweisen bewahrt, deretwegen sie ihre Kinder ausschelten: beispielsweise Unhöflichkeit und Klatschsucht.

Wenn Sie in einer Unterhaltung mit Ihrem Ehemann häufig bissige, sarkastische Bemerkungen über andere vom Stapel lassen, sollten Sie sich im Klaren darüber sein, dass unter Umständen jemand zuhört und von Ihnen lernt. Das heißt nicht, dass Sie Ihre Empörung oder andere natürliche Empfindungen unterdrücken müssen. Sie sollen nur Ihr eigenes Verhalten an den gleichen Maßstäben messen, die Sie auch bei Ihren Kindern anlegen, und beschließen, ihnen ein Vorbild zu sein. Kinder lernen den freundlichen und respektvollen Umgang mit anderen im Elternhaus.Sie werden seltener mit Fehlverhalten konfrontiert und müssen seltener Nein sagen, wenn Sie ihnen mit gutem Beispiel vorangehen.

Aus der Trickkiste für Eltern

Im Folgenden werden Ihnen einige Strategien vorgestellt, die Ihnen helfen, in den verschiedensten Situation Nein zu sagen. Denken Sie daran: Damit sie funktionieren, müssen sie konsequent und überzeugt angewendet werden.

Einige Beispiele zielen vor allem auf jüngere Kinder ab, aber die meisten können verschiedenen Altersgruppen angepasst werden.

Berufen Sie sich auf die »Familienpolitik«

Wandeln wir eine der wichtigen Neinsage-Techniken – die Grundsatzerklärung – für den Familiengebrauch um. Die »Familienpolitik« formalisiert, ähnlich wie die »Hausordnung«, Gepflogenheiten und Verhaltensweisen, die Sie bei Ihren Kindern bestärken wollen. Im Gegensatz zu anderen Regeln, die sich entsprechend der Situation ändern können, greift die »Familienpolitik« zu hundert Prozent. Sie sagt Ihren Kindern: »So und nicht anders verhalten wir uns in unserer Familie; so und nicht anders wollen wir leben.« Sie können die Familienpolitik als positive Variante des Neinsagens anführen. Zum Beispiel:

In unserer Familie teilen wir die Spielsachen, wenn Freunde zu Besuch kommen.

In unserer Familie legen wir Wert auf gesunde Ernährung; deshalb haben wir keine Limo und keine Süßigkeiten im Haus.

Schlagen ist in unserer Familie nicht erlaubt. Unter gar keinen Umständen.

Präventivmaßnahmen

Bereiten Sie Ihr Kind beizeiten auf Situationen vor, in denen Sie Grenzen setzen müssen. Schlagen Sie dabei einen positiven Ton an (»Wir werden das so regeln«), statt Fehlverhalten zu erwarten (»Nerv mich ja nicht, wenn Tante Laura kommt!«). Keine Taktik, die hundertprozentigen Erfolg verspricht (welche kann das schon?), aber sie hilft.

Wir werden jetzt in den Supermarkt fahren. Die Sachen, die wir heute brauchen, stehen auf der Liste. Das ist alles, was wir kaufen. Auch wenn du etwas siehst, was du haben möchtest: Es gibt nur das, was auf der Liste steht.

Im Laden selbst können Sie noch einmal darauf hinweisen: *Erinnerst du dich, was wir kaufen wollten? Das steht nicht auf unserer Liste.*

Wir fahren ins Einkaufszentrum, aber heute machen wir nur einen Schaufensterbummel. Wir warten noch mit dem Kaufen, aber wenn es soweit ist, ist auch etwas für dich dabei.

Durch diese Präventivmaßnahmen fordern Sie das Kind auf, eine Vereinbarung mit Ihnen zu treffen. Deshalb ist es angemessen, zu fragen: »Einverstanden?« oder »Abgemacht?« Wenn der Zeitpunkt gekommen ist, sie in die Praxis umzusetzen, sollten Sie jedoch keine Fragen mehr stellen, sondern Ihre Autorität in die Waagschale werfen.

Ich muss ein wichtiges Telefongespräch führen, und deshalb darfst du mich eine Zeit lang nicht stören. Ich sage dir Bescheid, wenn ich fertig bin, und dann können wir wieder reden. Abgemacht?

Wenn Hans und Karin heute Abend kommen, darfst du noch eine halbe Stunde aufbleiben. Danach wollen die Erwachsenen unter sich sein. Also: Nach einer halben Stunde ist Bettgeh-Zeit, alles klar?

Später erinnern Sie das Kind an die Übereinkunft: *Die halbe Stunde ist um und jetzt geht's ins Bett. Sag Gute Nacht!*

Vorbeugen ist der beste Weg, um die Zeit zu beschränken, in der sich Kinder von Fernsehsendungen oder Videospielen berieseln lassen. Ermutigen Sie sie, wählerisch zu sein, indem Sie die Zeit vor dem Bildschirm auf ein realistisches Maß herunterschrauben.

Wenn du deine Hausaufgaben gemacht hast, darfst du dir eine Sendung aussuchen, die du dir anschauen kannst. Also, was möchtest du sehen? ... In Ordnung, und danach wird der Fernseher ausgeschaltet.

Weitere vorbeugende Maßnahmen:
Leihen Sie Videospiele nebst Gerät aus, statt sie zu kaufen. Benutzen Sie diese nur bei besonderen Gelegenheiten.

Zeichnen Sie Lieblingssendungen auf, die dann zu passenden Zeiten angeschaut werden können. Die Möglichkeit, per Vorlauf die Werbung zu überspringen, ist hier ein großes Plus.

Auch wenn es radikal klingt: Es steht nirgendwo geschrieben, dass Sie einen Fernseher besitzen *müssen.* Einige Familien kommen ganz gut ohne aus. Zumindest sollten Sie den Kindern kein eigenes Gerät ins Zimmer stellen. Es kann nicht nur die Kontrolle darüber erschweren, wie viel Zeit sie wirklich vor dem Fernseher verbringen, sondern auch Interaktionen innerhalb der Familie verhindern und der Isolation Ihres Kindes Vorschub leisten.

Zeit gewinnen

Sich Zeit nehmen, um in Ruhe über die eigenen Gefühle nachzudenken, ist besser, als übereilte Entscheidungen zu treffen, die Sie später bereuen könnten. Dadurch erhält Ihr Nein (oder Ja) mehr Überzeugungskraft. Die Kinder werden Ihren Entschluss respektieren, auch wenn er ihnen gegen den Strich geht.

Ich muss erst darüber nachdenken, ob du heute bei Robert übernachten darfst. Ich sage dir Bescheid.

Der Rollentausch

Eltern stellen oft fest, dass sie immer wieder die gleichen Dinge verbieten müssen. Kinder sind Kinder, und sie probieren es nicht nur einmal, ihren Kopf durchzusetzen, sondern haken nach und bohren, selbst wenn sie aus Erfahrung wissen müssten, dass Sie Nein sagen. Angenommen, Ihr Sohn liegt Ihnen ständig in den Ohren, ein Computerspiel zu kaufen, das technisch zu anspruchsvoll oder zu gewalttätig ist. Wenn er Sie das nächste Mal »löchert«, drehen Sie den Spieß einfach um:

Was glaubst du wohl, was ich dazu sagen werde?

Und Sie können hinzufügen: *Und warum möchte ich nicht, dass wir uns solche Spiele anschaffen?*

In gewisser Hinsicht laden Sie ihn damit zu einem Rollentausch ein. Er wird Sie unter Umständen trotzdem in eine Debatte verwickeln, aber mit dieser Taktik untermauern Sie noch einmal Ihre Werthaltungen, indem Sie ihn zwingen, das, was Sie ihm bei früherer Gelegenheit erklärt haben, zu wiederholen. Außerdem kommen Sie sich dann nicht wie eine Platte mit Sprung vor, wenn Sie zum x-ten Mal Nein sagen.

Eine Alternative anbieten

Wenn Sie einen Ersatz für das anbieten, was sich Ihr Kind wünscht, verleihen Sie Ihrem »Nein« eine positive Note. Außerdem beugen Sie mit diesem Trostpflaster, das Ihren Vorstellungen entspricht, einer möglichen Szene vor. Achten Sie darauf, dass Sie sich an das Versprechen halten und keinen Rückzieher machen, denn sonst gehen die endlosen und fruchtlosen Debatten immer weiter.

Kommt nicht in Frage, dass du aufbleibst und dir noch einen Videofilm anschaust; aber ich lese dir dafür heute Abend eine Extra-Geschichte vor.

Ich möchte nicht, dass du Süßigkeiten isst; du hast heute bereits genug genascht. Wenn du Hunger hast, nimm dir einen Apfel oder eine Banane.

Gutes Verhalten belohnen

Fernsehen ist eine Vergünstigung, kein Recht. Und diese Vergünstigung hast du dir erst verdient, wenn deine Hausaufgaben gemacht sind.

Eigentlich ist das ganz einfach, Nicky. Du fütterst den Hund und gehst mit ihm spazieren, und anschließend kannst du mit deinen Freunden losziehen. Also: Bis Bello Gassi gegangen ist, werden sich deine Freunde gedulden müssen.

Teenager sprechen gut auf Belohnungen oder schriftliche Vereinbarungen an. Legen Sie genau fest, was Sie von Ihrem Kind erwarten und was es als Gegenleistung von Ihnen erwarten kann. (Das ist keine Bestechung, sondern nur eine Vorbereitung auf das Leben.) Wenn es vertragsbrüchig wird, sind sämtliche Vereinbarungen hinfällig – Ihre Zusage auch.

Du kannst an diesem Wochenende nicht länger ausbleiben,

Party hin oder her, weil du deinen Bruder nicht wie abgemacht von der Schule abgeholt hast. Versprochen ist versprochen, und du hast mich enttäuscht.

Wir waren uns einig, dass du mit Renates Familie in den Weihnachtsferien zum Skilaufen darfst, wenn du deinen Notendurchschnitt halten kannst. Wenn sich deine Leistungen in diesem Schuljahr nicht entscheidend verbessern, wirst du zu Hause bleiben müssen.

»Verdien es dir!«

Statt sofort Nein (oder Ja) zu sagen, sollten Sie die Gelegenheit ergreifen, Eigenverantwortung und Eigenständigkeit zu fördern.

Das gibt es heute nicht, aber du kannst es dir selber kaufen. Lass uns mal überlegen, wie du dein Taschengeld sparen/aufbessern kannst.

Du kannst dir gerne ein Auto kaufen, wenn du einen Teil der Kosten aus eigener Tasche beisteuerst. Ich habe im Einkaufszentrum Schilder mit »Aushilfe gesucht« gesehen. Besorge dir einen Job, und dann sprechen wir noch mal darüber.

»Auch wenn alle anderen dürfen, du nicht!«

Sicher versucht auch Ihr Kind hin und wieder, Sie umzustimmen, indem es darauf hinweist, dass andere Eltern etwas erlauben oder andere Kinder es tun. Auf dieses Argument gibt es nur eine gute Antwort: »Das ist nicht mein Problem.« Hier einige Variationen zum Thema:

Es interessiert mich nicht, ob Hansis Mutter erlaubt, dass er in seinem Zimmer isst. Bei uns wird in der Küche oder im Esszimmer gegessen. Nimm die Schüssel mit den Chips in die Küche mit.

Ich weiß, dass deine Mutter frittiertes Hähnchen auf den Tisch bringt, aber ich bin Vegetarier. Das bedeutet, in meinem Haushalt gibt es kein Fleisch. Wenn du an den Wochenenden bei mir bist, wirst du dich daran gewöhnen müssen. Wenn du älter bist, kannst du allein entscheiden, was du essen willst.

Vielleicht sagen deine Spielkameraden solche Sachen, aber in unserer Familie reden wir nicht so über andere. Das gehört sich nicht und ist verletzend.

Das ist richtig, Erwachsene machen das dauernd. Aber es besteht ein Unterschied zwischen Erwachsenen und Kindern. Für dich ist das nicht angemessen.

Es ist mir egal, ob dieses Wochenende alle deine Freunde ins Gebirge zum Zelten fahren. Mag sein, dass ich neurotisch bin und euch viel zu sehr behüte, aber ohne Begleitung eines Erwachsenen fährst du nicht mit. Ende der Debatte.

Nach dem Neinsagen: Dem Sturm trotzen

Der schwerste Teil am Neinsagen ist, standhaft zu bleiben, wenn Ihr Kind weint oder versucht, Ihnen Schuldgefühle einzuimpfen. Die beste Methode ist, die Gefühle Ihres Kindes zur Kenntnis zu nehmen, aber bei Ihrer Entscheidung zu bleiben und ihm klar zu machen, dass Sie Ihren Entschluss nicht ändern werden.

Vielleicht hast du Recht, und ich bin wirklich ein Tyrann. Aber ich habe kein gutes Gefühl, dich auf diese Party gehen zu lassen. Ich würde vor Sorge umkommen. Tut mir Leid, dass du sauer bist, aber meine Entscheidung ist endgültig.

Ich habe keine Ahnung? Na gut, wenn du meinst. Ich versuche, mir nach bestem Wissen und Gewissen ein Urteil zu bilden, und wir sind uns nicht immer einig. Meiner Meinung nach bist du mit deinen elf Jahren noch viel zu jung für einen Wonderbra – also vergiss es!

Im Eifer des Gefechts sagt man leicht Dinge, die man später bereut. Wenn die Pferde mit Ihnen durchgehen – oder mit Ihrem Kind – sollten Sie für Distanz sorgen, bis sich alle Beteiligten wieder unter Kontrolle haben.

Tut mir Leid, dass du wütend auf mich bist. Ich hoffe, das geht bald vorbei. Komm zu mir, wenn du wieder normal mit mir reden kannst, ohne mir Bosheiten an den Kopf zu werfen.

Das klassische Finale

Von mehreren Elterngenerationen benutzt (einschließlich unserer eigenen), sind folgende Klassiker, mit denen Sie eine Diskussion beenden, noch heute gültig und brauchbar. Sagen Sie Ihrem Kind mit aller Entschlossenheit, die Ihnen zu Gebote steht: »Ende der Debatte!«

Nein, du darfst nicht. Es ist mir egal, was die anderen Kinder machen. Du würdest ja auch nicht vom Kirchturm springen, wenn sie hopp sagen, oder?

Ich habe »Nein« gesagt und damit basta.

Wenn du erwachsen bist und auf eigenen Füßen stehst, kannst du machen, was du willst. Bis dahin wird gemacht, was ich sage.

Und jetzt möchte ich kein Wenn und Aber mehr hören.

Hier kann nicht jeder machen, was er will.

Eine herrliche Belohnung: »Die Kinder sind gut geraten!«

Eine Mutter, die zehn Jahre Lehrerin war, bevor sie ihr erstes Kind bekam, erklärte, der Kontakt mit ihren Schülern habe ihr die Augen geöffnet.

»Wenn ich mir die Schüler so ansah, dachte ich oft: ›Solche

Kinder möchte ich nie haben.‹ Mein Mann und ich haben uns oft darüber unterhalten, wie unsere eigenen Kinder sein sollten: Es ging dabei nicht um die berufliche Laufbahn oder die Frage, wen sie einmal heiraten würden, sondern ausschließlich um Herz und Seele. Die Wertvorstellungen – der Umgang mit anderen Menschen – waren für mich am wichtigsten. Mein unerschütterlicher Glaube an Standfestigkeit und konsequentes Handeln leitet sich aus diesen Erfahrungen als Lehrerin ab. Ohne diese Erfahrungen wäre ich keine gute Mutter geworden. Inzwischen sind meine Kinder so gut wie erwachsen, und es ist ein wunderbares Gefühl, wenn ich sie anschaue und mir sagen kann: ›Ich bin stolz auf sie!‹ Auch wenn ich nicht ihre Mutter wäre, fände ich sie gut geraten.«

Die richtige Motivation liebevoller Eltern fürs Neinsagen ist das Wissen, dass sie so das Beste für ihre Kinder erreichen. Aber es gibt noch einen weiteren Aspekt: Nein sagen erleichtert langfristig Ihr eigenes Leben, denn Kinder, die gelernt haben, vernünftige Grenzen zu akzeptieren, sind im Alltag wesentlich umgänglichere Zeitgenossen. Wenn sie wissen, wofür Sie einstehen – und was gegen Ihre Prinzipien verstößt –, werden sie seltener versuchen, Sie durch Nörgeln, Heulen und Schuldgefühle zu zermürben. Im Kreis der Familie werden Sie weniger Zeit mit endlosen Streitereien vergeuden, sondern mehr Zeit haben, sich miteinander des Lebens zu freuen.

Sagen Sie Ja als Familie

Haben Sie es satt, dauernd Nein zu sagen? Eine der besten Methoden, Ihren Kindern positive Werthaltungen zu vermitteln, besteht darin, positiv zu handeln. Engagieren Sie sich als Familie für gemeinnützige oder kommunale Projekte, um Eigenschaften wie Fürsorglichkeit, Einfühlungsvermögen, Kooperation und Hilfsbereitschaft zu fördern. Solche Verhaltensweisen sind im häuslichen Kreis und in der Gesellschaft wünschenswert.

Sich gemeinsam für das Gemeinwohl einzusetzen, vertieft automatisch auch die Beziehungen innerhalb der Familie. Nehmen Sie also Gelegenheiten wahr, um Ihre Überzeugungen umzusetzen und Ihren Kindern mit gutem Beispiel voranzugehen.

Hier einige Ideen, die vielleicht auch für Sie in Betracht kommen:

Arbeiten Sie ein Wochenende unentgeltlich an einem Projekt der Gemeinde mit, zum Beispiel Grünanlagen oder Flussufer säubern. Achten Sie auf Ankündigungen im Lokalteil der Tageszeitungen oder im Gemeindeblatt; oft werden Freiwillige gesucht.

Tragen Sie sich mit Ihrer Familie zum Spendensammeln ein oder nehmen Sie an einer Fahrradrallye für einen guten Zweck teil.

Stellen Sie sich ehrenamtlich als Fahrerin für eine Sozialstation zur Verfügung, die »Essen auf Rädern« verteilt, oder fahren Sie Essen aus, das Restaurants kostenlos an Bedürftige ausgeben. Helfen Sie in einer Suppenküche mit.

Halten Sie Ihre Kinder an, Kleidung und Spielzeug für Hilfsorganisationen oder Hilfsprojekte Ihrer Gemeinde zu sammeln. Oder organisieren Sie einen kleinen Flohmarkt, dessen Erlös einer gemeinnützigen Organisation zukommt.

Leisten Sie unentgeltlich Gartenarbeit für einen älteren Mitbürger – Ihre Familie kann Rasen mähen, Laub rechen oder kleinere Reparaturen ausführen. Helfen Sie Freunden oder Nachbarn, die nicht mehr die Jüngsten sind, oder nehmen Sie Kontakt zu einer Organisation auf, die sich um Senioren kümmert.

Beschließen Sie einen solchen Tag mit einer letzten positiven Aktion: Gehen Sie mit der ganzen Familie Pizza essen oder machen Sie ein Picknick im Garten.

Eine kluge Mutter erzählte uns: »Manchmal geht es hart zur Sache, aber die Mühe wird immer belohnt. In unserer Familie gibt es keine endlosen Szenen, weil meine Kinder genau wissen, dass sie damit nichts erreichen. Normalerweise kommen wir ganz gut miteinander aus. Wenn ich Nein sage, widersprechen sie zwar manchmal, aber ich denke, sie respektieren mich gerade deswegen. Natürlich würden sie das nie zugeben. Aber das sagt mir mein Instinkt!«

Daraus folgt: Wenn Kinder Ihnen weniger Stress machen, fällt es Ihnen leichter, ihre guten Eigenschaften zu würdigen. Wenn Ihr Haushalt kein Schlachtfeld mehr ist, vergessen Sie Ihren heimlichen Groll auf die Kinder, weil sie Ihnen nicht zuhören. Bringen Sie ihnen das Verhalten bei, das Sie erwarten, machen Sie bei einem Verstoß gegen die Regeln die angedrohten Konsequenzen wahr – und früher oder später werden Sie wirklich die gewünschten Ergebnisse erzielen. Nutzen Sie jede Gelegenheit, die Bereitschaft zu Kooperation und Verantwortung zu loben, sie in den positiven Werten zu bestärken, die sie durch Ihre Fähigkeit, Nein zu sagen, verinnerlicht haben.

Entscheiden Sie sich für weniger Kämpfe und mehr Frieden und Harmonie. Dazu kann man nur *Ja* sagen!

Nein sagen zu »wartungsintensiven« Personen

»Mein Vater ist ein Pessimist sondergleichen. Er findet es grauenvoll, dass ich in der Großstadt lebe. Er ruft fast jeden Abend an, um zu hören, ob bei mir alles in Ordnung ist. Ich verstehe ja, dass er sich um mich sorgt, aber es regt mich auf, ihn ständig beruhigen zu müssen.«

»Eine Arbeitskollegin von mir ist furchtbar von sich eingenommen. Für sie gibt es nur ein Thema, sie selbst. Da ich ein höflicher Mensch bin, versuche ich mir den Anschein zu geben, als interessierten mich ihre Geschichten. Aber sie erkundigt sich nie, wie mein Wochenende war!«

»Ellen ist meine beste Freundin, und deshalb lade ich sie ein, wenn ich Gäste zum Essen habe. Aber wenn sie getrunken hat, ist sie unberechenbar. Manchmal benimmt sie sich völlig daneben und verdirbt uns den ganzen Abend.«

Beziehungen sind wie Autos: Sie brauchen regelmäßige Wartung, um reibungslos zu funktionieren. Und bei permanenten Problemen fragen Sie sich natürlich, ob sich der Einsatz noch lohnt.

Befreundet sein bedeutet, dass man hin und wieder den Part des geduldigen Zuhörers, anfeuernden Fans, Psychotherapeuten oder Sozialarbeiters übernehmen muss. Was die »wartungsintensiven« Personen (WIPs) von anderen unterscheidet, ist, dass sie uns fortwährend dazu bringen, eine oder mehrere dieser Rollen zu spielen. Sie fordern mehr Aufmerksamkeit, mehr Bestätigung, mehr Zeit und mehr Energie von uns – und das nicht nur in Krisensituationen, sondern regelmäßig. Bei ihnen herrscht klare Arbeitsteilung: Sie fordern, wir liefern.

Die WIPs rangieren auf der Skala von schwierig und verschroben bis neurotisch und gestört. Sie können egoistisch, schroff, reizbar, ängstlich, depressiv oder drogenabhängig sein. Aber hier geht es nicht darum, ihre Probleme zu lösen oder ihnen zu helfen, das Leben zu meistern, sondern *Ihnen* den Umgang mit solchen Menschen zu erleichtern. Der Schlüssel hierzu ist, zu erkennen, was Sie beeinflussen können und was nicht.

Es wird Ihnen nicht gelingen, die schwierige Persönlichkeit eines anderen Menschen zu ändern, wohl aber Ihre Reaktion darauf. Sie können sich gegen Unhöflichkeit und Mangel an Respekt wehren, können gegen unerfreuliche Verhaltensweisen protestieren und Regeln für die Zeit des Beisammenseins aufstellen.

Sie haben keinen Zauberspruch, um einen Freund von seiner Depression zu heilen oder ihn zu bewegen, selbstzerstörerische Gewohnheiten aufzugeben. Aber Sie können einen Menschen, der Ihnen wichtig ist und Probleme hat, dazu bringen, professionelle Hilfe in Anspruch zu nehmen, oder – wenn nötig – auf Distanz gehen, um auch innerlich Abstand zu gewinnen und sich nicht zu überfordern. Im Extremfall liegt es an Ihnen, zu entscheiden, ob die so überaus fordernde Person, die vielleicht Ihre physische, mentale oder emotionale Gesundheit gefährdet, weiterhin eine Rolle in Ihrem Leben spielen soll.

WIPs gibt es in zahllosen »Ausführungen«. Normalerweise schaden sie niemandem und machen sich selbst meist mehr Probleme als anderen. Doch wenn Sie Ihre Grenzen nicht abstecken, setzen WIPs Sie unter Stress, kosten Kraft mit ihrem ständigen Bedürfnis nach Zuwendung oder stecken Sie mit ihrer pessimistischen Sichtweise an. Sie können Ihr Selbstvertrauen, Ihre Stimmung und Ihr Weltbild beeinträchtigen.

Es ist schwer, schwungvoll und optimistisch zu bleiben, wenn Sie häufig Kontakt mit Menschen haben, deren Verhalten Sie nicht gutheißen oder deren persönliche Probleme die Grundfesten Ihres eigenen Lebens zu erschüttern drohen. Selbst wenn Sie fest entschlossen sind, ihnen zu helfen, ist deren Einfluss auf Sie oft größer als umgekehrt. Bevor Sie selbst in Mitleidenschaft gezogen werden, können (und müssen!) Sie die Notbremse ziehen und sich ihrer Dominanz entziehen.

Die Vorstellung, dass wir im Umgang mit anderen eine Trennlinie ziehen müssen – bis hierher und nicht weiter – rührt an ein Thema: Die Ko-Abhängigkeit. In vereinfachter Form ist damit die Unfähigkeit gemeint, sich von den Problemen eines anderen Menschen zu distanzieren, zum Beispiel Alkoholismus. Da unser Augenmerk auf praktischen Techniken liegt, die uns ermöglichen, Grenzen zu setzen, würden die Gründe für diese Form der Abhängigkeit den Rahmen des Buches sprengen. Aber jeder weiß, wieviel Kraft ein klares Nein zu einem nahe stehenden Menschen oft kostet, der professioneller Hilfe bedarf.

Den Umgang mit den meisten WIPs bekommen Sie jedoch ganz gut mit den Strategien in den »Griff«, die auf den nachfolgenden Seiten beschrieben sind. Wir werden auf verschiedene »schwierige« Persönlichkeitstypen und ihre problematischen Verhaltensweisen eingehen und Verhaltenstipps geben.

Theoretisch könnten Sie die meisten WIPs aus Ihrem Leben ausklammern, indem Sie den Kontakt abbrechen. In der Praxis ist diese Lösung nicht immer leicht realisierbar, wenn es beispielweise bedeuten würde, sich scheiden lassen zu müssen oder kein Wort mehr mit Ihrer Mutter zu reden. WIPs sind allgegenwärtig, und oft sind es ausgerechnet Menschen, die Sie mögen oder lieben. Sie haben die eine oder andere negative Eigenschaft, aber dann auch wieder andere, die Sie schätzen. Wenn Sie dafür sorgen, dass deren »problematisches Verhalten« Sie nicht belastet, können Sie mehr vom Positiven profitieren.

Manchmal gehören die WIPs zu den Leuten, die Ihnen nicht sympathisch sind, mit denen Sie aber aus beruflichen oder anderen Gründen Kontakt pflegen müssen. Doch ungeachtet dessen, ob Sie gezwungenermaßen oder aus freien Stücken mit diesen Leuten zusammentreffen: Sie können die negativen Auswirkungen auf Ihr Leben abschwächen, wenn Sie Ihre eigenen Reaktionen ändern. Auch mit einer Anpassung Ihrer inneren Einstellung ist viel gewonnen.

Dazu machen Sie ein kleines Spiel: Denken Sie zuerst an ein Adjektiv, das beschreibt, was Sie bei einer bestimmten, für Sie anstrengenden Person stört: zum Beispiel, dass Ihre Schwester streitsüchtig ist. Dann ersetzen Sie das Adjektiv durch ein positiveres Wort und nehmen sich fest vor, sie künftig von dieser neuen, schmeichelhafteren Warte aus zu sehen. Voi-là! Ihre streitsüchtige Schwester hat sich nun in eine lebhafte Diskussionspartnerin verwandelt. Genauso können Sie entscheiden, dass Ihre Tante, die sich ständig einmischt, nur ihre Liebe und Besorgnis zum Ausdruck bringt, wenn sie die lärmenden, chaotischen Zechkumpane Ihres Mannes kritisiert, die in Wirklichkeit nichts weiter als lebensfrohe, fidele Freunde sind.

Dieses Spiel bedeutet nicht, dass Sie Probleme leugnen oder den Weg des geringsten Widerstands gehen. Es ist eine einfache Technik, um eine positivere Einstellung zu den WIPs zu gewinnen und damit den Stress besser zu bewältigen, den sie verursachen. Wenn Sie die unliebsamen Charaktereigenschaften einfühlsamer betrachten, fällt es Ihnen leichter, ihre menschlichen Qualitäten zu schätzen und sich daran zu erinnern, dass die meisten Ihrem Leben auch einen positiven Aspekt hinzufügen – oder zumindest einen Hauch Farbe!

Außerdem können die folgenden Empfehlungen Ihnen helfen, den Beziehungsrahmen mit jemandem festzulegen, der ständig fordert, erwartet und mehr braucht, als Sie geben können.

WIP-Porträtgalerie

Bei den Beschreibungen sollten Sie sich vor Augen halten, dass »wartungsintensiv« ein subjektiver Begriff ist. Verhaltensweisen, die der eine als kränkend oder belastend empfindet, stören einen anderen vielleicht gar nicht. Letztendlich entscheiden Sie allein, welche Menschen in Ihrem Leben in die WIP-Kategorie gehören und ob Sie die nötige Kraft besitzen, die »wartungsintensive« Beziehung aufrechtzuerhalten.

Die verbalen Reaktionen decken eine breite Palette von Stimmungen ab, die von der »milden Stellungnahme« bis zur »harten Konfrontation« reichen. Wir empfehlen, zuerst die leichteren Geschütze zu erproben, bevor Sie die schweren auffahren.

Danach werden wir einen Blick auf andere praxisorientierte Strategien werfen, um die Art der Beziehung zu ändern.

Der Narziss

Ist Ihnen aufgefallen, dass manche Leute es schaffen, im Gespräch immer auf ein bestimmtes Thema zurückkommen – sich selbst?

Der Narziss fordert einen hohen Tribut an Zeit und Aufmerksamkeit, ohne auf Ihre Bedürfnisse einzugehen. In seiner Gegenwart sind Sie darauf beschränkt, zu nicken, zu lächeln und zu versuchen, zu Wort zu kommen. Falls Ihnen dieses Kunststück gelingt, wird das, was Sie zu sagen haben, entweder übergangen oder dient als Sprungbrett für den nächsten Monolog des selbstverliebten Narziss. Wenn Sie erzählen, dass Sie zu einem Staatsempfang mit der gesamten Politprominenz eingeladen sind, eröffnet er Ihnen, dass er im letzten Jahr eine ähnliche Einladung erhalten hat, aber nicht hingegangen ist, weil er etwas Wichtigeres zu tun hatte.

Anfangs kommt Ihnen der Narziss vielleicht noch sehr bestrickend vor. Da er sich selbst stets in schmeichelhaftem Licht darstellt, könnten Sie glauben, dass er wirklich so faszinierend ist, wie er meint. Doch ist der Reiz des Neuen verflogen, wird seine fortwährende Selbstbeweihräucherung sterbenslangweilig. Im schlimmsten Fall kann sein fehlendes Interesse an Ihrer Person Minderwertigkeitsgefühle bei Ihnen wecken. Und da er ohnehin nicht zuhört, geben Sie irgendwann resigniert den Versuch auf, sich Gehör zu verschaffen.

Die Frage, warum er sich ständig über den grünen Klee loben muss, steht hier nicht zur Debatte. Vermutlich fühlt er sich unsicher – wer nicht? –, aber wenn der Narziss nicht Ihr eigenes Kind ist, sollte das nicht Ihr Problem sein. Wichtig ist zu wissen, wie Sie die Notbremse ziehen, damit er Sie mit seiner ständigen Nabelschau nicht überrollt.

Wie aber sagt man Nein zum egoistischen Hang des Narziss, jedes Gespräch an sich zu reißen? Es gibt Möglichkeiten, ihm deutlich zu machen, dass Sie auch ein Wörtchen mitzureden haben.

Steuern Sie mit einer Aussage, die ankündigt, dass Sie nun an der Reihe sind, die Unterhaltung auf den von Ihnen bevorzugten Kurs:

Ich muss dir eine komische Geschichte erzählen.

Ich muss dir erzählen, was heute bei der Arbeit passiert ist.

Bei mir hat sich in letzter Zeit auch einiges getan, was ich dir gerne erzählen würde.

Mein Gott, was war das für eine grauenvolle Woche! Ich muss mir unbedingt Luft machen.

Je nach Tonfall und Mimik können die folgenden Aussagen als gutmütiger Wink mit dem Zaunpfahl oder als klare Herausforderung präsentiert werden. Im Notfall bitten Sie mit einem Handzeichen um eine »Sendepause«:

Lass uns das Thema wechseln, sonst wird die Unterhaltung zu einseitig.

Ich bin bereits fertig mit dem Mittagessen, und du hast deins überhaupt noch nicht angerührt. Da sieht man mal wieder, wer hier das Reden besorgt!

Darf ich jetzt auch einmal etwas sagen?

Wenn der Narziss ein Angehöriger oder enger Freund ist, wollen Sie das Problem vielleicht direkt ansprechen und ihn darauf hinweisen, dass die Beziehung Ihrer Meinung nach unausgewogen ist. Es besteht zwar immer das Risiko, eine negative Reaktion zu provozieren, aber Sie entschärfen den Konflikt, wenn Sie Schuldzuweisungen wie »Du bist ein Egoist; du denkst nur an dich!« vermeiden. Beschränken Sie das Gespräch darauf, wie Sie sich fühlen (vernachlässigt, übervorteilt) und was Sie sich wünschen (mehr Aufmerksamkeit, mehr Rücksichtnahme). Benutzen Sie Formulierungen wie »Ich bin der Ansicht …« oder »Ich glaube …« oder »Es ist wichtig für mich, dass du …« Wenn Sie Ihre Empfindungen als Gegebenheit schildern, machen Sie es den WIPs schwer, mit Ihnen darüber zu streiten.

Ich bin frustriert. Ich habe das Gefühl, dass du mir gar nicht zuhörst. Ehrlich gesagt, ich hätte gerne mehr Aufmerksamkeit.

Du redest bereits seit einer Dreiviertelstunde und hast mich nicht ein einziges Mal gefragt, wie es mir geht. Manchmal kann ich nicht umhin zu denken, dass du überhaupt kein Interesse an mir hast. Ich würde mehr Ausgewogenheit in unserer Beziehung begrüßen.

Es wäre schön, wenn ich das Gefühl hätte, es sei dir wichtig, was ich zu sagen habe, aber leider habe ich den Eindruck, dass es dir egal ist.

Als Antwort auf die oben beschriebenen Reaktionen wird der Narziss vermutlich protestieren oder in die Defensive gehen. Wiederholen Sie Ihre Aussage sooft wie nötig.

Ich werfe dir nicht vor, dass du mich absichtlich verletzt oder es darauf anlegst, dass ich mich schlecht fühle. Ich möchte nur, dass du weißt, was ich in Bezug auf unsere Beziehung empfinde. Ich möchte das Gefühl haben, dass du dich dafür interessierst, was in meinem Leben vorgeht.

Der Schwätzer

Schwätzer würden sich nie freiwillig auf drei Worte beschränken, wenn sie auch dreihundert benutzen können.

Im Gegensatz zum Narziss redet der Schwätzer unaufhörlich, nicht nur über sich selbst, sondern über Gott und die Welt. Das ist nicht unbedingt ein Manko. Schwätzer sind oft intelligente, interessante Leute. Man wünscht sich nur, sie würden ab und zu Luft holen und anderen die Chance geben, den Mund aufzumachen.

Die beiden ersten Gruppen der oben beschriebenen Antworten können Ihnen auch bei einem Schwätzer helfen, Kontrolle im Gespräch zu gewinnen. Aber es gibt auch weitere:

Nein sagen zu einem Schwätzer

Die einfachste Methode besteht darin, das Gespräch zu beenden:

Ich würde die Unterhaltung gerne fortsetzen, aber ich muss los.

Ich weiß, es gäbe noch viel zu diesem Thema zu sagen. Ich wünschte, ich hätte mehr Zeit, aber ich bin in Eile.

Tut mir Leid, ich kann dir im Moment nicht mehr folgen. Ich muss noch etwas erledigen und bin mit den Gedanken woanders.

Wenn Sie einem Schwätzer am Arbeitsplatz in die Falle gegangen sind, versuchen Sie, seinen Redefluss so sanft wie möglich zu unterbrechen und ein aktuelles Projekt anzusprechen. Verweisen Sie beispielsweise auf den Termindruck, unter dem Sie stehen.

Haha, die Geschichte ist wirklich komisch ... O Gott, haben wir schon Mittwoch? Der Strategieplan ist Freitag fällig! Ich muss mich beeilen, wenn ich rechtzeitig fertig werden will.

Habe ich deine Frage damit beantwortet? Wenn ja, dann entschuldige mich bitte, ich muss an die Arbeit zurück.

Wenn der Schwätzer Ihre Chefin ist, stellen Sie ihr eine arbeitsbezogene Frage, um sie von ihrem Thema abzulenken. Vorzugsweise über etwas, was Sie wirklich wissen wollen. Wenn sie schon immerzu reden muss, dann lieber über etwas Nützliches!

Sie haben Recht, Mangos sind in letzter Zeit kaum noch erschwinglich ... Apropos, was ich Sie schon immer fragen wollte ... kennen Sie ein gutes Versandhaus? Ich muss diese Woche unseren neuen Katalog für die Kunden fertig machen und bin nicht besonders zufrieden mit der Kleidung, die unsere Models tragen.

Telefonitis

Ein Freund beklagte sich unlängst, dass er sieben Nachrichten auf seinem Anrufbeantworter vorfand, als er abends nach Hause kam – ausnahmslos von seiner Mutter! Es handelte sich nicht etwa um einen Notfall, sondern um ganze normale Begebenheiten und Ansichten, die sie ihm mitteilen wollte. Dieses anschauliche Beispiel zeigt wieder einmal, warum der Anrufbeantworter Ihr bester Freund und Helfer ist.

Wenn Sie öfters mit einer Quasselstrippe zu tun haben, gibt es mehrere Möglichkeiten, weniger Zeit am Telefon zu verbringen, ohne den Kontakt zu »unterbrechen«.

Schalten Sie den Anrufbeantworter ein, in einer hektischen Zeit, ruhigen Zeit oder jederzeit. Kommunizieren Sie durch das Hinterlassen von Nachrichten, wenn Sie sicher sein können, dass der Empfänger nicht zu Hause ist.

Wenn Sie ausgemacht haben, sich regelmäßig mit einer Ihnen nahe stehenden Person in Verbindung zu setzen, wählen Sie dafür eine bestimmte Zeit. Das ist oft bei weit voneinander entfernt wohnenden Familienangehörigen üblich, aber auch dann, wenn Ihre Mutter am anderen Ende der Straße wohnt und jeden Tag mit Ihnen telefoniert, erhält das Gespräch damit eine gewisse Struktur. Bei solchen Verabredungen haben Sie ein weniger schlechtes Gewissen, wenn Sie ansonsten wenig Zeit erübrigen können.

Beschränken Sie die Sprechzeit, indem Sie von der Arbeit aus telefonieren oder darum bitten, dort angerufen zu werden. Es ist leichter, ein Telefongespräch zu beenden, weil die Arbeit ruft.

Verlegen Sie das Telefonat in eine Zeit, die von vornherein begrenzt ist, zum Beispiel morgens, bevor Sie zur Arbeit fahren, oder wenn Sie etwas auf dem Herd haben, was bald Ihrer Aufmerksamkeit bedarf. Damit haben Sie einen neutralen Grund, aufzulegen.

Folgende Formulierungen können Sie benutzen, um ein Telefongespräch zu beenden.

Ich kann mich im Moment schlecht konzentrieren, weil ringsum das reinste Tohuwabohu herrscht. Ist etwas nicht in Ordnung, oder wolltest du mir nur sagen, dass du mich vermisst? Ich vermisse dich auch. Lass uns morgen in Ruhe weiterreden.

Ich würde gerne wissen, was los war, aber im Moment geht es schlecht. Könntest du mich morgen gegen Mittag in der Arbeit anrufen – sagen wir, um halb eins?

Mutter, ich würde gerne erfahren, was du den ganzen Tag gemacht hast, aber lass uns reden, wenn ich richtig wach bin und aufmerksam zuhören kann. Kann ich dich morgen früh anrufen?

Störenfriede

Es ist beleidigend, mitten im Satz unterbrochen zu werden. Oder nicht? In ihrem Buch *Du kannst mich einfach nicht verstehen* weist die Autorin Deborah Tannen darauf hin, dass Menschen solche Störungen unterschiedlich wahrnehmen, bedingt durch geographische und ethnische Einflüsse. Was ein Japaner als absolute Unhöflichkeit auffassen würde, wäre in den Augen eines Italieners unter Umständen die aktive Teilnahme an einer lebhaften Debatte. Das nächste Mal, wenn jemand Ihnen das Wort abschneidet, sollten Sie den Störenfried ein wenig zurechtstutzen. Es muss allerdings nicht unter die Gürtellinie gehen: Eine kleine Zwischenbemerkung reicht. Jeder möchte, dass andere seine Grenzen respektieren. Wenn Ihnen jemand zu aggressiv in die Parade fährt – das heißt, es noch eiliger hat als Sie, seine Gedanken loszuwerden – können Sie ihn folgendermaßen auf seinen Platz verweisen:

Vergiss nicht, was du sagen wolltest – ich bin noch nicht fertig.

Darf ich bitte ausreden? (Sobald Sie fertig sind, geben Sie das Wort weiter.) *Also, was wolltest du sagen?*

Ein klares Nein zu mitternächtlichen Anrufen

WIPs können unsere Geduld auf eine harte Probe stellen, wenn sie spätabends anrufen, um sich eine Last von der Seele zu reden, ein Problem in allen Einzelheiten zu besprechen oder uns die Leviten zu lesen, weil wir ihnen vermeintlich Unrecht getan haben – sie haben ein dringendes Anliegen und möchten es loswerden. Auf der Stelle!

Anstrengende Telefongespräche sind nie erfreulich – schlimmer noch, wenn Sie deshalb unsanft aus dem Schlaf gerissen werden. Sie können weder einen klaren Gedanken fassen, noch sind Ihre Abwehrmechanismen voll aktiviert. In einer solchen Situation ist es am besten, sich schnellstmöglich aus dem Gespräch auszuklinken, bevor es kein Halten mehr gibt. Um sich nicht die halbe Nacht am Telefon um die Ohren zu schlagen, sollten Sie es sich verkneifen, auf die Bemerkungen oder Anschuldigungen des Anrufers einzugehen. Bestehen Sie darauf, das Gespräch zu einem angemesseneren Zeitpunkt fortzusetzen. Damit bleibt Ihnen Zeit, sich vorzubereiten und Ihre Reaktion zu überdenken. Wenn WIPs Sie mit einem Überraschungscoup überrumpeln, versuchen Sie, Zeit zu gewinnen.

Ich würde gerne mit dir darüber reden, aber nicht jetzt. Ich bin müde/du hast mich aus dem Tiefschlaf gerissen. Lass uns morgen darüber sprechen.

Tut mir Leid, dass du wütend bist, aber es ist nicht fair, mich um diese Zeit anzurufen. Ich kann keinen klaren Gedanken fassen und brauche meinen Schlaf. Wir haben x-mal darüber geredet! Ich habe keine Lust, das Thema schon wieder durchzukauen – zumindest nicht jetzt. Ich muss in fünf Minuten los.

Vorbeugen ist die beste Methode, mit nächtlichen Anrufen fertig zu werden. Folgende Präventivmaßnahmen sind empfehlenswert: Stellen Sie das Telefon leise und schalten Sie den Anrufbeantworter ein. Falls möglich, hinterlassen Sie eine Nachricht speziell für den nächtlichen Störenfried: *Carla, falls du es wieder bist – ich habe deine zwölf Nachrichten erhalten und rufe dich morgen nach fünfzehn Uhr zurück.*

Träumen Sie schön.

Entschuldige, aber ich bin noch nicht fertig.

Hallo, ich dachte, jetzt sei ich an der Reihe. Gib mir wenigstens die Chance, etwas zu sagen.

Um zu verhindern, dass es bei Gruppenbesprechungen zugeht wie beim Turmbau zu Babel, sollten Sie eine uralte Gepflogenheit nordamerikanischer Indianer einführen: den Redestab. (Das muss kein Stab sein, ein Bleistift oder eine Gabel tun es auch.) Er wird reihum weitergegeben und nur diejenige Person, die ihn in der Hand hält, hat das Wort. Dadurch sind die Übrigen gezwungen, zuzuhören, bevor sie das Wort ergreifen.

Hypochonder und notorische Pechvögel

Sie glauben, *Sie* hätten Probleme? Hypochonder und notorische Pechvögel haben einen ganzen Sack voll und brennen darauf Ihnen alles haarklein zu erzählen.

Der Umgang mit Menschen, die auf morbide Weise mit den eigenen Wehwehchen oder scheinbar endlosen Heimsuchungen beschäftigt sind, kann belastend sein. Wenn sie in Ihrem Leben eine wichtige Rolle spielen, können Sie ein Lied davon singen, wie demoralisierend ihre Gesellschaft ist.

Natürlich werden Menschen krank oder von Schicksalsschlägen heimgesucht. Als einfühlsamer Mensch empfinden Sie Mitleid. Aber diese WIPs lassen Sie an so vielen Problemen teilhaben, dass Ihnen langsam der Verdacht kommt, sie könnten selber dafür verantwortlich sein (oder den Stress zumindest vergrößern). Sie stellen fest, dass die fortwährenden physischen Folterqualen, die Ihre zarte, gesundheitlich angeschlagene Freundin erleidet, sich nie zu einer diagnostizierten Krankheit auswachsen. Oder dass eine andere Freundin *immer wieder*, in gleich welcher Situation, den Kürzeren zieht. Und Sie fragen sich: »Wie kann ein Mensch nur so viel Pech haben?«

Ob Hypochonder und Pechvögel versuchen, Sie bewusst zu manipulieren, sei dahingestellt, aber die Wirkung ist die gleiche: Sie reagieren besorgt und versuchen zu trösten, zu beruhigen, Lösungen zu finden. Vielleicht fühlen Sie sich sogar unfreiwillig verpflichtet, mit Geld oder einer Entschuldigung am Arbeitsplatz in die Bresche zu springen, um ihnen den Rücken zu stärken. Die Folge: Sie empfinden Wut, Missbilligung und natürlich Schuldgefühle wegen Ihrer eigenen Hartherzigkeit und des mangelnden Mitgefühls gegenüber dem armen, unseligen Geschöpf!

Hypochonder und notorische Pechvögel sind frustrierend, weil man nie genau weiß, wie man sich verhalten soll. Sie schlagen so oft Alarm, dass wir inzwischen abgestumpft sind und nicht mehr wissen, wann es wirklich Ernst ist. Beachten wir sie überhaupt nicht, machen wir uns Vorwürfe, weil wir sie möglicherweise in einer echten Krise im Stich lassen. Wenn diese WIPs Ihnen nahe stehen und am Herzen liegen, kann das ein großes Risiko sein.

Fakt ist, dass sich jeder von uns zeitweilig in eine »wartungsintensive« Person verwandeln kann. Wenn Sie sich Sorgen um Ihre Gesundheit machen, einen Autounfall hatten oder in einer beruflichen oder privaten Krise stecken, stützen Sie sich vermutlich mehr als sonst auf Freunde und Familienangehörige, um zusätzliche Streicheleinheiten zu erhalten. Denken Sie an die Zeiten, in denen es Ihnen ähnlich ergangen ist, und stellen Sie sich vor, dass für einen Hypochonder oder notorischen Pechvogel, der sich ständig in einem angsterfüllten, unglücklichen Zustand befindet, das Leben die Hölle sein muss. Die Erkenntnis, dass es ihm vermutlich noch viel schlechter geht, dämpft vielleicht Ihren Frust, Ihre Wut und Ihren Unwillen, sich mit der nächsten Katastrophenmeldung auseinander zu setzen.

Wenn Sie sich wieder einmal Horrorgeschichten von zweifelhafter Glaubwürdigkeit anhören müssen, sollten Sie gezielt Fragen nach Fakten oder Informationen stellen, die eine objektive Einschätzung der Situation ermöglichen (»Was genau hat der Arzt gesagt?«, »Hast du in der Bank nachgefragt, wieso Geld auf deinem Konto fehlt?«) Sparen Sie sich Ihr Mitleid, weil das die WIPs nur ermutigt, mit ihren Klagen fortzufahren.

Sie kämpfen auf verlorenem Posten, wenn Sie einen Hypochonder »kurieren« oder die Welt für einen notorischen Pechvogel in die richtige Perspektive rücken wollen, indem Sie sagen: »Das bildest du dir nur ein« oder »Damit ziehst du das Unglück geradezu an«. Es ist unwahrscheinlich, dass Sie mit dieser Methode die pessimistische Grundeinstellung ändern (wahrscheinlich rufen Sie damit nur einen Streit hervor). Realistischer wäre das Bemühen, ihm beizubringen, dass Ihre Geduld Grenzen hat. Sagen Sie Nein zu seiner Litanei.

Nein sagen zu Hypochondern und notorischen Pechvögeln

Präventivmaßnahmen: Fragen Sie nie »Wie geht es dir?«, denn damit fordern Sie den Ärger heraus. Eröffnen Sie das Gespräch lieber mit einem Kompliment, vorzugsweise über die Kleidung, die Frisur oder die Wohnung. *(Meine Güte! Bist du schick eingerichtet! Ist das neu?)* Stellen Sie Fragen, um die WIPs auf einen positiven Kurs zu bringen, zum Beispiel: *Hast du dir gestern Abend die Komödie im Fernsehen angeschaut? … Du willst doch dein Schlafzimmer streichen; steht die Farbe schon fest? … Weißt du schon, was du nächstes Jahr in deinem Garten anpflanzen wirst? … Was ziehst du zu Omas Geburtstag an?*

Lassen Sie sich nicht ködern, wenn Gewitterwolken aufziehen. Reagieren Sie prompt und wechseln Sie das Thema.

Hmm … ich hoffe, dass es dir bald besser geht. Übrigens, du wirst nie erraten, wen ich neulich getroffen habe …

Zu dumm … ich hoffe, das wird sich klären. Übrigens, ich wollte dich fragen … kennst du ein gutes Hotel am Gardasee? Wir wollen mit den Kindern in den Pfingstferien dort Urlaub machen.

Schicken Sie Hypochonder dorthin, wo sie hingehören

Um einem Hypochonder klar zu machen, dass Sie nichts mehr hören wollen, sollten Sie ihm dringend raten, mit seinem Problem einen Experten aufzusuchen. Auch wenn er nichts davon hält, haben Sie alles getan, was in Ihrer Macht steht, und dürfen mit Recht sagen: »Lass uns das Thema wechseln«.

Tut mir Leid, dass du Seitenstechen hast, aber wie ich bereits sagte, ich habe keine Ahnung, was das sein könnte. Ich bin kein Arzt, und es ist zwecklos, wenn wir beide darüber spekulieren. Falls du dir deswegen Sorgen machst, ruf einen Internisten an. Am besten vereinbarst du gleich einen Termin.

Manchmal ist Humor die beste Medizin bei einem Hypochonder:

Ich hoffe, deine Wehwehchen sind nicht ansteckend!

Hoffentlich sind deine Probleme mit den Nasennebenhöhlen nicht tödlich. Hast du schon dein Testament aufgesetzt?

Lassen Sie sich nicht vom Weltschmerz anstecken

Versuchen Sie, einem notorischen Pechvogel mit folgenden Aufmunterungstaktiken beizukommen:

Tut mir Leid, dass dein Wagen schon wieder in die Werkstatt musste. So was kommt vor. Aber betrachte das Ganze doch einmal aus einer anderen Perspektive. Lieber ohne Auto als im Krankenhaus, oder?

Zu dumm, dass dir schon wieder die Brieftasche gestohlen wurde. Aber zum Glück bist du dabei nicht niedergeschlagen oder verletzt worden. Das Geld kann man verschmerzen.

Ich habe eine gute Idee. Wie wär's, wenn wir jetzt über etwas Angenehmes sprechen?

Komm, lass uns das Thema wechseln. Erzähl mal, was dir diese Woche in deiner Firma Gutes widerfahren ist.

Der unverbesserliche Griesgram

Es gibt sie, die absoluten Trauerklöße, die allzeit bereit sind, Ihnen zu erzählen, warum A nichts taugt, B nicht mehr so ist, wie es einmal war, und C zum Himmel stinkt. Andere immer wiederkehrende Themen des unverbesserlichen Griesgrams: Das klappt nie. Trau niemandem. Das Leben ist hart, und danach stirbt man.

Sie wissen schon, was wir meinen. Ein Nein ist für diese Miesepeter nicht nur eine ihrer leichtesten Übungen, sondern sie würden ein Ja auch dann nicht erkennen, wenn es direkt vor ihrer Nase läge.

Wir hatten im Lauf der Jahre mit vielen Menschen von dieser Sorte zu tun und haben festgestellt, dass man ihnen gut mit Spott beikommen kann (auch Sarkasmus genannt). Das mag gemein sein, ist aber im Umgang mit einem echten Griesgram die einzige Rosskur, die hilft. Versuchen Sie es: Wenn jemand das nächste Mal auf Gott und die Welt zu schimpfen beginnt, schenken Sie ihm Ihr strahlendstes Zahnpasta-Lächeln, breiten Sie die Arme aus und singen den alten Stevie-Wonder-Song »You are the Sunshine of my life«. Damit bringen Sie nicht nur ihn aus der Fassung, sondern verbessern auch Ihre eigene Laune.

Wenn Sie Zeit mit den Brummigen und Grimmigen verbringen müssen, ist Humor die beste und wirksamste Form der Selbstverteidigung. Damit sagen Sie »Ich teile deine negative Weltsicht nicht!«, und es geht Ihnen besser, als wenn Ihr Stimmungsbarometer ebenfalls fällt. Sollen sich diese Leute ruhig selbst im Weg stehen, Sie machen nicht mit! Lassen Sie sich nicht anstecken – sagen Sie Nein zu einem unverbesserlichen Griesgram!

Hier zwei Dialoge, die Sie aktivieren:

SIE: *Ich habe mir überlegt, ob ich meinen Urlaub nächstes Jahr auf Hawaii verbringe.*

GRIESGRAM: *Hawaii? Viel zu teuer. Außerdem regnet es dort jeden Tag. Und das Essen ist grauenhaft.*

SIE: *Ja, habe ich auch schon gehört – Hawaii muss die Hölle auf Erden sein. Aber was uns nicht umbringt, macht uns härter!*

TAXIFAHRER: *Schauen Sie sich diesen Idioten an! Armleuchter, blöder! ... Hat der noch nie was von Blinken gehört? ... Überall diese verdammten Mietskasernen! Das haben wir unserem Bürgermeister zu verdanken, unfähig bis zum Abwinken! ... Das war früher eine erstklassige Wohngegend, aber jetzt ...*

*SIE: (*beim Aussteigen*): Hat Spaß gemacht, mit Ihnen zu fahren. Lassen Sie sich nicht unterkriegen!*

Die chronischen Panikmacher

Es gibt Menschen, die in einer Krise die Ruhe selbst sind. Und es gibt andere, die ständig in einer Krise sind, selbst wenn Ruhe herrscht.

Wenn Sie viel Zeit mit chronischen Panikmachern verbringen, wissen Sie genau, dass der Umgang mit ihnen kein Zuckerschlecken ist. Es kann ziemlich aufreibend sein, jemanden zu beruhigen, der nicht anders kann, als sich und andere in Panik zu versetzen.

Panikmacher brauchen oft jede Menge Händchenhalten und die fortwährende Versicherung, dass sie nicht so minderwertig, inkompetent oder uninteressant sind, wie sie sich fühlen. In diese Kategorie gehört die Freundin, die sich für jede Kleinigkeit entschuldigt, oder die Kollegin, die für jede ihrer Entscheidungen eine Bestätigung bei anderen sucht, und die Ehefrau oder Lebensgefährtin, die in der ständigen Angst lebt, verlassen zu werden.

Andere Panikmacher sind überzeugt, dass alles schief gehen wird, was nur schief gehen kann. Wie die Hausfrau, die Gäste eingeladen und Angst hat, das Essen könnte nicht reichen oder nicht schmecken. Oder der überfürsorgliche Ehemann aus unserem Bekanntenkreis, der seine Frau entmutigte, den Führerschein zu machen, weil Autofahren »viel zu gefährlich ist«.

Chronische Panikmacher erwarten jedenfalls stets Katastrophen, Zurückweisung oder beides. Sie quälen sich ständig mit »Was wäre wenn«-Fragen: Was wäre, wenn es anfängt zu regnen? Was wäre, wenn Opa die Treppe hinunterfällt, und niemand ist da? Was wäre, wenn ich etwas Falsches sage? Was wäre, wenn uns ein wilder Bär verfolgt? Ihre Rolle besteht darin, zu beruhigen, Ihren gesunden Menschenverstand in die Waagschale zu werfen und der Stimme der Vernunft Geltung zu verschaffen. Dagegen ist nichts einzuwenden, solange Sie sich wohl fühlen. Das Problem ist nur, dass bei längerem Kontakt mit einem chronischen Panikmacher Sie selbst in Mitleidenschaft gezogen werden. (Daran erkennt man übrigens die Panikmacher: Sie machen uns verrückt.)

Wie bei den anderen WIPs ist der Schlüssel für den Umgang mit dem Panikmacher die Erkenntnis, dass es Ihnen nicht gelingen wird, das Problem ein für alle Mal aus der Welt zu schaffen. Sie können Trost und Lösungen anbieten, bis Sie schwarz werden, aber damit packen Sie das Übel nicht bei der Wurzel, denn nicht die spezifische Situation macht den Panikmachern Sorge – sie leiden vielmehr unter der Manie, sich auf einen x-beliebigen Punkt zu fokussieren und sich selbst in Angst und Schrecken zu versetzen. Es muss eine Tortur sein, wenn man sich über jede Kleinigkeit den Kopf zerbricht und immer in der Furcht lebt, was andere Leute denken könnten.

Geben wir es zu: Auch wir machen uns hin und wieder Sorgen. Nicht immer und nicht wegen jeder Lappalie, aber es kommt vor. Bis zu einem gewissen Grad muss jeder Mensch Mittel und Wege finden, seine Ängste in den Griff zu bekommen, damit sie nicht unser Leben überschatten, unseren Mut untergraben und unsere Risikobereitschaft torpedieren. Ängste, die außer Kontrolle geraten, können uns den Weg zur Verwirklichung unserer Ziele und Träume versperren. Deshalb ist es so wichtig im Leben, starke, inspirierende Rollenmuster zu haben: Sie helfen uns, innere Kraft zu finden, um Zweifeln und Sorgen ins Gesicht zu sehen.

Ein Panikmacher kann Sie mit seiner Angst und Sorge anstecken. Wenn Sie nicht eine gesunde emotionale Distanz wahren, beginnen Befürchtungen, die Ihnen zunächst töricht und unbegründet vorkommen, nach und nach Sinn zu machen. Angst kann ansteckend sein. Sie laufen Gefahr, sich damit zu identifizieren und zuzulassen, dass sie Ihre Lebenssicht und Lebenschancen beeinträchtigt. Das gilt vor allem, wenn Sie von Ihren Eltern übermäßig behütet wurden oder eine enge Beziehung zu einer Person haben, die leicht in Panik gerät.

Nein zu einem Panikmacher zu sagen ist ein Prozess, der die innere Entschlossenheit voraussetzt, nicht selber einer zu werden. Machen Sie sich Ihre Stärke und die Tatsache bewusst, dass Sie genug davon besitzen, um anderen etwas abzugeben. Ein kleinmütiger Freund erzählte uns, dass Gespräche mit ängstlichen, unsicheren Menschen für ihn eine willkommene Gelegenheit sind, »über den Dingen zu stehen« und sich von den eigenen Sorgen abzulenken. Da er die Ängste anderer nicht als persönliche Bedrohung empfindet, kann er das Gefühl genießen, das er aus seiner Rolle als Tröster und Ratgeber ableitet.

Beschränken Sie sich darauf, Unterstützung anzubieten, die Aufmerksamkeit des Panikmachers abzulenken oder ihn dazu zu bringen, dass er über sich selbst lacht. Versuchen Sie gar nicht erst, auf jedes Problem einzugehen, das er Ihnen vorträgt, weil Sie es nicht können. Und lassen Sie sich nicht von seiner Panik anstecken.

Nein sagen, wenn Sie die Sorgen anderer mittragen sollen

Einen Menschen zu haben, der sich Sorgen um Sie macht, ist nicht das Schlechteste. Es tut gut, zu wissen, dass es ihm nicht gleichgültig ist, ob Sie leben oder sterben oder ob Sie ohne Regenschirm aus dem Haus gegangen sind und von einem Schauer überrascht wurden. Aber wenn krankhafte Sorge Sie darin hindert, das Leben zu führen, das Sie sich vorstellen, sollten Sie klare Grenzen setzen. Bringen Sie Ihre Dankbarkeit für das Interesse an Ihrem Wohlergehen zum Ausdruck, aber lassen Sie keinen Zweifel offen, dass Sie sich dadurch nicht abhalten lassen, Ihren eigenen Weg zu gehen.

Ich weiß, dass du nicht gerne fliegst und den Fluggesellschaften nicht traust. Aber ich habe solche Ängste nicht. Und deshalb werde ich mich von dir auch nicht von meinen Reiseplänen abbringen lassen.

Du hast völlig Recht. Es wird ziemlich viel Verkehr herrschen und schwer sein, einen Parkplatz zu finden. Und ich weiß, dass nachts Schneefall vorausgesagt ist. Aber das schreckt mich nicht ab – ich habe in meinem Leben schon Schlimmeres gemeistert.

Ich weiß es zu schätzen, dass du dir meinetwegen Sorgen machst; es zeigt mir, dass dir etwas an mir liegt. Ungekehrt ist es genauso. Aber trotzdem werde ich einen Kletterkurs belegen, ob es dir gefällt oder nicht.

Vertreiben Sie die Sorgen mit einem Scherz

Du bist ja ein Hasenfuß! Ein richtig ausgewachsener! Ich hätte nie gedacht, dass dir das Angst macht.

Wenn ich das nächste Mal ein Problem habe, komme ich zu dir, dann kannst du *dir ja den Kopf zerbrechen. Darin bist du viel besser als ich.*

Ich mache dir einen Vorschlag: Bis zur Hochzeit überlässt du die Sorgen mir. Wenn dir wieder etwas einfällt, was schief gehen könnte, schreib's auf, und in ein paar Tagen kannst du mir die Liste geben. Du versprichst mir, deine Angst für dich zu behalten, und ich verspreche dir, dich nicht mehr anzuschreien.

»Was wäre wenn«-Fragen

Eine vernünftige Antwort auf eine »Was wäre wenn«-Frage ist die Wahrheit. Indem Sie gelassen die Möglichkeit zur Kenntnis nehmen, sagen Sie im Klartext: »Na und? Sollte der Fall eintreten, werde ich schon damit fertig werden.« Zum Beispiel:

Was wäre, wenn es regnet? Dann werden wir nass.

Was wäre, wenn das Auto den Geist aufgibt? Dann rufen wir den Pannendienst.

Was wäre, wenn die Kinder da draußen im Zelt Angst haben? Dann werden sie schon von alleine ins Haus kommen.

Was wäre, wenn wir unterwegs Hunger kriegen? Dann halten wir eben an und essen eine Kleinigkeit.

»Ich bin ein Versager« und andere Versuche, Mitleid zu erregen

Bescheidenheit ist eine Zier, wie das Sprichwort besagt, aber nur in Maßen. Man kann es auch übertreiben, und wenn jemand sich ständig kleiner macht, als er ist, erbost uns das seltsamerweise. Wenn wir es satt haben, die ewigen Verlierer wieder aufzubauen, sind wir insgeheim geneigt, ihren selbstabwertenden Bemerkungen zuzustimmen. Versuchen Sie, mit folgenden Antworten eine andere Tonart anzuschlagen.

Ich wäre nie auf die Idee gekommen, dich für einen Versager zu halten. Ich dachte immer, ich hätte es mit einer netten, umgänglichen, intelligenten Person zu tun, und ich war gerne mit dir zusammen. Aber vermutlich habe ich mich geirrt – vielen Dank, dass du mich aufgeklärt hast!

Ich glaube, du hast Recht. Warum sollte jemand mit einem so elenden Wicht befreundet sein wollen?

Ich kann mich nur an einen einzigen blöden Satz von dir erinnern. (»Und welchen?«) *Als du gerade eben gesagt hast, dass du blöd bist.*

Extreme Ängste

Am extremen Ende der Sorgen-Skala befinden sich die schwerwiegenden Ängste oder Phobien, die echtes Leiden hervorrufen und bestimmte Lebensfunktionen beeinträchtigen können. Wenn eine Ihnen nahestehende Person davon betroffen ist, sollten Sie diese sanft daran erinnern, dass es professionelle Hilfe gibt. Die Behandlung bei Angst- und Panikattacken, oft eine Kombination aus Medikamenten und Psychotherapie, ist sehr erfolgreich. (Siehe Kasten Seite 280 f.).

Anna, du machst dir andauernd Sorgen, und langsam fange ich an, mir deinetwegen *Sorgen zu machen. Vor lauter Angst kannst du dein Leben gar nicht mehr richtig genießen. Diese Ängste lassen sich heute sehr gut behandeln. Überlege doch einmal, ob du nicht eine Therapie in Erwägung ziehen solltest.*

Mutter, du hast seit Monaten keinen Fuß mehr vor die Tür gesetzt. Ich mache mir große Sorgen um dich. Du schottest dich viel zu sehr ab ... und was wäre, wenn dir etwas passiert? Wir sollten mit jemandem reden, der weiß, wie man dir helfen kann. Wenn du nicht selbst mit deiner Ärztin sprechen möchtest, rufe ich sie an. Einverstanden?

Der Depressive

Es kommt vielleicht ein Punkt, an dem ein Freund oder Angehöriger mehr Unterstützung oder »Wartung« braucht, als Sie ihm geben können. Einen depressiven Menschen werden Sie nicht aus dem »Loch« herausholen, in das er gefallen ist, da helfen weder Witze noch Wut. Worte reichen leider nicht aus, um eine Wende zum Besseren herbeizuführen.

Der Umgang mit depressiven Personen kann sehr belastend und verwirrend sein. Durch ihre Antriebslosigkeit, erhöhte Reizbarkeit und allgemeine Resignation fallen sie in die Kategorie der »wartungsintensiven« Beziehungen, vor allem, wenn Sie sich dafür verantwortlich fühlen, sie aufzumuntern. Gehen Sie davon aus, dass Sie nicht nur Mitgefühl und Besorgnis empfinden, sondern auch Frustration und heimlichen Groll. Vielleicht sind Sie deshalb geneigt, dieser Person aus dem Weg zu gehen, und leiden hinterher unter Gewissensbissen, weil Sie jemanden zu einem Zeitpunkt im Stich gelassen haben, als er Ihre Zuwendung und Unterstützung am meisten gebraucht hätte.

Wenn es sich um einen Menschen handelt, der Ihnen sehr nahe steht, kann die Depression auch Ihr eigenes Glück und Wohlbefinden untergraben. In dem Buch *Wenn der Mensch, den du liebst, depressiv ist* von Laura Epstein Rosen und Xavier Francisco Amador heißt es: »Bei Ehen mit einem depressiven Partner ist die Scheidungsrate neunmal höher … Die Angehörigen leiden ebenfalls unter Ängsten, Groll und Erschöpfung. Sie sind anfälliger für Depressionen und emotionale Probleme wie Ängste und Phobien.«

Auch wenn Sie einen depressiven Menschen noch so sehr lieben, Sie müssen Vorkehrungen treffen, um nicht selbst in das emotionale »Loch« hineingezogen zu werden. Es ist wichtig, sich nicht als symbiotische Einheit, sondern als getrennte Personen wahrzunehmen – also den eigenen Grenzen und Bedürfnissen Rechnung zu tragen. Planen Sie als Ausgleich so oft wie nötig Aktivitäten ein, die *Ihnen* Spaß machen. Wenn Sie etwas haben, worauf Sie sich freuen können, zum Beispiel ein Essen mit Ihrem Mann in einem Spitzenrestaurant, erleichtern Sie sich damit den Umgang mit einem depressiven Freund oder Verwandten. Wenn Sie darauf achten, dass es *Ihnen* gut geht, sind Sie eher in der Lage, anderen zu helfen.

Das Beste, was Sie für eine depressive Person (und die Beziehung) tun können, ist, sie zu ermutigen, professionelle Hilfe in Anspruch zu nehmen. Zeigen Sie, dass Sie sich Sorgen machen und wünschen, dass es ihr wieder gut gehen möge. Oder ziehen Sie gemeinsam mit ihr Erkundigungen über Therapieangebote ein. Heutzutage sind die Heilungschancen bei einer Depression durch entsprechende Medikation, Therapie oder eine Kombination aus beidem sehr gut.

Trotzdem ist es möglich, dass Ihre Ratschläge nicht angenommen werden. In einem solchen Fall – wenn die Depression

Schatten auf Ihr eigenes Leben wirft – müssen Sie sich selbst helfen. In Büchern finden Sie Hinweise über die Kommunikation mit einem depressiven Menschen, oder Sie wenden sich an eine entsprechende Organisation in Ihrem Heimatort; dort kann man Ihnen sagen, wo Sie Unterstützung finden.

Wenn ein Mensch, der Ihnen viel bedeutet, depressiv ist und leidet, kann es schwer sein, die eigenen Gefühle zu schützen. Überlassen Sie ihn nicht seinem Schicksal, wenn er sich in einem »Loch« befindet. Aber lassen Sie auch nicht zu, dass die Depression auf Ihr eigenes Leben abfärbt. Sagen Sie:

Es tut mir Leid, zu sehen, wie unglücklich du bist. Ich wünschte, ich könnte dir helfen. Hast du mit deinem Arzt darüber gesprochen, wie niedergeschlagen und lethargisch du dich in letzter Zeit fühlst? Vielleicht hast du Depressionen, und wenn das so ist, kann man etwas dagegen tun.

Ich liebe dich/du bist mir wichtig, aber das geht über meine Kraft. Ich weiß nicht, was ich dir noch sagen soll. Ich möchte, dass du professionelle Hilfe in Anspruch nimmst.

Ich habe keine Ahnung, was ich tun kann, damit es dir besser geht. Ich kann keine Patentlösung aus dem Ärmel schütteln. Aber ich weiß, dass Depressionen heilbar sind. Bitte such dir jemanden, der dir helfen kann. Oder möchtest du, dass ich das für dich übernehme?

Widerstand überwinden

Für einige Leute ist der Gedanke an eine psychotherapeutische Behandlung auch heute noch mit einem Stigma behaftet. Andere reagieren abwehrend, weil es in ihren Augen ein Anzeichen von Schwäche wäre, zuzugeben, dass sie unter Depressionen leiden könnten. Versuchen Sie, die betroffene Person davon zu überzeugen, dass solche Ängste unbegründet sind:

Depressionen kommen häufig vor, Millionen von Menschen bei uns leiden bisweilen darunter. Heutzutage gilt man nicht als verrückt, wenn man unter Depressionen leidet. Und es ist völlig in Ordnung, mit einem Arzt oder Therapeuten darüber zu sprechen.

Psychiater und Psychologen sind nichts weiter als Spezialisten, genau wie Kardiologen. Dein Körper ist dir doch wichtig, oder? Aber manchmal sollte man auch auf die emotionale Gesundheit achten.

Wenn du eine Lungenentzündung hast, nimmst du Antibiotika. Eine Depression ist nichts anderes als eine Krankheit, die man behandeln kann. Viele Leute nehmen professionelle Hilfe in Anspruch. Warum willst du unnötig leiden?

Alkohol- und Drogensüchtige

Beziehungen stellen uns immer wieder vor Herausforderungen, auch wenn alle Beteiligten clean und nüchtern sind. Ungemein anstrengend werden sie jedoch, wenn Menschen sich durch Alkohol- und Drogenmissbrauch völlig verändern.

Eine Bekannte, mit einem Alkoholiker verheiratet, der sich auf Partys und in der Öffentlichkeit oft unsinnig betrank, erklärte schließlich, sie wolle nie mehr mit ihm irgendwohin gehen, wo Alkohol ausgeschenkt wurde. Leider genügte dieser Anstoß nicht, um bei ihrem Mann einen Sinneswandel zu bewirken. Er trank weiterhin exzessiv. Ihre Missbilligung bewirkte weder eine Verhaltensänderung bei ihm, noch nahm er zur Kenntnis, dass sie unter seinem Alkoholproblem litt.

Diese Frau erzielte trotzdem einen Erfolg. Durch die Weigerung, sich in Situationen zu begeben, die sie als empörend und demütigend empfand, schützte sie sich selbst vor den negativen Folgen seines Verhaltens. Sie sah einen Weg, Nein zu sagen, und verfolgte ihn konsequent.

Der Fall veranschaulicht klar die Grenzen unserer Fähigkeit, Alkohol- oder Drogenprobleme bei anderen zu »lösen«. Wenn eine Sucht Ihnen Sorge macht, nicht aber dem Betroffenen selbst, haben *Sie* damit ein Problem. Deshalb sollten Sie sich auf diejenigen Aspekte der Beziehung konzentrieren, auf die Sie Einfluss nehmen können, wenn Sie Nein zu einem Alkohol- oder Drogenabhängigen sagen.

Sie können vor allem bestimmte Grundregeln für Ihren Umgang mit dem Abhängigen festlegen. Beschränken Sie den Kontakt soweit möglich auf alkoholfreie Situationen. Setzen Sie dem Verhalten Grenzen, das Sie bereit sind zu tolerieren. Wenn die Exzesse das Leben unerträglich für Sie machen, ist es vielleicht besser, die Verbindung völlig abzubrechen, als den Status quo aufrechtzuerhalten. (Viele Ehen sind in Folge von Alkoholproblemen in die Brüche gegangen – oder sollten längst geschieden sein.)

Wenn ein Freund oder Angehöriger alkohol- oder drogenabhängig ist, kann die Erkenntnis niederschmetternd sein, dass Sie sein Verhalten nicht beeinflussen können, auch wenn Sie noch sosehr betteln, schimpfen, drohen oder feilschen. Es steht einfach nicht in Ihrer Macht, jemanden zu ändern, der sich nicht wirklich ändern will. Das Einzige, was Sie ändern können, ist Ihr eigenes Verhalten.

Damit soll nicht gesagt sein, dass es reine Zeitverschwendung ist, wenn Sie Ihre Gefühle zum Ausdruck bringen. Warum sollte Ihre Freundin nicht wissen, wie entsetzt Sie sind, dass sie neulich in der Nacht betrunken nach Hause gefahren ist? Und Ihr Bruder verdient es zu erfahren, dass er die Geistesblitze, die er zum Besten gibt, wenn er Hasch geraucht hat und *high* ist, als Einziger »brillant« findet. Jemanden unter diesen Umständen »hart« anzufassen, ist völlig angemessen, denn eine Alkohol- oder Drogensüchtige muss wissen, dass ihr Verhalten Konsequenzen hat. Letztendlich zerstört sie damit ihre Gesundheit, ihre Beziehungen und ihr ganzes Leben. Ob sie die Tatsache zur Kenntnis nimmt oder leugnet, bleibt ihr überlassen, aber Sie fühlen sich besser, wenn Sie Position zu einem Verhalten beziehen, das Sie nicht gutheißen können.

Bei Personen, die Ihnen nahe stehen, kann dieses harte Anfassen Konsequenzen von großer Tragweite haben – zum Beispiel, wenn Sie eine Ehe beenden oder einem erwachsenen Kind nahe legen müssen, sich eine andere Bleibe zu suchen. Die Schuldgefühle, die angesichts einer solchen Herausforderung entstehen, können so groß sein, dass Sie sich wie gelähmt fühlen. Wir raten jedem, der sich in einer solchen Situation befindet, Hilfe bei Organisationen zu suchen, die sich um Freunde und Angehörige von Alkohol- und Drogenabhängigen kümmern.

Sagen Sie Nein, wenn Sie in Versuchung geraten, den Märtyrer zu spielen. Sagen Sie Nein, wenn Sie geneigt sind, die Verantwortung für Probleme zu übernehmen, die sich Ihrem Einfluss entziehen. Sagen Sie Nein zu dem Bedürfnis, Ihr Leben in der Warteschleife zu verbringen und darauf zu hoffen, dass ein anderer *sein* Problem in Angriff nimmt.

Nein sagen zu den Alkohol- und Drogenproblemen eines anderen Menschen

Um klare Grenzen zu setzen, wenn der Alkohol- oder Drogenmissbrauch einer anderen Person Unbehagen weckt, sollten Sie die Auswirkungen seines Verhaltens auf Sie ansprechen. Verwenden Sie Ich-Formulierungen.

In Kneipen herumzuhängen macht mir keinen Spaß. Ich habe keine Lust, solche Mengen zu trinken wie du und deine Freunde, deshalb werde ich dich nicht begleiten.

Du merkst offenbar nicht, dass du wie ausgewechselt bist, wenn du getrunken hast. Du bist mir dann völlig fremd, und ich fühle mich nicht wohl in deiner Gesellschaft. Da es dir schwer zu fallen scheint, am Abend keinen Tropfen zu trinken, treffe ich mich lieber tagsüber mit dir.

Tut mir Leid, ich gehe nicht mit dir zum Essen/zu der Einladung/zu der Veranstaltung, weil ich den Abend nicht genießen kann, wenn du getrunken hast. Sobald du dein Alkoholproblem im Griff hast, kannst du mich gerne wieder fragen, aber bis dahin rechne nicht mit mir.

Es ist deine Sache, ob du Hasch rauchen willst. Aber wenn du high bist, kann man kein vernünftiges Wort mehr mit dir reden. Haschisch verblödet, wusstest du das nicht? Dröhn dich ruhig zu, wenn es dir Spaß macht, ich muss ja nicht dabei zusehen.

In meinem Haus dulde ich keine Drogen. Deshalb muss ich dich bitten, zu gehen.

Hilfe für einen geliebten Menschen – helfen Sie sich selbst

Je besser Sie informiert sind, desto mehr Möglichkeiten haben Sie, einen Freund oder Angehörigen bei der Bekämpfung einer emotionalen Störung oder eines Drogen- oder Alkoholproblems zu unterstützen. Selbst wenn Ihre Hilfe nicht akzeptiert wird, sollten Sie etwas unternehmen, um sich selbst zu helfen. Es gibt viele Organisationen, die sich um die Angehörigen von Suchtkranken kümmern. Kontaktadressen (z. B. Anonyme Alkoholiker) erhalten Sie bei Gesundheitsämtern, Kommunen und Kirchen.

Strategien, um Beziehungen zu schwierigen Menschen zu beschränken

Auf den vorherigen Seiten haben wir Vorschläge gemacht, die Ihnen helfen sollen, im Gespräch mit WIPs Grenzen zu setzen. Es gibt darüber hinaus einige allgemeiner angelegte Strategien, die Ihre Fähigkeit im Umgang mit problematischen Beziehungen nachhaltig verbessern. Sie schließen das Wissen ein, wie man neue Beziehungen vermeidet, alte beendet beziehungsweise den Kontakt auf ein Minimum beschränkt oder ihn verbessert.

Präventivmaßnahmen

WIPs von vornherein aus Ihrem Leben auszuschließen ist wesentlich leichter, als sich mit ihnen auseinander zu setzen, wenn es zu spät ist, weil sie Ihnen bereits näher gekommen sind. Mit diesem Ziel im Hinterkopf sollten Sie die grundlegenden Techniken der Prävention betrachten. Falls Sie sich bereits mit mehr WIPs »herumschlagen« müssen, als Sie verkraften können, liegt es bei Ihnen, sich abzuschotten. Dazu müssen Sie Ihr »Radarsystem« einschalten. Achten Sie auf den

Egozentriker, Griesgram, Problemewälzer oder gleich welchen WIP-Typus, auf den Sie normalerweise »abfahren«. Wenn Sie ihn wittern, gehen Sie in Deckung. Das sieht in der Praxis so aus, dass Sie beispielsweise furchtbar in Eile sind, wenn Sie ihm auf der Straße begegnen. Lehnen Sie seine Einladung dankend ab. Schalten Sie den Anrufbeantworter ein. Am Arbeitsplatz haben Sie alle Hände voll zu tun und leider keine Zeit zum Plaudern. Tun Sie alles, um WIPs aus dem Weg zu gehen! Sie sind nicht unhöflich oder kalt, sondern einfach nicht verfügbar.

Die WIPs zu stoppen, bevor sie sich in Ihrem Leben breitmachen, kann Ihnen Zeit, Ärger und schwerwiegende emotionale Probleme ersparen. Genauso, wie Sie Nein zu einem Mittagessen mit einem egozentrischen Langweiler sagen können, sind Sie auch in der Lage, Nein zu einer Romanze mit einem Alkoholiker zu sagen. Vorbeugung ist die einfachste, bequemste und friedlichste Methode, Menschen auf Distanz zu halten, die ständig Ihre Energie anzapfen oder zusätzlichen Stress verursachen.

Wichtig an der Prävention ist, dass Sie nicht über das Ziel hinausschießen. Wenn Sie jedes Mal »Hände-weg-Signale« aussenden, werden Sie irgendwann mutterseelenalleine sein. Ein schwieriger Mensch kann auch Qualitäten besitzen, die es wert sind, ihn zu kennenzulernen. Seien Sie aufrichtig mit sich selbst, wenn Sie die Grenzen Ihres Mitleids und Ihrer Geduld erforschen, aber seien Sie wählerisch bei der Entscheidung, wen Sie auf Armeslänge an sich heranlassen. Bei diesem Selektionsprozess hilft auch die Überlegung, mit welchen Eigenschaften Sie am wenigsten umgehen können oder wo Ihr Geduldsfaden am schnellsten reißt. Zehren ängstliche Menschen, die Ihre Zuwendung suchen, wirklich an Ihren Nerven und an Ihrer Kraft? Wenn ja, dann halten Sie lieber Abstand zu ihnen. Das mag herzlos klingen, aber es besteht weniger Grund für ein schlechtes Gewissen, wenn der Mensch noch keine wichtige Rolle in Ihrem Leben spielt.

Sie haben nicht immer die Möglichkeit, Nein zu einer »wartungsintensiven« Person zu sagen. Aber wenn es sein muss, sollten Sie nicht zögern.

Das ultimative »Nein«: Den Kontakt zu einer WIP abbrechen

Gelangen Sie zu der Überzeugung, es sei an der Zeit, die Beziehung zu einer bestimmten WIP zu beenden, die Ihr Leben negativ beeinflusst, haben Sie zwei Optionen: den passiven Weg (sich vor einer Aussprache drücken) und den aktiven, der darin besteht, den Bruch bewusst herbeizuführen.

Die meisten Menschen bevorzugen den passiven Weg, wenn sich die Gelegenheit bietet. Viele Freundschaften enden auf natürliche Weise, weil jemand wegzieht, die Firma wechselt, ein Baby bekommt oder mit den neuen Interessen auch den Bekanntenkreis wechselt. Unter diesen Umständen ist es schwieriger als früher, eine Freundschaft aufrechtzuerhalten – wenn Sie also gar nicht mehr daran interessiert sind, können Sie sich auch jegliche Mühe sparen. Vermeiden Sie bewusst Kontakte von Ihrer Seite und sorgen Sie dafür, dass Sie aufgrund geänderter Prioritäten für die WIP nicht verfügbar sind. Sie kündigen ihr nicht »offiziell« die Freundschaft, sondern warten ab, bis sich das Problem von alleine erledigt.

Der passive Ansatz reicht aber nicht immer aus, um den Bruch herbeizuführen; in diesem Fall gilt es, »deutlicher« zu werden. Das ist nicht angenehm, wenn diese Person Sie verletzt hat, aber Ihre Wut und Ihr Groll können Sie in Ihrem Entschluss bestärken. Ein Bekannter beschloss beispielsweise, sich von einer langjährigen Freundin zu trennen, die ihn ständig herabwürdigte und lächerlich machte. Er schrieb ihr einen Brief, in dem es unter anderem hieß: »Ich werde dich aus meinem Leben streichen, denn immer, wenn wir zusammen sind, schaffst du es, dass ich mich schlecht fühle.« Sie schickte den Brief ohne Kommentar zurück, und die beiden haben seither kein Wort mehr miteinander gewechselt. Statt Schuldgefühle zu entwickeln, ist er froh über die Trennung von einer so genannten Freundin, die ihn seit Jahren verbal angegriffen hatte.

Wenn jemand Sie fortwährend schlecht behandelt, ist es richtig, einen Schlussstrich zu ziehen. Ob in einem persönlichen Gespräch, mit einem Brief oder per E-Mail, die beste Methode ist auch hier, sich nicht auf Schuldzuweisungen einzulassen, sondern sich auf die Folgen für Sich selbst zu konzentrieren. Zum Beispiel: *Ich habe das Gefühl, dass du mir nie richtig zuhörst, und dadurch komme ich mir minderwertig vor. Ich empfinde unsere Freundschaft nicht als Bereicherung für mein Leben, sondern als Belastung. Und darauf kann ich verzichten.*

Wenn Sie nicht auf eine endlose Debatte versessen sind, sollten Sie keine Predigten über die Schwächen der Person halten oder jedes Unrecht aufzählen, das sie Ihnen jemals angetan hat.

Sagen Sie Nein zu WIPs, die Ihr Selbstwertgefühl untergraben. Geben Sie den Versuch auf, ihre Anerkennung zu erringen; es wäre ohnehin vergebene Liebesmüh. Um sich zu motivieren, denken Sie an das Selbstvertrauen, das Sie gewinnen, und die Zeit und Energie, die Sie sparen – kostbare Ressourcen, die Sie nun Menschen und Interessen widmen können, die Ihnen gut tun.

Wenn eine Trennung nicht möglich ist: Tipps für den Umgang mit WIPs

Einige »wartungsintensive« Personen gehören zu Ihrem Leben, und daran gibt es nichts zu rütteln. Ist der Kontakt unvermeidlich, müssen Sie wissen, wie Sie ihn bestmöglich handhaben.

Oft ist der Umgang mit WIPs deshalb so schwierig, weil Sie sich durch deren zu hohen oder zu niedrigen Energiespiegel in ihrer Gegenwart nicht wohl fühlen. Finden wir am einen Ende des Spektrums die Herrschsüchtigen und Arroganten, die ständig im Mittelpunkt der Aufmerksamkeit stehen wollen, sind am anderen Ende die Unscheinbaren, Reservierten, manchmal sogar Depressiven. In ihrer Gegenwart fällt es schwer, ein Gespräch in Gang (und sich selbst bei Laune) zu halten.

Es ist möglich, die Zeit mit den WIPs erträglicher zu gestalten, ja sogar zu genießen, wenn Sie einige grundlegende Faktoren in der Beziehung ändern. Die folgenden Strategien können Ihnen helfen, Ihre Kraft durch die Einführung neuer, stressreduzierender Elemente zu sparen. Denken Sie beim Lesen darüber nach, wie Sie dieses Instrumentarium bei Menschen anwenden, die Sie frustrieren, aufregen, entmutigen, ärgern oder Ihnen sonstwie gegen den Strich gehen.

Ändern Sie Ihren Kommunikationsstil

Sie fühlen sich weniger überfordert, wenn Sie den Kontakt zu WIPs schriftlich statt telefonisch abwickeln. Oder sagen Sie via E-Mail Nein zu überzogenen Ansprüchen. Sie müssen nicht auf Beschwerden, Kritik oder Verhaltensweisen reagieren, über die Sie lieber hinwegsehen. Lockern Sie den Stil durch Rundschreiben mit Anekdoten und Bonmots auf. E-Mail eignet sich besonders für weit entfernt wohnende Verwandte und langjährige Freunde (sagen Sie, dass Sie Ihre Telefonkosten drosseln müssen), aber auch für die Kommunikation im näheren Umkreis.

Benutzen Sie den postalischen Weg. Er ist ideal, wenn Sie keinen Zugang zu E-Mails haben. Neue Themen im Brief einzuführen ist eine gute Möglichkeit, die Aufmerksamkeit von Beziehungsproblemen abzulenken.

Begrenzen Sie die Gesprächszeit am Telefon.

Legen Sie die Grundregeln fest

Bestehen Sie darauf, dass Sie sich nur unter bestimmten Bedingungen mit einer WIP treffen. Zum Beispiel:

Einigen Sie sich darauf, ein Thema, über das Sie nichts mehr hören können, vorläufig auf Eis zu legen. *(Ich würde gerne mit dir zum Mittagessen gehen, aber nur, wenn du mir versprichst, mir dieses Mal nicht die Ohren über deinen Vater vollzujammern. Das Thema ist heute tabu, einverstanden?)*

Halten Sie sich von Bars fern. Wenn Sie keine Lust mehr haben, Zeuge der Alkoholprobleme eines Freundes zu werden, sagen Sie ihm, dass Sie sich nur mit ihm treffen, wenn er keinen Tropfen anrührt. Bestellen Sie alkoholfreie Getränke oder laden Sie ihn zu sich nach Hause ein. Eine Alternative sind Verabredungen am Tag: Waldspaziergang, Museumsbesuch, Tennis. Es geht nicht darum, ihn von seiner Sucht zu »heilen« (das können Sie nicht), sondern sich selbst vor dem Verhalten zu schützen, das Sie als Stress empfinden. Denken Sie daran: Grundregeln sind *Regeln;* wenn er in Ihrer Gegenwart Alkohol trinkt und damit gegen Ihre Regel verstößt, gehen Sie.

Sorgen Sie für Abwechslung

Um eine schwierige Persönlichkeit völlig unverfälscht zu erleben, sollten Sie allein und ungestört miteinander reden. Sie können die Auswirkungen auf Ihr »Nervenkostüm« dämpfen, indem Sie versuchen, mit folgenden Mitteln für neue Impulse zu sorgen:

Körperliche Bewegung. Schweißtreibende Aktivitäten sind manchmal weniger anstrengend als endlose, hitzige Tischgespräche. Vielleicht können Sie Ihren schwierigen Freund überreden, mit Ihnen einen Aerobic-, Yoga- oder Tanzkurs zu besuchen. Unternehmen Sie Touren mit dem Rad oder mit Inline-Skates. Spielen Sie Tennis oder Frisbee. Die physische Bewegung ist nicht nur gesund für Körper und Geist, sondern bietet Ihnen außerdem noch neue Gesprächsthemen. Das ist besonders wichtig bei Menschen, die unter Antriebslosigkeit oder leichten Depressionen leiden.

Stimulation von außen. Damit sind alle Aktivitäten gemeint, auf die Sie und die WIP sich konzentrieren können: Karten- oder Brettspiele, Kino- oder Videofilme, Bücher auf Cassette, Sportveranstaltungen, Museumsbesuche, Städtetouren mit Führung – Ihrer Fantasie sind keine Grenzen gesetzt. Solche Aktivitäten helfen, Zeit sinnvoll zu verbringen, vor allem mit Menschen, mit denen Sie sonst wenig Gemeinsamkeiten haben – entfernten Verwandten beispielsweise.

Teamarbeit. Eine andere Möglichkeit, für Abwechslung zu sorgen (die Ihnen beiden zugute kommt), ist die Arbeit auf ein gemeinsames Ziel hin. Einige WIPs verfügen vielleicht über Talente und Fähigkeiten, die Ihnen fehlen und bei Ihrem Projekt eine große Hilfe wären. Menschen, die unter Unsicherheit oder mangelndem Selbstvertrauen leiden, bietet sich damit eine Chance, aus sich herauszugehen und den Ton anzugeben. Und falls Sie einen unverbesserlichen Egoisten vor sich haben, ist Ihr Bedürfnis geringer, sich auf diesem Gebiet mit ihm zu messen. Vorschläge für Gemeinschaftsprojekte:

Einladung zum Abendessen; Planung, Einkäufe und das Kochen erledigen Sie gemeinsam.

Unterricht; vielleicht kann er oder sie etwas, was Sie gerne von ihm/ihr lernen möchten (z. B. ein Musikinstrument spielen, Fremdsprachen, Computerprogramme, Nähen oder Stricken).

Malerarbeiten; streichen Sie Haus oder Wohnung (oder einen Teil).

Gartenarbeiten; machen Sie neue Pläne für Ihren Garten und gestalten Sie ihn gemeinsam um.

Innendekoration; gestalten Sie Haus oder Wohnung neu (Möbel umstellen, neue Vorhänge kaufen und aufhängen, Bilderrahmen besorgen und Bilder aufhängen).

Teilen Sie Ihre WIP mit Freunden. Da geteiltes Leid halbes Leid ist, könnten Sie hin und wieder auch einmal andere einspannen, um Sie zu entlasten. In der Gruppe wird die negative Energie der WIP leichter absorbiert oder das Kraftfeld einer dominierenden Persönlichkeit breiter gestreut, so dass Sie unter dem Strich nicht die volle Dosis abbekommen. Außerdem besteht immer die Möglichkeit, dass sich zwei WIPs begegnen, die füreinander geschaffen sind! (Warnung: Der Schuss könnte nach hinten losgehen, wenn die WIP herrschsüchtig, unleidlich oder auf irgendeine Weise »nicht gesellschaftsfähig« ist. Führen Sie nur solche Leute in Ihren Bekanntenkreis ein, die einigermaßen zueinander passen und das Geschehen nicht mit ihrer Außenseiterposition dominieren.)

Konzentrieren Sie sich voll auf die Gegenwart

Versuchen Sie zu vermeiden, Probleme mit WIPs schon im voraus zu erwarten oder hinterher stundenlang über die Begegnung nachzudenken. Angenommen, Sie besuchen einmal in der Woche Ihre schwierige, anspruchsvolle Mutter, an einem bestimmten Tag und zu einer bestimmten Stunde. Wenn Sie schon drei Tage vorher anfangen, sich vor dem Besuch zu grauen und die drei nachfolgenden Tage damit verbringen, bei Ihren Freunden Dampf abzulassen, erweitern Sie die stressreichen Stunden auf eine volle Woche. Verbringen Sie die übrigen sechs Tage lieber mit Dingen, die Ihnen Spaß machen. Wenn Sie sich voll auf das Hier und Jetzt konzentrieren und es genießen, haben Sie etwas, wovon Sie in schlechten Zeiten zehren können. (Es gibt viele Meditationstechniken, die Ihnen dabei helfen. Siehe auch Literaturverzeichnis im Anhang).

Das Wichtigste: Denken Sie positiv!

Eine positive Grundeinstellung ist das A und O im Umgang mit WIPs. Zugegeben, sie stellen unsere Geduld oft auf eine harte Probe. Aber meistens spielen sie nicht grundlos eine Rolle in unserem Leben. Wenn Sie über diese Gründe nachdenken, finden Sie vermutlich Eigenschaften bei ihnen, für die Sie dankbar sein können. Statt sich über die negativen Aspekte den Kopf zu zerbrechen, versuchen Sie, Ihr Augenmerk auf die guten Seiten zu richten. Ihre Mutter mischt sich pausenlos ein? Denken Sie daran, dass Sie sich glücklich schätzen können, weil sie gesund und munter ist. Die Freunde Ihrer Kinder gehen Ihnen auf die Nerven? Denken Sie an die schönen Stunden, die Sie gemeinsam verbracht haben; sie sind eine bleibende Erinnerung. Halten Sie sich die vielen Charakterzüge vor Augen, die Sie bei Ihrem schwierigen Ehemann bewundern. Wer diese WIPs auch sein mögen: Wenn Sie wirklich danach suchen, werden Sie meistens etwas finden, was Ihnen gefällt – Freigebigkeit, Schlagfertigkeit, innere Stärke, Intelligenz, Abenteuerlust. Sogar von Ihrem unausstehlichen Chef können Sie sich in mancher Hinsicht eine Scheibe abschneiden.

Nur wenige Menschen sind immer und überall die reinsten Ekel. Falls Sie jedoch mit einem solchen Exemplar gestraft sind, sollten Sie Nein sagen und ihm nicht gestatten, Ihr Leben zu beherrschen. Versuchen Sie, ihn mit den Empfehlungen und Tipps in diesem Kapitel auf Distanz zu halten. Schaffen Sie Raum für Dinge, die Sie glücklich machen und Ihrem Leben einen Sinn verleihen. Umgeben Sie sich mit Leuten, die Ihr Selbstgefühl stärken, Ihre Träume unterstützen und Sie inspirieren, ein erfülltes Leben zu führen.

Das »Nein« im Alltag

Haben Sie schon einmal etwas gekauft, weil Sie es nicht übers Herz gebracht haben, die Verkäuferin zu enttäuschen?

Haben Sie schon einmal stillschweigend eine Rechnung im Lokal bezahlt, die um die Hälfte höher war als erwartet, weil Sie keinen Wirbel machen wollten?

Haben Sie Hemmungen, Ihrem Friseur zu sagen, dass Ihnen der Haarschnitt nicht gefällt?

Wir würden Ihnen gerne raten, in jeder Situation sensibel und rücksichtsvoll auf die Gefühle anderer zu reagieren. Aber das geht leider nicht. Thema dieses Buches ist die Kunst, ohne Schuldgefühle Nein zu sagen. Deshalb sehen wir unsere Aufgabe darin, Ihnen zu zeigen, wie Sie sich vor zu viel Sensibilität schützen (und dabei sogar noch eine Menge Geld sparen).

Wenn Sie das Bedürfnis haben, sich im Leben bei jedermann lieb Kind zu machen, bleibt es nicht aus, dass Sie sich mit höchst unliebsamen Erlebnissen und Erfahrungen konfrontiert sehen. Das gilt für Fremde, denen wir zufällig im Alltag begegnen, genauso wie für unsere engsten Beziehungen. Wenn Sie nicht in der Lage sind, Nein zu Verkäufern, Experten jeder Couleur und anderen Dienstleistern zu sagen, sollten Sie sich auf unangenehme Überraschungen gefasst machen: Auf medizinische Behandlungen, die völlig überflüssig sind. Auf schlampige Arbeit von Handwerkern, die Ihr Haus oder Ihre Wohnung renovieren. Auf schlechtes Essen im Restaurant. Auf eine neue Frisur, bei deren Anblick Sie der Schlag trifft. Mit Ihrem Schweigen lassen Sie sich »unterbuttern«. Das ist ein Kuhhandel, bei dem Sie die Zeche zahlen.

In diesem Kapitel geht es darum, wie man in den unterschiedlichsten Alltagssituationen, auch kommerziellen und professionellen, Nein sagen kann: Viele zögern beispielsweise, Empfehlungen von sogenannten Experten in Frage zu stellen oder einen Laden zu verlassen, ohne zu kaufen. Darüber hinaus beschreiben wir Selbstschutzmaßnahmen für den Umgang mit typischen Ärgernissen, die Ihren Frieden daheim und in der Öffentlichkeit stören: von der Konfrontation mit lärmenden Nachbarn bis zum Kampf gegen den Werbemüll in Ihrem Briefkasten und telefonischen Kundenfang.

Expertenmeinungen hinterfragen

Experten sind in unseren Augen Autoritätspersonen. Aufgrund ihrer Sachkenntnis dichten wir ihnen gerne eine Aura der Unfehlbarkeit an. Wir begegnen ihnen mit Ehrerbietigkeit und zögern, ihre Kompetenz in Zweifel zu ziehen, weil wir glauben, sie wären uns haushoch überlegen. Dieses Profil passt nicht nur auf Ärzte, sondern auch auf Automechaniker, Installateure, Elektriker, Friseure, Innendekorateure, Handwerker und alle, die auf einem Gebiet beschlagener sind als wir. Wir beugen unser Haupt vor den Experten!

Experten, die Defekte in unserem Körper, am Auto oder im Haus beheben, sind auch nur Menschen. Und Menschen unterlaufen Fehler. Sie haben ihren eigenen Geschmack und Vorlieben, die nicht immer mit unseren übereinstimmen. Nicht immer steht unser Interesse für sie an erster Stelle. Sie haben als Patient, Verbraucher oder Kunde das Recht, Fragen zu stellen und sich über Empfehlungen hinwegzusetzen, wenn sie Ihnen überflüssig, überteuert oder unangemessen vorkommen. Falls Sie Hemmungen haben, Zweifel anzumelden oder eine zweite »Expertenmeinung« einzuholen, verzichten Sie auf ein grundlegendes Recht als Verbraucher. Schützen Sie dieses, indem Sie lernen, auch zu einem Profi Nein zu sagen.

Dafür sind Mut und Entschlossenheit erforderlich, und beides leiten Sie aus dem Wissen ab, wann Ihnen etwas definitiv gegen den Strich geht. Überlegen Sie, unter welchen Umständen Sie ein gutes Gefühl haben, dann erkennen Sie auch, wann Sie Unbehagen empfinden. Wenn Sie entschlossen sind, sich vor Übergriffen auf Ihr Wohlbefinden zu schützen, sind Sie eher motiviert, Nein zu Menschen zu sagen, die es bedrohen.

Nein sagen zu Ärzten und anderen medizinischen Experten

Ein altes Sprichwort lautet: »Für einen Hammer sieht die ganze Welt wie ein Nagel aus.« Wenn ein Chirurg eine Operation empfiehlt, ein Kiefernorthopäde zu einer Zahnspange rät und ein Chiropraktiker Ihnen einmal in der Woche die Wirbelsäule einrichten will, sollten Sie daran denken, dass diese Experten die Welt durch ihre eigene getönte Brille sehen. Deshalb ist ihre Empfehlung nicht unbedingt falsch, aber für Sie vielleicht nicht der beste Weg.

Machen Sie sich bewusst, dass Sie, und nur Sie, für Ihre Gesundheit verantwortlich sind. Der Arzt ist Ihr Berater, nicht Ihr Boss, und er kann kein Machtwort sprechen, sondern seine Meinung zur Diskussion stellen. Sie sind Kunde, und er wird für seine Dienstleistung bezahlt.

Bei einem Freund wurde eine schwere Erkrankung diagnostiziert, und noch am selben Tag setzte der behandelnde Arzt (ein Chirurg) den OP-Termin fest, der ein paar Wochen später stattfinden sollte. In der Zwischenzeit begann unser Freund, alle nur erdenklichen Informationen über seine Krankheit zu sammeln. Er las Artikel im Internet und besprach sich mit anderen Patienten. Er machte einen führenden Spezialisten auf dem Gebiet ausfindig, den er um Rat fragte. Es stellte sich heraus, dass der schnellstmögliche chirurgische Eingriff nur eine von mehreren Optionen war; eine andere Behandlungsform schien genauso vielversprechend zu sein. Und so teilte unser Freund seinem Arzt mit, dass er die Operation verschieben und es zuerst mit dieser Therapie probieren wolle. Er hatte ein gutes Gefühl, was seine Entscheidung betraf, die sich auf glaubhafte Informationen und die Meinungen von mehreren kompetenten, angesehenen Medizinern stützte. (Heute, zwei Jahre später, geht es ihm gut, und seine Prognose ist ausgezeichnet.)

Abgesehen von Notfällen ist es also wichtig, Zeit zu gewinnen, um die Optionen in Ruhe zu überprüfen, wenn eine medizinische Behandlung vorgeschlagen wird, gleich ob es sich dabei um eine Operation, ein anderes Heilverfahren oder ein Medikament mit beunruhigenden Nebenwirkungen handelt. Wenn Sie eine zweite Expertenmeinung einholen, auf eigene Faust Nachforschungen anstellen oder beides kombinieren, finden Sie womöglich eine Alternative, die Ihnen Schmerzen, Ärger, finanzielle Kosten und Unannehmlichkeiten erspart. Oder auch nicht. Aber Sie werden es nie erfahren, wenn Sie nicht Klartext mit Ärzten und anderen Gesundheitsexperten reden. Folgende Tipps können Ihnen dabei helfen.

Zeit gewinnen, um Informationen zu sammeln

Ich möchte mehr über dieses Verfahren wissen, bevor ich meine Zustimmung gebe. Gibt es Literatur dazu, oder können Sie mir aktuelle Artikel in einer Fachzeitschrift empfehlen? (Sie können auch in der Bibliothek oder im Internet recherchieren.)

Ich möchte mich vorher mit Leuten unterhalten, die diese Behandlung aus eigener Erfahrung kennen. Wissen Sie, ob es im Umkreis Selbsthilfegruppen gibt? Ich werde weitere Informationen einholen und mich danach wieder mit Ihnen in Verbindung setzen.

Könnten Sie mir die Namen der drei führenden Forscher auf diesem Gebiet nennen? Ich möchte mich über ihre Artikel, Studien oder klinischen Versuche informieren.

Zeit gewinnen, um »abzuwarten«

Da bei dieser Erkrankung auch durch eine medikamentöse Behandlung gute Erfolge erzielt wurden, wie Sie sagten, möchte ich lieber noch abwarten. Ich will keinen chirurgischen Eingriff vornehmen lassen, wenn es nicht unbedingt erforderlich ist.

Eine zweite Expertenmeinung einholen

Ich habe jetzt einiges, worüber ich nachdenken muss. Um meines eigenen Seelenfriedens willen möchte ich zuerst weitere Informationen und eine zweite Expertenmeinung einholen. Sobald ich meine Entscheidung getroffen habe, rufe ich Sie an. (Empfehlungen des behandelnden Arztes sind mit Vorsicht zu genießen, vor allem, wenn es sich um einen Kollegen aus derselben Praxis oder Klinik handelt. Suchen Sie sich einen Außenstehenden für das zweite Beratungsgespräch.)

»Ist das wirklich nötig?« Vielleicht nicht

Diese Behandlungsform klingt ziemlich unangenehm. Außerdem ist sie teuer. Bevor ich mich darauf einlasse, möchte ich mich erkundigen, ob es nicht eine Methode gibt, die kostengünstiger und schonender ist.

Ich kann nicht alle drei Monate in die Praxis kommen, um meine Zähne reinigen zu lassen. Ich werde jeden Tag Zahnseide benutzen, Ehrenwort.

Nein sagen zu Medikamenten

Wenn es nicht um eine lebensbedrohliche Krankheit geht, treiben Sie bei der Behandlung oft »den Teufel mit Beelzebub aus«. Ob Sie ihr zustimmen, liegt bei Ihnen.

Wie ich sehe, gehören bei diesem Allergiemittel Krampf-

anfälle zu den Nebenwirkungen. Dann nehme ich lieber die Schniefnase und die tränenden Augen in Kauf.

Die potenziellen Nebenwirkungen dieses Medikaments machen mir Sorge. Auch wenn die Wahrscheinlichkeit gering ist, dass sie auftreten, möchte ich dieses Risiko nicht eingehen.

Nein sagen zu kosmetischen und sekundären Korrekturen

Ich weiß, meine Vorderzähne sind ein wenig abgesplittert. Aber die kosmetischen Korrekturen, die Sie vorschlagen, sind teuer, und meine Versicherung zahlt kaum etwas dazu. Da mir das nicht so wichtig ist, möchte ich vorerst darauf verzichten.

Nein sagen zu überhöhten Honorarforderungen

An die hohen Kosten der medizinischen Behandlung sind wir inzwischen gewöhnt, aber gegen Halsabschneider sollte man sich zur Wehr setzen, auch wenn es sich dabei um einen Doktor handelt, dem man wahre Wunder nachsagt. Falls ein Arzt für eine Nachfolgeuntersuchung, die ganze fünf Minuten dauert, genauso viel berechnet wie für die erste Konsultation, sollten Sie nachhaken. Ob das Geld aus Ihrer eigenen Tasche stammt, ist irrelevant, weil solche überhöhten medizinischen Kosten letztendlich zu Beitragserhöhungen für alle Versicherten führen. Sagen Sie Nein zu offenkundigem Wucher. Bitten Sie den behandelnden Arzt, Ihnen die »aufgeblähte« Rechnung zu erklären.

Ich verstehe das nicht. Ihr Honorar ist genauso hoch wie beim letzten Mal, obwohl ich nur ein paar Minuten bei Ihnen war. Da alles gut verheilt, mussten Sie ja nichts weiter tun, als nachschauen. Ist diese Rechnung richtig?

Falls Sie mit der Erklärung des Arztes nicht zufrieden sind, haben Sie das Recht, Ihr Missfallen zum Ausdruck zu bringen.

Das finde ich nicht in Ordnung. Im Honorar für die Entfernung des Leberflecks sollte der Kontrollbesuch enthalten sein.

»Jetzt trennen sich unsere Wege«: Nein sagen zum Therapeuten

Vor einigen Jahren machte eine Freundin eine Psychoanalyse, – mit »Couch« und allem Drum und Dran – und zwei Sitzungen pro Woche. Nach einigen Monaten, als es ihr besser ging, beschloss sie, die Sitzungen auf einmal wöchentlich zu reduzieren und sie sukzessive ausklingen zu lassen. Sie nahm ihren ganzen Mut zusammen, um das Thema zur Sprache zu bringen, aber just an dem Tag, als sie es anschneiden wollte, kam ihr der Psychiater zuvor. »Es gibt etwas, worüber ich mit Ihnen reden möchte«, sagte er. »Was halten Sie davon, in Zukunft dreimal pro Woche zu kommen?«

Viele, die eine Therapie machen, finden es schwer zu sagen »Danke, das war's!«, sobald sie entschieden haben, dass sie ihren Weg nun alleine gehen wollen. Sie fürchten, der Therapeut könnte sagen, sie wären noch nicht so weit oder würden vor ihren Problemen davonlaufen. Möglich, dass er die Beendigung der Therapie wirklich für verfrüht hält. Oder auch nicht. Sie werden es nie erfahren, wenn Sie das Thema nicht ansprechen. Sie machen schließlich eine Therapie, um über Ihre Gefühle zu reden; also keine Hemmungen!

Letztendlich liegt die Entscheidung immer bei Ihnen, und Sie müssen den Ablösungsprozess nicht länger ausdehnen, als Ihnen lieb ist. Sie sind zu nichts verpflichtet. Falls Sie später merken, dass Sie vorschnell gehandelt haben, können Sie vermutlich reumütig zurückkehren. Ihr Therapeut wird Ihnen bestimmt nicht vorhalten: »Das habe ich Ihnen ja gleich gesagt.«

Aber lassen Sie die Bombe nicht am Ende einer Sitzung platzen: »Ach übrigens, ich komme nicht mehr.« Sie sollten sich einige Sitzungen für Gespräche über Ihre Entscheidung und den Therapieerfolg aufsparen. Außerdem ist es eine Geste der Höflichkeit, Ihrem Therapeuten beizeiten mitzuteilen, dass Sie »aussteigen«.

Falls Sie nicht die richtigen Worte finden, um Ihr Anliegen vorzutragen, versuchen Sie es mit folgenden:

Ich finde, dass ich im Verlauf der Therapie alles gelernt habe, was ich brauche. Ich würde sie gerne zum Abschluss bringen.

Die Sitzungen haben mir sehr geholfen. So sehr, dass ich denke, ich schaffe es in Kürze auch ohne Therapie.

Ich bin zu der Schlussfolgerung gelangt, dass ich hier keine nennenswerten Fortschritte mache. Deshalb habe ich beschlossen, dass es besser für mich ist, nicht mehr zu kommen.

Nein sagen zu »festen Beziehungen« mit Chiropraktikern und anderen Experten

Vielleicht fühlen Sie sich jedes Mal wie neugeboren, aber Sie haben trotzdem keine Lust, ihn jede Woche zu sehen. Wenn Sie keinen Wert auf eine »langfristige Beziehung« legen, sagen Sie Nein zu Chiropraktikern, Masseuren und anderen medizinischen Experten, die versuchen, Sie zu einem regelmäßigen Stelldichein zu nötigen.

Ich kann mir gut vorstellen, welche Vorteile es hat, regelmäßig zu kommen, aber das ist leider nicht möglich. Im Moment habe ich nicht die Zeit dazu.

Sie haben mir sehr geholfen, und das weiß ich zu schätzen, aber meine Krankenkasse zahlt die Behandlungen nicht, und deshalb muss ich damit haushalten.

Wenn meine Zeit und mein Budget es erlauben würden, wäre eine Massage pro Woche ideal, aber leider geht es im Moment nicht.

Nein sagen im Namen Ihres Autos

Dieses Mal sind nicht Sie der Patient, sondern ein zentnerschwerer Klotz aus Metall und Gummi. Aber Zeit gewinnen und eine zweite Expertenmeinung einholen sind auch dann gute Strategien, wenn es um Ihren fahrbaren Untersatz geht, vor allem, wenn Sie selber keine Ahnung von dessen Innenleben haben. Wenn Sie Angebot und Leistung vergleichen, erfahren Sie zumindest, ob Ihre Werkstatt Ihnen einen fairen Preis berechnet. Sagen Sie nicht automatisch Ja zu Kostenvoranschlägen, empfohlenen Reparaturen oder Ersatzteilen, wenn Sie wissen möchten, ob sich die Investition lohnt. Solange die »Kiste« läuft, können *Sie* den Leerlauf einschalten.

Zeit gewinnen

Danke für den Kostenvoranschlag. Ich werde die Preise vergleichen und melde mich dann bei Ihnen.

Ich bin nicht sicher, ob es sich noch lohnt, so viel Geld in die alte Klapperkiste zu investieren. Ich werde mich mit Ihnen in Verbindung setzen, sobald ich eine Entscheidung getroffen habe. Sie können in zwei, drei Tagen mit meinem Anruf rechnen.

Sie meinen, mit diesen Reifen kann ich nur noch ein paar Tausend Kilometer fahren? Na gut, dann werde ich das machen, und anschließend komme ich wieder. Aber im Moment möchte ich sie noch nicht auswechseln.

Nein sagen nach dem Informationsgespräch oder Kostenvoranschlag

Bevor Sie jemanden damit beauftragen, Ihr Haus zu streichen, Ihre Küche zu renovieren oder Ihre Kinder zu betreuen, werden Sie vermutlich mit mehreren Interessenten über die Arbeit, den Zeitrahmen und das Budget sprechen. Insbesondere bei einem Babysitter oder einer Tagesmutter wollen Sie sicher sein, dass Sie eine gute Wahl treffen. Sie werden die Referenzen überprüfen und, wenn es um Renovierungs- oder Malerarbeiten geht, mehrere Kostenvoranschläge einholen.

Es lässt sich nicht vermeiden, dass bei einem Selektionsprozess ein Kandidat oder mehrere leer ausgehen; in diesem Fall ist es nur fair, sie schnellstmöglich von Ihrer Entscheidung in Kenntnis zu setzen. Lassen Sie sie nicht im Ungewissen, da Terminänderungen erforderlich sein oder Chancen auf anderweitige Beschäftigung verpasst werden könnten. Ihr »Nein« wird leichter verdaulich, wenn Sie einen Grund nennen, vorzugsweise einen unpersönlichen, zum Beispiel Kosten oder Zeitpläne, die nicht mit Ihren Vorstellungen übereinstimmen.

Ein Tipp für die Furchtsamen: Rufen Sie an, wenn Sie damit rechnen können, dass der Anrufbeantworter eingeschaltet ist, und hinterlassen Sie eine Nachricht mit Ihrem »Nein«. Hierzu einige Vorschläge.

Handwerker

Danke, dass Sie vorbeigekommen sind, um einen Kostenvoranschlag zu machen. Ich habe beschlossen, den Auftrag an jemanden zu vergeben, der früher anfangen/schneller fertig sein kann. Trotzdem vielen Dank, dass Sie mir Ihre Zeit geopfert haben; ich werde Sie bei künftigem Bedarf berücksichtigen.

Handwerker haben ein begründetes Interesse daran, zu erfahren, wie ihre Preise im Vergleich zur Konkurrenz abschneiden; falls Geld der ausschlaggebende Faktor für Ihre Entscheidung war, sollten Sie nicht um den heißen Brei herumreden.

Ich habe mehrere Angebote eingeholt, und Ihres gehört zu den teuersten; deshalb werde ich den Auftrag anderweitig vergeben. Vielen Dank für Ihre Mühe.

Einige Handwerker rechtfertigen ihre höheren Preise mit besserer Arbeitsqualität oder Serviceleistungen, was stimmen mag. Dennoch könnte das Budget bei Ihren Überlegungen den Ausschlag geben.

Ich weiß, dass Sie erstklassige Arbeit liefern, was sich auch in Ihren Preisen widerspiegelt. Aber ich glaube, für diesen Auftrag sind Sie überqualifiziert. Da das Budget vorrangig ist, habe ich ich mich für einen preisgünstigeren Malereibetrieb entschieden.

Babysitter und Kindermädchen

Wenn Sie einer Kandidatin absagen müssen, sollten Sie einen Grund nennen und versuchen, dabei auch auf etwas Positives hinzuweisen. Wenn Sie keine Bedenken hätten, sie weiterzuempfehlen, sagen Sie ihr das.

Ich brauche jemanden, der zeitlich flexibler ist, deshalb habe ich mich für eine Frau entschieden, die schon am Morgen kommen könnte, für den Fall, dass eines der Kinder krank ist. Wären Sie eventuell als Vertretung verfügbar? Wenn ja, würde ich mich gerne an Sie wenden und Sie weiterempfehlen. In unserer Nachbarschaft gibt es einige, die einen guten Babysitter suchen.

Sie können hervorragend mit Kindern umgehen, und Ihre Referenzen sind fantastisch, aber wir können Ihnen leider nicht so viel zahlen, wie Sie sich vorgestellt haben. Deshalb haben wir uns anderweitig entschieden. Vielen Dank für Ihre Bewerbung. Bei Ihrer Erfahrung wird es gewiss nicht schwer sein, etwas Passendes zu finden.

Ich habe beschlossen, eine Kinderfrau einzustellen, die wesentlich mehr Erfahrung hat. Meine Kinder können mitunter recht schwierig sein, und ich möchte sicher gehen, dass sie alles im Griff hat. Aber wir haben uns trotzdem gefreut, Sie kennen zu lernen, und hoffen, dass Sie bald die richtige Familie finden. Ich werde die Ohren offen halten und Sie weiterempfehlen, wenn ich höre, dass jemand ein Kindermädchen sucht.

Wenn Ihnen die Kandidatin überhaupt nicht zusagt und Sie nie auf den Gedanken kämen, sie weiterzuempfehlen, es aber nicht übers Herz bringen, ihr wie oben beschrieben eine Absage zu erteilen, machen Sie's kurz und schmerzlos:

Ich wollte Ihnen nur sagen, dass wir uns anderweitig entschieden haben. Vielen Dank für Ihre Mühe und viel Glück.

Nein sagen zu Renovierungskünstlern

In ihrem Beruf ist Patti eine zähe Verhandlungspartnerin, die mehrmals am Tag Nein sagt. Aber sie hat »gekniffen«, als es galt, den Installateur darauf aufmerksam zu machen, dass die falsche Badewanne geliefert und eingebaut worden war.

Jeder, der die Renovierung seines Hauses überlebt hat, weiß, wie leicht etwas schief geht. Es wird gepfuscht. Sie überlassen Entscheidungen anderen, von denen Sie meinen, dass sie sich besser auskennen, oder weil Sie es einfach satt haben, sich über alles den Kopf zu zerbrechen. *(In welcher Farbe ich die Wände gestrichen haben will? Was weiß denn ich? Nehmen Sie die Erstbeste und hören Sie auf, mich mit Ihren Fragen zu nerven!)*

Renovierungen erfordern Geduld und Aufmerksamkeit. Und wenn Sie für die Dauer der Arbeiten keine innige Beziehung zu Ihren Handwerkern entwickeln, kann es sehr ungemütlich werden. Das eine oder andere Problem lässt sich vermeiden, wenn Sie vorab Fragen stellen und die Auftragsbestätigung genau durchlesen, bevor Sie unterschreiben. Trotzdem kann es vorkommen, dass Sie nach Beginn des Projekts Nein sagen müssen, zur falschen Badewanne, zur falschen Wandfarbe oder zu sonst etwas. Falls Sie es nicht schaffen, müssen Sie mit den Folgen leben (und dafür zahlen).

Benutzen Sie folgende Formulierungen und andere in diesem Buch beschriebene Strategien, um Nein zu Renovierungskünstlern zu sagen, die Ihre Vorstellung von einem Traumhaus nicht teilen:

Tut mir Leid, aber das habe ich nicht bestellt. Deshalb bestehe ich darauf, dass Sie die Badewanne wieder herausreißen und die von mir ausgesuchte installieren, ohne zusätzliche Arbeitskosten zu berechnen.

Widerstand gegen unnötige Verbesserungen

Es ist nichts gegen unseren Geschirrspüler einzuwenden, also besteht auch kein Grund, ihn durch einen neuen zu ersetzen. Wir sind zufrieden.

Nein, wir brauchen keinen neuen Kühlschrank, nur um etwas zu verändern. Der Umbau kostet auch so schon genug.

Wenn Sie Ihre Meinung ändern

Was ist, wenn Sie feststellen, dass Sie die neuen Fliesen hässlich finden, die in der Zeitschrift so gut ausgesehen haben? Ist die Renovierung bereits im Gange, geht es um die Frage: Ein Ende mit Schrecken oder ein Schrecken ohne Ende? Es steht Ihnen frei, Ihre Meinung zu ändern, so lange Sie bereit sind, die zusätzlichen Arbeits- und Materialkosten zu bezahlen und mögliche Verzögerungen in Kauf zu nehmen. Sie können sich direkt erkundigen, was Sie für den Sinneswandel berappen müssen, aber manchmal ist es vorteilhafter, nicht gleich mit der Tür ins Haus zu fallen.

Ich habe die Fliesen zwar selber ausgesucht, aber jetzt, wo sie angebracht sind, gefallen sie mir nicht mehr. Bestünde die Möglichkeit, sie auszutauschen?

Sobald Sie entschieden haben, dass sich die Mühe lohnt, rücken Sie mit der Sprache raus:

Ich muss gestehen, dass ich einen Fehler gemacht habe! Wenn ich die Fliesen nicht herausreißen lasse, werde ich mich zeitlebens ärgern.

Nein sagen zu allen, die einen anderen Stil haben

Ein Handwerker oder Innendekorateur versucht vielleicht, Sie zu etwas zu überreden, was Ihnen nicht gefällt, oder Ihnen etwas auszureden, woran Ihr Herz hängt. Lassen Sie sich nicht einschüchtern. Über Geschmack lässt sich bekanntlich streiten, und Ihr eigener sollte an erster Stelle stehen. Machen Sie sich Mut zum Neinsagen, indem Sie Ihre innere Vision von einem Ambiente lebendig halten, in dem *Sie* leben möchten, nachdem die Experten ihre Siebensachen gepackt haben.

Ich weiß, dass dieser Stil modern ist, aber ich würde mich nicht wohl darin fühlen.

Der minimalistische Look passt beim besten Willen nicht zu meiner Familie.

Mag sein, dass die sechziger Jahre wieder »in« sind, aber dieser knallige orangegelbe Flickenteppich gefällt mir nicht. Ich stehe mehr auf sanfte Beigetöne.

Ich wäre nie auf die Idee mit dem gemauerten Kaminsitz gekommen, und ehrlich gestanden, sie sagt mir auch nicht zu. Ich möchte lieber darauf verzichten.

Tut mir Leid, wenn Ihnen die Zebrastreifen-Tapete nicht gefällt, aber ich finde sie klasse. Sie erinnert mich an unsere Safaris in Afrika. Diese Tapete hat mich überhaupt erst auf den Gedanken gebracht, mein Haus neu einzurichten, deshalb möchte ich, dass sie angebracht wird.

Nein sagen zu Friseuren und anderen Experten, die Sie verschönern wollen

Friseure sind gesellig – zumindest diejenigen, die wir kennen. Vielleicht liegt es daran, dass den ganzen Tag so viele unterschiedliche Menschen im Salon aus- und eingehen, Geschichten erzählen und Meinungen austauschen. Jemand, der seinen Lebensunterhalt damit verdient, anderen die Haare zu schneiden, ist nach unserem Dafürhalten ein »Freigeist«. Solche Menschen experimentieren gerne. Die Frage ist nur: Wollen Sie deren Kreationen auf Ihrem Kopf tragen?

Sie sollten sicher gehen, dass Sie entscheiden, was mit Ihren Haaren geschieht, es sei denn, Sie lieben Überraschungen. Hier sind Präventivmaßnahmen entscheidend. Besprechen Sie den Schnitt, bevor Ihr Figaro die Schere zückt. Um einem Vorschlag zu widerstehen, auf den Sie nicht versessen sind, versuchen Sie es mit einer der folgenden Antworten:

Vielleicht sehe ich wirklich sexy mit Dauerwelle/Strähnchen/Irokesenschnitt aus, aber ich würde mich nicht wohl fühlen. Das bin ich nicht.

Ich wünschte, Sie würden mich jeden Morgen frisieren. Ich sehe immer klasse aus, wenn ich den Salon verlasse. Aber die Frisur ist zu arbeitsaufwändig für mich; die kriege ich allein nie so gut hin. Ich brauche Ewigkeiten mit dem Föhn und die Zeit habe ich nicht. Ich brauche einen wirklich pflegeleichten Schnitt ... waschen und fertig.

Alle finden, dass mir die Frisur steht. Warum soll ich da etwas Neues ausprobieren, was mir unter Umständen nicht gefällt? Ich möchte wieder den gleichen Haarschnitt wie beim letztem Mal.

Nein sagen zu sechs Wochen mit Horrorfrisur

Na schön, vielleicht hat André mit der Schere tatsächlich zu viel des Guten getan oder die chemische Lösung zu lange auf den Haaren gelassen. Das wächst irgendwann heraus. Aber bei den Preisen haben Sie eigentlich etwas Besseres verdient.

Wenn eine Kundin unglücklich mit einem Haarschnitt oder einer Behandlung ist, wird jeder gute Friseur unentgeltlich für Abhilfe sorgen. Haben Sie keine Hemmungen, in Tränen auszubrechen, wenn Ihnen beim Blick in den Spiegel danach zumute ist; Sie müssen nicht schweigend leiden. Lassen Sie Ihren Friseur an Ihrem Kummer teilhaben. Formulieren Sie Ihre Einwände so präzise wie möglich. Je klarer Sie mitteilen können, was Ihnen nicht gefällt, desto leichter ist es, das Problem zu beheben.

Die Haare rund ums Gesicht sind mir immer noch zu voll. Ich hätte sie gerne über der Stirn etwas mehr ausgedünnt.

Diese Farbe finde ich nicht besonders schmeichelhaft. Der Kupferton ist zu grell. Können Sie ihn nicht ein bisschen mehr auf meine natürliche Haarfarbe abstimmen?

Ich fühle mich nicht wohl mit den Locken. Können Sie die Dauerwelle entschärfen?

Wenn Sie sich nach Verlassen des Salons immer noch grauenhaft fühlen, rufen Sie an und bitten Sie um einen neuen Termin, damit der Schaden behoben werden kann.

Ich habe versucht, mich mit dem Schnitt anzufreunden, aber er ist zu fransig für meinen Geschmack. Ich würde gerne noch einmal vorbeikommen, damit Sie die Länge angleichen.

Gehört Ihr Friseur zu den Visionären, die geneigt sind, sich im Namen der künstlerischen Freiheit über die Wünsche ihrer Kundinnen hinwegzusetzen? Falls er Sie wie ein lebloses Objekt behandelt und sich taub stellt, sollten Sie nicht die Hände in den Schoß legen und sich zum Opferlamm machen. Stehen Sie auf und sagen Sie dem Haarkünstler:

Ich glaube, wir sprechen nicht die gleiche Sprache. So läuft das bei mir nicht. Ich gehe.

Suchen Sie sich einen neuen Friseur, einen ohne Primadonna-Allüren.

Nein sagen zu »Produkten« im Friseursalon

Ein guter Friseur ist nach unserer Definition jemand, der etwas von seinem Handwerk versteht, freundlich ist und nicht versucht, Ihnen teure Haarpflegeprodukte aufzuschwatzen. Falls Sie im Friseursalon unaufgefordert eine Verkaufspräsentation über sich ergehen lassen müssen, sollte ein schlichtes »Nein danke« genügen. Und übt jemand Druck aus, leisten Sie Widerstand.

Ich bin sicher, dass die Produkte gut sind, aber ich benutze seit Jahren dieselben und bin sehr zufrieden.

Ehrlich gesagt, ich finde die Produkte ziemlich teuer. Ich sehe nicht ein, warum ich so viel Geld für Haargel ausgeben soll.

Ich bin bisher auch ohne den »Megakonditioner mit dem revolutionärem Weichspüler« ausgekommen und werde auch in Zukunft darauf verzichten. Trotzdem Danke.

Nein sagen zum Verkaufsstress der Schönheitsindustrie

Falls Sie wissen möchten, was es bei Ihnen alles zu bemängeln gibt: Ein ganzes Heer von Kosmetikverkäuferinnen, ganz zu schweigen von Schönheitsmagazinen und Tausende Werbebotschaften erinnern Sie gerne daran. Sie werden sogar auf Unzulänglichkeiten hingewiesen, die Ihnen bisher noch nicht aufgefallen sind: Ihre Lippen sind zu schmal, die Brauen zu buschig, die Nase zu groß … und dabei reden wir nur von Ihrem Gesicht. Die Unsicherheiten der Kunden ins Visier zu nehmen ist eine bewährte Verkaufstaktik. Eines scheint gewiss: Je größer der Glaube an die Heilsbotschaften der Schönheitsindustrie, desto größer ist auch das Bedürfnis, Geld in das perfekte Gesicht, das perfekte Haar und den perfekten Körper zu investieren – mit dem Ergebnis, dass Ihr Selbstwertgefühl noch mehr leidet. Wenn das Selbstbild auf tönernen Füßen steht, fällt es sehr schwer, Nein zu Schönheitsexperten zu sagen, die Ihnen Kosmetika verkaufen oder erzählen wollen, was Sie »alles falsch machen«.

Wir kaufen nichts, und auch Sie zwingt niemand dazu. Hier ist unser Geheimtipp in puncto Schönheit: Einfach ignorieren. Sagen Sie: Mit mir nicht! Hören Sie nicht mehr auf das, was man Ihnen einreden will. Bewahren Sie sich Ihre Selbstachtung (und sparen Sie viel Geld) mit den grundlegenden Präventivmaßnahmen. Praktisch können Sie:

Aufhören, Schönheits- und Modemagazine zu lesen. Das ist ganz einfach und reduziert die Anzahl der Botschaften, die

Ihnen Minderwertigkeitskomplexe einreden wollen. (Lesen Sie stattdessen ein gutes Buch.)

Abstand zu Veranstaltungen halten, bei denen Sie kostenlos von einem Profi geschminkt werden. Sie sind nur dann kostenlos, wenn es Ihnen gelingt, dem Kaufzwang zu widerstehen, und Kosmetikverkäuferinnen üben diesen Zwang oft durch Hinweise auf »Mängel« aus, die Sie korrigieren sollten.

Produkte suchen, die Ihnen gefallen, und dabei bleiben. Wenn es Ihnen Spaß macht, mit Make-up und neuem Aussehen zu experimentieren, tun Sie sich keinen Zwang an! Aber falls Sie sich Geld, Zeit und Ärger sparen wollen, sollten Sie entscheiden, welche Produkte wichtig für Sie sind (»keins« ist eine annehmbare Antwort), und ihnen die Treue halten. Auf diese Weise können Sie ungezählte Werbebotschaften links liegen lassen, weil Sie genau wissen, was Sie wollen.

Konzentrieren Sie Ihre Energie auf die Gesundheit, und die Schönheit folgt von alleine. Eine gesunde Lebensführung kommt auch Ihrem Aussehen zugute: Dazu gehören regelmäßige Bewegung oder Herz und Kreislauf stärkende Gymnastik, Krafttraining, viel frisches Obst und Gemüse, eine fettarme Ernährung, ausreichend Schlaf und Stressbewältigungstechniken. Der fürsorgliche Umgang mit sich selbst, der die »Psychohygiene« ebenso einschließt wie das äußere Erscheinungsbild, verleiht Auftrieb. Belastbarkeit, Selbstvertrauen und Selbstwertgefühl wachsen. Wenn Sie diesen Punkt erreicht haben, strahlen Sie unweigerlich eine Schönheit aus, die von innen kommt. Und wenn Sie mit sich selbst im Reinen sind, fällt es Ihnen leichter, Nein zu Menschen zu sagen, in deren Gegenwart Sie sich nicht wohl fühlen.

Weitere Situationen, in denen Sie als Kunde »Nein danke« sagen sollten

Viele alltägliche Erfahrungen beim Einkaufen oder Besuch eines Restaurants wären ein Anlass, Nein zu sagen. Lassen Sie die Chance nicht ungenutzt verstreichen.

Im Restaurant: Mit Undank zurück

Ihre Bereitschaft, schlechtes Essen im Restaurant zurückgehen zu lassen, ist eine klassische Nagelprobe für Ihr Selbstbewusstsein. Eine Ehrensache also, sie zu bestehen. Sie müssen ja nicht gleich arrogant und ausfallend werden, um zu zeigen, dass Sie sich auch in einem Lokal nicht die Butter vom Brot nehmen lassen. In dieser Situation ist vornehme Zurückhaltung die richtige Reaktion, wenn jemandem auf Ihre Kosten ein Fehler unterlaufen ist. Die Methode ist ungemein effektiv. Sie lächeln den Ober an und schildern den Tatbestand, objektiv und ohne Schuldzuweisungen. In den meisten Fällen wird das Problem umgehend behoben.

Bestellungen, die Sie nicht aufgegeben haben, und andere Überraschungen

Tut mir Leid, aber ich habe einen Tofuburger bestellt ... Das, was Sie mir gebracht haben, sieht wie Hähnchen aus.

Wenn das Essen auf dem Teller nicht mit der Beschreibung auf der Speisekarte übereinstimmt:

Hören Sie, auf der Speisekarte hieß es, dass mein Wok-Ge-

richt mit Safranreis serviert wird. Wenn ich mich nicht irre, sind das da Spaghetti-Nester.

Falls Sie (kurze Zeit später) erfahren, dass die Tofuburger oder der Safranreis aus sind, sagen Sie der Bedienung nett (aber mit Nachdruck):

Oh! In diesem Fall möchte ich lieber etwas anderes bestellen. Würden Sie mir noch einmal die Speisekarte bringen?

Ungenießbares Essen

Der Ober ist nicht für die Küche zuständig, also kränkt es ihn auch nicht, wenn Sie etwas am Essen zu beanstanden haben. Tragen Sie Ihre Beschwerde sachlich vor und tun Sie nicht so, als würden Sie ihn höchstpersönlich zur Verantwortung ziehen. Betrachten Sie ihn als Verbündeten und erklären Sie so präzise wie möglich, was Sie wollen. Zum Beispiel:

Würden Sie so nett sein und den Koch bitten, das Fleisch ein wenig länger zu braten? Es ist innen noch ganz roh.

Wissen Sie, das Essen ist sehr salzig. (Nehmen Sie Ihren Teller hoch und drücken Sie ihn dem Ober in die Hand.) *Würden Sie bitte den Koch fragen, ob er etwas dagegen tun kann?*

Tut mir Leid, aber das Gemüse ist zu lange gegart und matschig. Würden Sie das Küchenpersonal bitten, mir eine neue Portion zu machen, die noch Biss hat? Sie wissen schon, was ich meine ... (Stellen Sie Blickkontakt her und nicken Sie, um Ihre Annahme zu bekräftigen, dass der Ober Ihren guten Geschmack teilt.)

Haben Sie immer noch Hemmungen, den Ober zu »behelligen«? Warum? Sie sind schließlich ein höflicher und respektvoller Gast, der vorhat, ein anständiges Trinkgeld zu geben.

Allein deshalb wird man sich bemühen, Ihnen jeden Wunsch von den Augen abzulesen. Und vergessen Sie nicht, zu sagen:

Vielen Dank für Ihre Mühe. Das schmeckt um Klassen *besser.*

Sagen Sie Nein zum »Katzentisch«

Sie müssen sich nicht an den Tisch setzen, den man Ihnen zuweist. Im Restaurant ist es wie im Immobilienmarkt: Das Wichtigste ist die Lage. Wer den Mund aufmacht, bekommt einen Tisch, der sich nicht direkt neben der zugigen Tür, der Küche oder dem Raucherbereich befindet. Bevor Sie sich mit weniger zufrieden geben, begeben Sie sich selber auf die Suche. Ist ein besserer Tisch frei, fragen Sie, ob Sie dort Platz nehmen können:

Ich hätte lieber den Tisch dort drüben.

Guten Appetit.

In Geschäften: Gut Ding will Weile haben

Viele große Kaufhäuser sind so unpersönlich, dass man sich wundert, ob man außer vom Sicherheitspersonal am Überwachungsmonitor überhaupt von jemandem wahrgenommen wird. Wir ziehen kleinere Läden vor, die keiner Kette angehören, am liebsten in der Nachbarschaft, um sie zu unterstützen. Da sie eine persönlichere Atmosphäre haben und Verkäuferin und Inhaberin oft identisch sind, kann der Besuch allerdings etwas schwierig werden, wenn Sie zu Schuldgefühlen neigen.

Angenommen, Sie befinden sich in einer kleinen Boutique und haben eine Dreiviertelstunde damit verbracht, verschiedene Stücke anzuprobieren. Eine nette Verkäuferin hat Ihnen geholfen, die richtige Größe zu finden, Vorschläge gemacht und nicht mit Komplimenten gespart. Sie aber sind nicht überzeugt. Bisher war eigentlich nichts dabei, was Sie vom Hocker reißt. Sie würden am liebsten gehen, aber es ist Ihnen peinlich, die nette, hilfsbereite Verkäuferin zu enttäuschen. Wie ziehen Sie sich aus der Affäre, ohne Geld für ein teures Kostüm auszugeben, das nur im Schrank hängen würde?

Denken Sie daran, dass Firmen gute Geschäfte machen, indem sie gute Beziehungen zu Kunden entwickeln. Auch wenn Sie an diesem Tag mit leeren Händen gehen, wird die Verkäuferin erfreut sein, wenn Ihnen die Ware gefallen hat und Sie vorhaben, wiederzukommen. In ihren Augen sind Sie eine potenzielle Kundin, die vielleicht beim nächsten Mal kauft oder das Geschäft einer Freundin empfiehlt.

Kein Einzelhändler erwartet, an jeden, der seinen Laden betritt, zu verkaufen; wenn Sie Schuldgefühle haben, weil Sie stöbern, aber nicht kaufen, ist das Ihr Problem. Hier sind einige Sätze, die Sie beim Verlassen des Geschäfts sagen können:

Nein sagen zum Kauf

Heute ist nicht mein Tag. Aber Sie haben sehr schöne Sachen. Ich werde gerne wiederkommen.

Wenn Sie das Grüne in meiner Größe hätten, würde ich es nehmen. Vielleicht habe ich nächstes Mal mehr Glück.

Ich bin mir immer noch nicht sicher und möchte Ihre Zeit nicht länger in Anspruch nehmen. Ich werde darüber nachdenken.

Präventivmaßnahme: Vermeiden Sie die Schuldgefühle, die viele Nichtkäufer plagen, indem Sie der Verkäuferin/Inhaberin gleich beim Betreten des Ladens sagen: *Heute möchte ich mich nur umschauen.*

Nein sagen zur Müllinvasion

Wir drohen im Müll zu ersticken – und nicht nur in dem selbst produzierten, den wir kaufen, weil wir nicht Nein sagen können. Ein großer Teil gelangt unaufgefordert in Form von Reklame ins Haus. Das mag klingen, als würden wir uns über Nichtigkeiten aufregen, aber es ist trotzdem wichtig und lohnenswert, auch kleinen Ärgernissen ein lautes Nein entgegenzusetzen. Es beinhaltet keine nennenswerte persönliche Kommunikation, keine Notwendigkeit, jemanden zu enttäuschen, und kein moralisches Dilemma, das Ihnen zu schaffen macht. Und der Lohn ist beachtlich.

Wenn wir in diesem Buch raten, Nein zu sagen, um mehr Zeit zu haben und Freiräume zu schaffen, sprechen wir in aller Regel Zumutungen und Ablenkungen durch andere Leute an. Aber das ist nicht immer der Fall. Das »greifbare« Chaos, das sich überall im Haus ansammelt, kann Sie ebenfalls belasten und bremsen, gleich ob es sich dabei um Post in rauen Mengen oder Ihre persönliche Habe handelt.

Wenn Sie Nein sagen zu Müll in seinen fassbaren Formen, sagen Sie gleichzeitig Ja zu einem einfacheren, »abgespeckten« Leben. Die Radikalkur hat viele Vorteile: weniger Chaos, das Sie in den Griff bekommen müssen, weniger Ärger, weniger Dinge, über die Sie stolpern, mehr Platz in Schubläden und Schränken, weniger zum Einräumen, weniger zum Abstauben und weniger Kopfzerbrechen, weil etwas kaputtgehen könnte. Mit einer aufgeräumten Arbeitsfläche fühlen Sie sich friedvoller und entspannter. Und denken Sie umgekehrt daran, wie frustrierend es ist, sich erst Platz schaffen oder alles auf den Kopf stellen zu müssen, wenn Sie etwas suchen.

Warum befreien Sie sich nicht von dieser Last, indem Sie bewusst beschließen, »auszumisten«? Wenn Sie etwas zwei Jahre lang nicht getragen oder aus dem Schrank geholt haben, wird sich daran auch in Zukunft nichts ändern. Geben Sie Kleidung in die Altkleidersammlung, verschenken Sie Küchenutensilien an Freunde (junge Leute, die gerade einen eigenen Hausstand gegründet haben, sind vermutlich dankbare Abnehmer), setzen Sie eine Kleinanzeige ins Lokalblatt, verkaufen Sie die Sachen auf dem Flohmarkt. Und für die Zukunft gilt:

Führen Sie die Regel »Eins rein, eins raus« für Kleidung, Bücher, Videos, CDs, Sportartikel und andere Dinge ein, die dazu neigen, sich auf wundersame Weise zu vermehren. Wenn Sie etwas Neues kaufen, trennen Sie sich sofort von etwas Altem.

Machen Sie sich bewusst, dass nichts auf der Welt unersetzlich ist. Sie können überall das Gleiche oder etwas Ähnliches kaufen – in Geschäften, via Internet, in Buchhandlungen, durch Freunde –, falls Sie sich von etwas getrennt haben und es später bereuen.

Den eigenen Müll loszuwerden ist nicht schwer, wenn Sie Ihr Augenmerk auf den Platz und die Gemütsruhe konzentrieren, die Sie mit einem Leben ohne überflüssiges Sammelsurium gewinnen. Sich von Müll zu trennen, der nicht auf Ihrem »Mist« gewachsen ist, ist noch einfacher.

Werbemüll

Wenn Sie sich jemals über das Schneckentempo der Post beschwert haben, sollten Sie bedenken, dass sie allein schon tonnenweise Werbematerial befördern muss, Wurfsendungen, Kataloge und angeforderte Angebote. Kein Wunder, dass solche Mengen ein Klotz am Bein sind. Die Entsorgung des Werbemülls kostet den Steuerzahler darüber hinaus Millionen, ganz zu schweigen von den unzähligen Bäumen, die dafür gefällt werden.

Werbemüll vergrößert das materielle Chaos in Ihren häuslichen vier Wänden und in Ihrem Leben, und da Sie sich mit jedem einzelnen Produkt auf die eine oder andere Weise befassen müssen, stiehlt er Ihnen die Zeit. Die Verschwendung ist umso größer, wenn man davon ausgeht, dass ein großer Teil sowieso ungeöffnet oder ungelesen in der Abfalltonne landet.

Auch wenn der Werbemüll Sie persönlich nicht stört, sollten Sie sich im Namen der Umwelt dagegen zur Wehr setzen. Es gibt einiges, was Sie unternehmen können; diese Maßnahmen erfordern wenig Aufwand, reduzieren aber erheblich den Werbemüll, der durch Ihre Hände geht.

Nein sagen zum Werbemüll

Beschaffen Sie sich bei Ihrer Gemeinde/Stadtverwaltung einen Aufkleber, dass Sie in Zukunft keine Postwurfsendungen mehr zugestellt haben möchten.

Als Kreditkartenbesitzer flattern Ihnen vielleicht ständig »vorab bewilligte« Karten von Banken oder Kreditkartenfirmen ins Haus. Ein Anruf genügt, um sich gegen die Flut zu wehren und Ihren Namen von den Mailinglisten streichen zu lassen.

Bei Bestellungen per Telefon, Post oder Online sollten Sie verlangen, dass Ihr Name nicht auf die Mailinglisten gesetzt wird, die verkauft, vermietet oder mit anderen Unternehmen getauscht werden. Wenn Sie viel im Versandhandel bestellen, sparen Sie Zeit, wenn Sie Aufkleber kaufen und mit einer entsprechenden Bitte versehen. Fügen Sie jeder Bestellung und jedem Scheck, den Sie verschicken, einen Aufkleber bei. Das gilt auch für Zeitschriftenabonnements und Spendenbeträge für politische oder gemeinnützige Zwecke.

Wenn Sie bestimmte Kataloge beziehen wollen, aber nicht möchten, dass Ihr Name weitergeben wird, bitten Sie, Sie lediglich in der »firmeninternen« Kundendatei zu führen. (Fügen Sie die Mitteilung Ihrer Bestellung bei oder rufen Sie die gebührenfreie Nummer an.)

Verzichten Sie auf die Teilnahme an Marktumfragen, Wettbewerben oder Lotterien. Höchstwahrscheinlich landet Ihr Name auf einer weiteren Mailingliste.

Überlegen Sie genau, ob Sie nach dem Kauf eines Produkts die Garantiekarte einschicken. Sie dient nicht primär dem Schutz des Verbrauchers, sondern der Förderung des Marketing. Die persönlichen Informationen, die Sie unter Umständen kostenlos mitliefern, (via Fragebögen zur Kundenzufriedenheit, einschließlich Angaben zu Einkommen und Lifestyle-Interessen), werden in einer Datenbank gespeichert und können dann an Direktversandfirmen weiterverkauft werden. Sie müssen die Karte nicht einschicken, nur aufheben, um im Bedarfsfall Ihren Anspruch auf die Garantieleistungen geltend zu machen. Es gibt nur einen Grund, sie einzuschicken: Falls ein Rückruf des Produkts erfolgt, kann man Sie benachrichtigen. Dafür reicht es aber aus, Namen, Adresse und Produktnummer anzugeben.

Sagen Sie schnell und skrupellos Nein!

Wie oft im Leben ist Skrupellosigkeit wirklich angebracht? Hier bietet sich Ihnen eine Gelegenheit. Der Werbemüll verdient es, dass Sie ihm erbarmungslos den Kampf ansagen. Wenn er im Briefkasten landet, weigern Sie sich, ihn zu öffnen, zu lesen, darüber nachzudenken und ihn zu Hause zu stapeln. Sortieren Sie Ihre Post in Reichweite des Papierkorbs. Wenn Sie bereits am Absender erkennen, was Sie in der Hand halten, gleich weg damit. Die Grundregel beim Umgang mit Müllwerbung lautet: Nie mehr als einmal anfassen.

Telefonmarketing

Frage: Warum rufen die Telefonwerber immer dann an, wenn man gerade mit etwas Wichtigem beschäftigt ist?

Antwort: Weil *alles* wichtiger ist, als mit einem Telefonwerber zu reden.

Vielleicht gibt es Leute, denen es nichts ausmacht, alles stehen und liegen zu lassen, um von einem wildfremden Anrufer über »die große Chance für einen kleinen Kreis Auserwählter« oder ein »zeitlich begrenztes Sonderangebot« aufgeklärt zu werden, aber wir kennen keine. Soweit uns bekannt, ist das Telefonmarketing ein weltweites Übel und die direkteste Form des Werbemülls. Wenn Sie Ihr Zuhause als Heiligtum betrachten, sollten Sie Nein zu solchen Störaktionen sagen.

Bevor wir Ihnen Tipps dazu geben, möchten wir ein paar Worte zugunsten der Akquisiteure sagen, die den Anruf tätigen. Werbemüll stößt im Allgemeinen auf Ablehnung, und viele Zielpersonen haben keine Hemmungen, ihrer Wut am Telefon Luft zu machen. Bedenken Sie jedoch, dass jemand, der im Telefonmarketing arbeitet, nur versucht, sein tägliches Brot zu verdienen. Und das ist gewiss kein Kinderspiel, wenn die Hälfte der Angerufenen eine Schimpfkanonade vom Stapel lässt und der Chef das Gespräch überwacht, »wegen der Qualitätssicherung«. Zumindest sollten Sie den Mut dieser Leute bewundern. Also seien Sie unerbittlich, aber nicht unfreundlich.

Seien Sie »auf Zack«! Reaktionsschnelligkeit ist der Schlüssel zum Erfolg, wenn Sie Nein sagen, denn sobald ein Akquisiteur die Chance erhält, seine Angel auszuwerfen, hat er Sie am Haken, ohne dass Sie es merken. Wahrscheinlich denken Sie noch: »Mmm ... klingt interessant. Vielleicht sollte ich wirklich das Klatschmaul-Magazin abonnieren!« Den Anfängen zu wehren spart allen Beteiligten Zeit.

Nachfolgend finden Sie Mittel und Möglichkeiten, die verhindern, dass Telefonwerber jetzt und in Zukunft Ihren Seelenfrieden stören.

Anti-Telefonmarketing-Taktiken

Vorbeugende Maßnahme: Erkundigen Sie sich bei einer Verbraucherschutzorganisation, wie Sie die Anzahl der Anrufe, die Sie erhalten, eindämmen, wenn nicht gar stoppen können.

Wie man einen Akquisiteur abwimmelt

Was immer Sie auch tun, reagieren Sie nicht auf bestimmte Bemerkungen oder Fragen des Anrufers (zum Beispiel: »Wären Sie nicht daran interessiert, bei Ferngesprächen fünfzig Euro im Monat einzusparen?«). Eine Grundsatzerklärung, wenn nötig wiederholt, ist alles, was Sie brauchen.

Tut mir Leid, ich lasse mich prinzipiell nicht auf Telefonwerbung ein.

Ich mache grundsätzlich keine Geschäfte am Telefon.

Tut mir Leid, dass ich Sie unterbrechen muss, aber ich habe kein Interesse. Das ist nicht persönlich gemeint, ich bin nur nicht auf Werbeanrufe erpicht.

Besonders wichtig ist, dass Sie den Akquisiteur ausdrücklich auf Ihren Wunsch hinweisen, nicht auf die Mailingliste gesetzt zu werden. Dann ist er gesetzlich verpflichtet, Ihrer Aufforderung nachzukommen.

Was auf lange Sicht nichts bringt

Um nicht von Akquisiteuren behelligt zu werden, könnten Sie geneigt sein, Ihren Anrufbeantworter einzuschalten, damit Sie hören, wer in der Leitung ist, oder aufzulegen, sobald der Zweck des Anrufs klar wird, oder dem Anrufer mitzuteilen, die »Zielperson« sei nicht zu Hause (*Sie* beispielsweise). Solche Kriegslisten verschaffen Ihnen zwar zeitweilig Erleichterung, aber sie hindern die Telefonwerber nicht daran, Sie immer wieder zu kontaktieren.

Heikle Situationen

Wenn Nachbarn ihr Stereogerät auf volle Lautstärke drehen, befinden Sie sich in einem Dilemma. Beschweren Sie sich? Oder schlucken Sie den Ärger und versuchen sich einzureden, dass man nicht aus jeder Mücke einen Elefanten machen muss?

Im Leben sehen wir uns mit zahllosen heiklen Situationen und störenden Verhaltensweisen von (uns oftmals nicht persönlich bekannten) Personen konfrontiert, die wir nicht ignorieren können. Sie rangieren auf einer Skala zwischen geringfügiger und hochgradiger Belästigung.

Die Initiative zu ergreifen und die Urheber zu bitten, die Störung abzustellen, ist nicht leicht. Menschen sind unberechenbar, und Sie können nicht immer im Voraus sagen, ob die Begegnung friedlich verlaufen wird. Trotzdem sollten Sie sich überwinden und Ihre Gefühle zum Ausdruck bringen. Bestenfalls gelingt es Ihnen, das Problem zu lösen. Und selbst wenn Sie keinen Erfolg haben, können Sie zufrieden mit sich sein, weil Sie aktiv geworden sind. Wenn Sie ein Problem offen ansprechen, lässt der Druck in Ihrem Innern und das Gefühl nach, Opfer zu sein. Wenn Sie dagegen schweigen, baut sich immer mehr Frust auf: Sie sind nicht nur wütend auf den Störenfried, sondern auch auf sich selbst, weil Sie außerstande sind, ihm Paroli zu bieten.

Sie werden Ihr Ziel zwar nicht immer erreichen, aber sind öfter als Sie denken in der Lage, Einfluss zu nehmen. In diesem Abschnitt finden Sie Tipps für eine wirksame Kommunikation mit Menschen, deren Verhalten Sie stresst.

Ärger in der Nachbarschaft

Sie könnten der glücklichste Mensch der Welt sein, wenn Ihre Nachbarn im Stockwerk über Ihnen nicht jede Nacht Flamenco tanzen würden. Gleiches gilt für bellende Hunde, Rasenmäher, Motorräder und andere Formen der Lärmbelästigung. Sie rauben Ihnen sowohl den Schlaf als auch den Seelenfrieden. Passen Sie auf, dass bei Ihnen nicht die Sicherung durchbrennt: Kämpfen Sie für Ihr Wohlbefinden.

Aber wie? Sie müssen weiterhin mit Ihren Nachbarn in derselben Straße oder im selben Haus zusammenleben, deshalb möchten Sie keinen Streit. Gut. Das ist genau die richtige Herangehensweise. Wenn Sie einen Nachbarn auf einen Störfaktor ansprechen, dann mit dem Gedanken im Hinterkopf: Im Zweifelsfall für den Angeklagten. Vielleicht ist ihm überhaupt nicht bewusst, dass er Sie stören könnte. Klopfen Sie nicht empört an seine Tür, sonst provozieren Sie Streit. Seien Sie freundlich, tragen Sie Ihre Bitte höflich vor und erwarten Sie Kooperation.

Mit den Nachbarn Tacheles reden

Die folgenden Sätze bestehen aus zwei Teilen. Mit dem ersten Satz setzen Sie den Nachbarn von dem Problem in Kenntnis. Je nach Reaktion kann das genügen – er entschuldigt sich und verspricht, Abhilfe zu schaffen. Falls er keinerlei Anstalten in dieser Richtung macht, müssen Sie direkter werden. Die Formulierungen in Klammern sind noch milde, gehen aber einen Schritt weiter: Sie fordern ihn unmissverständlich auf, den Störfaktor zu beseitigen. Der Anschaulichkeit wegen haben wir spezifische Beispiele genannt, aber Sie müssen ihm keine vorgefertigen Problemlösungen präsentieren. Es reicht aus, zu sagen: »Würde es Ihnen etwas ausmachen ...« Falls angemessen, versuchen Sie es mit der Methode: »Bestimmt wissen Sie es nicht, aber ...«

Bestimmt wissen Sie nicht, wie laut ich Ihre Stereoanlage in meiner Wohnung höre. (Würde es Ihnen etwas ausmachen, sie leiser zu stellen?)

Es hat Ihnen sicher noch keiner gesagt, aber wenn Sie Dudelsack spielen, hört man es im ganzen Haus. (Könnten Sie nicht anderswo üben oder nur tagsüber?)

Wenn der Störenfried unverschämt wird oder uneinsichtig ist, drohen Sie nicht damit, die Polizei zu rufen oder sich beim Vermieter oder der Hausverwaltung zu beschweren – das wäre eine bewusste Provokation. Bemühen Sie sich als Erstes, einen Kompromiss zu finden, wie es unter zivilisierten Menschen üblich ist.

Ihr Trimmrad macht einen ohrenbetäubenden Lärm. Ich wohne direkt unter Ihnen, und mein Geschirr klappert jedes Mal. (Vielleicht können wir uns auf eine Tageszeit einigen, wo es nicht stört.)

Wenn der Schuldige ein Tier ist:

Leider hat Ihr Hund eine Vorliebe für meinen Gartenzaun. Letzte Woche musste ich zweimal einen Haufen wegmachen. (Würden Sie bitte dafür sorgen, dass das nicht mehr vorkommt?)

Die milden Methoden

Eine sehr verhaltene Strategie ist »sich dumm stellen«, das heißt, mit dem Wissen hinterm Berg halten, dass Sie mit dem Störenfried sprechen. Der Wink mit dem Zaunpfahl genügt oft, um Wiederholungen zu vermeiden.

Haben Sie den Krach letzte Nacht gehört? Es ging zu wie an Silvester. Wir haben die halbe Nacht kein Auge zugetan – um ein Haar hätten wir die Polizei gerufen.

Vielleicht haben Sie den Hund Ihres Nachbarn in Verdacht, sich vor Ihrem Gartenzaun zu verewigen, können es aber nicht beweisen. Sagen Sie zu dem Halter:

Haben Sie in der letzten Zeit streunende Hunde in der Nachbarschaft bemerkt? Ich finde dauernd Haufen vor meinem Gartenzaun. Haben Sie das gleiche Problem?

Informieren Sie sich über Ihre Rechte – für alle Fälle

Es kann nie schaden, wenn Sie über Ihre Rechte Bescheid wissen. Ist an Ihrem Wohnort das Anleinen von Hunden vorgeschrieben? Müssen die Wohnungseigentümer in Ihrem Haus die Räume aus Schallschutzgründen mit Teppichboden auslegen? Auf Regeln und gesetzliche Regelungen zu verweisen hat mehrere Vorteile: Ihre Beschwerde erhält zusätzliche Legitimität, klingt weniger persönlich und erinnert Ihren Nachbarn auf subtile Weise daran, dass Ihnen auch andere Mittel zur Verfügung stehen, wenn er nicht kooperiert.

Ich nehme an, Sie wissen es nicht, aber laut Hausordnung ist das Rasenmähen auf die Zeit zwischen zehn und zwanzig Uhr beschränkt. (Falls Sie noch keine Hausordnung haben, sollten Sie mit den Nachbarn reden und versuchen, eine aufzustellen.)

Wenn alle Stricke reißen

Greifen Sie nur dann zu formalen Beschwerden, wenn alles andere nichts bringt. Falls Ihre Problemlösungsversuche im Guten scheitern, bleibt Ihnen keine andere Wahl, als Ihren Fall einer »höheren Instanz« vorzutragen. Aber versuchen Sie es vorher noch ein letztes Mal mit einer nachdrücklichen Verwarnung.

Ich habe Sie schon x-mal darauf aufmerksam gemacht, dass Rasenmähen in aller Herrgottsfrühe laut Hausordnung untersagt ist. Heute Morgen haben Sie schon wieder um sieben Uhr angefangen. Bitte zwingen Sie mich nicht, eine offizielle Beschwerde einzuleiten. Was Sie da machen, ist ruhestörender Lärm und nicht fair gegenüber den Nachbarn.

Nachbarn, die boshaft oder geradezu gemeingefährlich sind, gibt es wirklich. Halten Sie sich von jedem fern, der den Eindruck macht, als sei er bedrohlich oder Vernunftgründen unzugänglich.

Willst du nicht mein Nachbar sein?

Sie fühlen sich vielleicht unbehaglich, wenn Sie einen Nachbarn bitten müssen, eine Situation zu ändern, die Sie stört. Aber dieses Ersuchen wird Ihnen noch viel schwerer fallen, wenn Sie ihn nur vom Sehen kennen. Es macht Sinn, von Anfang an gutnachbarschaftliche Beziehungen zu pflegen. Kommt es dann zu Problemen, besteht bereits ein positiver Gesamtzusammenhang, der die Verständigung erleichtert. Sie sind keine Wildfremde, die aus dem Nichts auftaucht, um sich zu beschweren, sondern haben ein freundliches Gesicht, das bereits bekannt ist.

Es gibt noch andere Gründe, miteinander ins Gespräch zu kommen, und seien es nur gelegentliche Worte über den Gartenzaun. Zum einen macht Geselligkeit mehr Spaß als Isolation. Und zum anderen wird die Nachbarschaft sicherer, weil Ihnen eher auffällt, wenn etwas nicht stimmt.

Nachbarschaftsfeste oder gemeinsame Grillabende bieten eine hervorragende Kontaktpflegemöglichkeit im großen Rahmen. Wenn Sie in einem Apartmentblock wohnen, können Sie eine kleine Party organisieren, bei der sich die Hausbewohner kennen lernen. Oder besuchen Sie Veranstaltungen in der Nähe als Brückenschlag zu den Nachbarn, zum Beispiel Straßenfeste oder Eigentümerversammlungen.

Wenn Sie aufgeschlossen sind, können auch die kleinen Gesten der Annäherung einen großen Unterschied bewirken. Ein Lächeln, ein Winken oder eine Bemerkung über das Wetter können das Eis brechen. Worüber Sie reden, ist nicht wichtig, sondern nur, dass Sie den Kontakt herstellen.

Wenn Sie gut mit Ihren Nachbarn auskommen, sind die Begegnungen erfreulicher und die heiklen Situationen weniger bedrückend.

Ein kleiner Plausch en passant: Nein sagen zu Mitreisenden

Unterwegs können Sie viele interessante Gespräche mit interessanten Leuten führen, die im Flugzeug oder Zug zufällig neben Ihnen sitzen. Jemanden kennen lernen ist ein kurzweiliger Zeitvertreib – falls Ihnen gerade nach Gesellschaft zumute ist. Möglicherweise haben Sie aber just zu diesem Zeitpunkt anderes vor: Sie haben sich seit Wochen auf den Langstreckenflug gefreut, weil Sie endlich Zeit haben, ein gutes Buch zu lesen, Musik zu hören oder ungestört zu arbeiten. Sie sehnen sich nach Ruhe.

Bei den meisten Mitreisenden genügen die offensichtlichen nonverbalen Signale – Augen schließen, Nase in ein Buch stecken oder Laptop herausholen –, um die Botschaft »Bitte nicht stören« zu übermitteln. Sie können auch »Ohrstöpsel« verwenden, um zu demonstrieren, dass Sie kein Interesse an einer Unterhaltung haben. Oder Sie bringen Ihrem Sitznachbarn durch kurze Antworten auf seine Fragen und Verzicht auf Gegenfragen bei, dass Sie nicht in Gesprächslaune sind. Nichtsdestoweniger kann es vorkommen, dass Ihr redseliger Reisegefährte nicht locker lässt und Sie sich gezwungen sehen, den

Kontakt drastischer zu beenden. Folgende Sätze können Ihnen helfen, Ihre Privatsphäre zu schützen.

Lesen

Ich würde gerne mit Ihnen plaudern, aber ich muss mein Buch bis zum Ende der Reise durchgelesen haben – ich habe versprochen, es gleich weiterzugeben.

Ich wollte schon seit Wochen meine Zeitschriften lesen, was ich sehr entspannend finde, aber leider war ich so beschäftigt, dass sich keine Gelegenheit bot. Ich hoffe, Sie verzeihen mir.

Arbeiten

Tut mir Leid, aber das ist eine Terminarbeit, die nicht warten kann.

Normalerweise würde ich mich gerne mit Ihnen unterhalten, aber ich brauche die Zeit, um meine Daten auf den neuesten Stand zu bringen.

Musik hören

Ziehen Sie sich in Ihren Kokon zurück, indem Sie Kopfhörer aufsetzen und die Augen schließen.

Ich möchte nicht ungesellig erscheinen, aber ich brauche die Zeit zum Abschalten.

Bitte entschuldigen Sie, aber ich möchte versuchen, ein Nickerchen zu machen. Die Musik hilft mir beim Einschlafen.

Kleine Dinge haben oft große Wirkung. Wenn Sie lernen, im Alltag Nein zu sagen, werden Sie den Unterschied bemerken – weil Sie sich plötzlich zufriedener und in Harmonie mit sich selbst und der Welt fühlen. Das Nein bietet Ihnen eine Möglichkeit, Ihre eigenen Entscheidungen als Verbraucher zu treffen, statt für unerwünschte Produkte und Dienstleistungen zu zahlen oder sich nach den offenen und versteckten Zielen anderer zu richten. Das Nein befähigt Sie, den Frieden wieder herzustellen, wenn Sie sich gestört fühlen, statt schweigend zu leiden und Wut aufzustauen. Das Nein ist ein Instrument, das Ihnen in vielerlei Hinsicht die Kontrolle über Ihr eigenes Leben zurückgibt.

Wir hoffen, dass wir Ihnen in diesem Buch das Werkzeug an die Hand gegeben haben, um mit weniger Schuldgefühlen und mehr Entschiedenheit Nein zu sagen. Dieses Ziel im Auge zu behalten und sich immer wieder bewusst zu machen, was uns Freude und Erfüllung bringt, ist die beste Motivation, um den selbstauferlegten Ablenkungen und Pflichten ein Ende zu setzen, die unsere Zeit zu verschlingen drohen ... und bevor wir es merken, unser ganzes Leben.

Wenn Sie genau wissen, wozu Sie Ja sagen wollen, werden Sie auch die Entschlossenheit und den Mut aufbringen, ohne Gewissensbisse Nein zu sagen. Es ist eine Ironie des Schicksals, dass die Beziehungen zu anderen durch Ihr Nein nicht schlechter, sondern letztendlich besser werden. Wenn Sie beginnen, Ihre Kräfte für Dinge aufzusparen, die Sie wirklich begeistern, und das Leben zu führen, das Sie sich wünschen, werden Sie weniger frustriert, rundum zufriedener und großzügiger gegenüber sich selbst und anderen sein. Fordern Sie Ihr Recht auf mehr Zeit und Raum ein, um Ihren eigenen Prioritäten und Träumen Rechnung zu tragen, und Sie werden sehen, dass Sie dadurch nicht seltener, sondern häufiger verfügbar sind. Nutzen Sie die Macht, die Ihnen zusteht. Sagen Sie Ja zu einem Leben, das Sie verwirklichen möchten.

Danksagung

Die Autorinnen möchten sich zuallererst bei den versierten, fleißigen Helfern von Broadway Books für ihren fachlichen Beitrag und ihr Engagement bedanken, vor allem bei Steve Rubin, Bob Asahina, Gerry Howard, Robert Allen, Debbie Stier, Catherine Pollock, Roberto de Vicq de Cumptich, Stanley Cohen und dem Außendienst. Unser Dank geht auch an die ebenso einfühlsamen wie außerordentlich kompetenten Lektorinnen Tracy Behar und Angela Casey sowie an Maureen Sugden für ihre inspirierenden Vorschläge.

Danken möchten wir außerdem:

Bill Shinker, der das Buch von Anfang an mit seiner Zuversicht und seiner Begeisterung begleitet hat;

Richard Carlson für die aufmerksamen und klugen Ratschläge sowie für das Vorwort;

Linda Michaels für ihr unübertroffenes globales Wissen und ihren unvergleichlichen Stil; Teresa Cavanaugh, Helene Blatny, Martha Di Domenico, Eva Betzwieser und Jenny Thor für ihr Know-how, mit dem sie uns zur Seite standen;

Rita Marcus für ihre grenzenlose Energie, ihre Fantasie und ihre hervorragende PR-Arbeit;

Claude Palmer und dem Open Secret Bookstore, Shereen Ash von der Fairfax Library und Kathleen O`Neill für die Hilfe bei der Recherche;

Deborah Carroll, Paula Solomom und Linda Wade, die uns ihre Zeit geschenkt haben und uns an ihrem Wissen und fachlichen Können teilhaben ließen;

Lori Baird, Corinda Carford, Tom Cavalieri, Jodi Conway,

Joanna Dales, Maggie Gelosi, Valerie Green, Peter Greene, Aron Hirt-Manheimer, Ana Jawerbaum, Edith Joyce, Susan Joyce, Barbara Kops, Renee Martin, Dan Neuharth, Mary Rae, Rose Rawlings, Bob Rosenfeld, David Rosenfeld, Nancy Samalin, Patrice Serret, Evelyn Schmidt, Diane Schube, Lana Staheli, Sandra Stahman und Donna Starito für ihre wertvollen Erkenntnisse und Rückmeldungen.

Außerdem möchte Patti folgenden Personen danken:

Fran Zitner, für ihre Liebe und den unbeirrbaren Glauben an mich;

Dominique Blanchar und Lisa T. Lewis, für ihre Freundschaft und enorme Hilfe in meinem Berufs- und Privatleben;

Susan Harrow für ihre fantastischen Tipps über das Reden in der Öffentlichkeit und für ihre Großzügigkeit;

Linda Rosinsky, Marion L. Musante und Josephine Codoni Leary Burke für ihre unverbrüchliche Freundschaft;

Carol Adams, Neal Barnard, Freyah Dinshah, Jay Dinshah, Gail Davis, Suzanne Havala, Ruth Heidrich, Michael Klaper, James Michael Lennon, Howard Lyman, Glen Merzer, Mark Messina, Virginia Messina, Victoria Moran, Marr Nealon, Ingrid Newkirk, Carol Normandi, Jennifer Raymond, Laurelee Roark, John Robbins, Robert David Roth, Timothy Smith, Charles Stahler, Deborah Wasserman und Ann und Larry Wheat für ihren inspirierenden Einsatz zugunsten des Planeten Erde und seiner Bewohner und dafür, dass sie die Aufmerksamkeit auf zahllose wichtige Zielsetzungen gelenkt haben, die ein lautes Ja erfordern;

Anna Douglas, Terry Vandiver und den starken Frauen von der *Spirit Rock sangha* für ihre Unterstützung und Weisheit in Worten und im Schweigen, in der Bewegung und in der Stille;

Stan Rosenfeld für seine Geduld, als dieses Buch höchste Priorität besaß, für seine Rückmeldungen und Beiträge, seine Unterstützung am Computer, seinen wunderbaren Sinn für Humor, seine unvergängliche Liebe und für die zahllosen Liebesbeweise, die zu nennen den Rahmen dieses Buches sprengen würde: Ich bin froh, dass ich ihm das *Jawort* gegeben habe.

Connie möchte außerdem folgenden Personen ihren Dank aussprechen:

Ken Hatch, Doug Trazarre, Sandi Trazarre, Richard O'Connor und Deborah Schorsch, für ihre Treue und Ermutigung in all den Jahren.

Besonderer Dank gilt meinem Mann und besten Freund Joey Cavalieri für seine bedingungslose Unterstützung bei der Entstehung dieses Buches.

Literaturempfehlungen

Beattie, Melody: *Unabhängig sein. Jenseits der Sucht gebraucht zu werden.* München 1995

Bolles, Richard Nelson: *Durchstarten zum Traumjob. Das Bewerbungshandbuch für Ein-, Um- und Aufsteiger.* Frankfurt/Main 1999

Carlson, Richard: *Alles kein Problem.* München 1998

Carlson, Richard: *Alles kein Problem in der Familie. Ausgabe Pink*. München 1998

Carlson, Richard: *Reg dich nicht auf. Schwarze Ausgabe. Das Buch für alle, die ausgeglichen und entspannt leben wollen.* München 1999

Carlson, Richard: *Werde glücklich, werde reich. Gelbe Ausgabe.* München 1999

Carlson, Richard und Bailey, James: *Reg dich nicht auf. Weiße Ausgabe.* München 1999

Forward, Susan und Buck, Craig: *Vergiftete Kindheit.* München 1990

Forward, Susan und Frazier, Donna: *Emotionale Erpressung. Wenn andere mit Gefühlen drohen.* München 2000

Gawain, Shakti: *Stell dir vor. Kreativ visualisieren.* Reinbek 1986

Gray, John: *Mars sucht Venus, Venus sucht Mars. Wie Sie Ihren Seelengefährten erkennen.* München 1998

James, Jennifer: *Zwanzig Schritte zur Weisheit. Eine Anleitung zu Selbsterkenntnis und geistigem Wohlbefinden.* München 1998

Jeffers, Susan: *Selbstvertrauen gewinnen. Die Angst vor der Angst verlieren.* München 1998

Kasl, Charlotte: *Zen oder die Kunst, sich zu verlieben. Ein spiritueller Leitfaden*. München 2000

Keeffe, Carol: *Spar dich reich. Sie können sich alles leisten, was Sie wollen.* München 1997

Luhrs, Janet: *Lebe einfacher. Ein HandlungsBuch für mehr Gelassenheit*. München 1998

Page, Susan: *Ich finde mich so toll, warum bin ich noch Single*. München 1996.

Rosen, Laura Epstein und Amador, Xavier Francisco: *Wenn der Mensch, den du liebst, depressiv ist.* München 1998

Samalin, Nancy und Moraghan Jablow, Martha: *Dein Kind braucht mehr als Liebe*. CSA 1991

Siegler, Ava L.: *Familie bleibt man doch. Gemeinsam die Adoleszenz bewältigen*. Düsseldorf 1999

St. James, Elaine: *In Einfachheit leben. 100 Schritte zu mehr Lebensfreude.* München 1998

St. James, Elaine: *Zurück zum Selbst*. München 1998

St. James, Elaine: *In sich ruhen. 100 Schritte, inneren Frieden zu finden.* München 1997

Taffel, Ron und Israeloff, Roberta: *Eltern sein dagegen sehr.* Salzh. 1999

Tannen, Deborah: *Du kannst mich einfach nicht verstehen. Wenn Frauen und Männer aneinander vorbeireden*. München 1997.

Register

Absagen 57, 130, 142
Alkoholismus 251
Alkoholabhängige 277 ff.
Angst 16, 157–166, 273 ff.
Anrufbeantworter 127
Arbeitsplatzveränderung 106–109
Arbeitsüberlastung 61, 65
Aufträge ablehnen 94 f.
Ausleihen 208 ff.

Babysitter 189, 201 ff., 301 f.
Bedürftige 50 f., 54–58
Beförderung 86 ff., 115.
Belästigung, sexuelle 61, 99 ff.
Belohnung 241
Bewerber 88 f.
Beziehungen 18 ff., 127–164, 250
Bezugsperson 217, 232

Darlehen 27, 40–46
Depression 250, 274–277, 287
Dienstleistungen 204 ff.
Diskriminierung 61, 99–104, 190–193
Drogensüchtige 51, 56, 277 ff.

Ehrlichkeit 126 f., 166 f.
Einkäufe erledigen 210 f.
Einladungen 14, 127–164
Entschuldigungen 26, 30 f., 44, 131 ff.
Erfolg 114
Expertenmeinungen 293, 296

Familienpolitik 175 f., 237
Familienzusammenkünfte 174–186
Feed-back, positives 82
Freiheit 224
»Fundgeld« 55 f.

Gebote 231–236
Gefälligkeiten 73 f.
Gehaltserhöhung 86 ff.
Glaube 35
Gleichgewicht 224–228
Grenzen setzen 20, 64, 156, 214, 217, 220, 222, 225, 238, 245
Griesgram 267 f., 282
Großzügigkeit 11, 25, 136
Grundprinzipien 23 f.
Grundregeln 123–127, 286
Grundsatzerklärung 27 f., 44, 47, 142 f., 149, 175, 192 f., 205 f., 209, 237

Harmonie 195, 215
Haustiere hüten 201 ff.
Hochzeiten 175, 177 ff.
Honorarforderungen 297 f.
Humor 101, 136, 266
Hypochonder 263–266

Inspiration 35 ff.
Interessenskonflikt 143

Ja sagen 19, 21, 24, 214, 231

Klatschsucht 236
Kompetenz 78, 81, 293
Konflikt 14 f., 18, 214
Konsequenz 231 ff.
Konsum, exzessiver 114 ff.
Konsumzwang 181
Kontaktanzeigen 145
Kooperationsbereitschaft 235 f., 246, 248
Kostenvoranschlag 300 f.
Kreativität 224
Kritik 81–85

Leistungsgrenzen 61 ff.
Loyalität 92, 194

Macht des Nein 13–21
Märchenprinz 136
Mitfahrgelegenheit 210 f.
Mobbing 104

Nachbarschaft 322–326
Narziss 254 ff.
Nein sagen
  am Arbeitsplatz 59–116
  im Alltag 291–329
  im Restaurant 311 ff.
  in Geschäften 313 f.

zu Einladungen 117–132
zu Freunden 117 ff., 155 ff., 161
zu Kindern 213–248
zu leidigen Beziehungen 117 f.
zu Medikamenten 296 f.
zur Müllinvasion 315 ff.
zu Schwarzarbeit 204 f.
zu Treffs 117–153
zu Verwandten 155 ff., 161
zu »wartungsintensiven« Personen (WIPs) 249–290
Nein, ultimatives 283 f.
Nervensäge 222 f., 227
Notlüge 31, 44, 131 f.

Orientierungshilfen 218, 220, 225, 235

Panikmacher 268–271
Pechvogel 263 ff.
Pflichtveranstaltung 133
Positiv denken 289 f.
Präventivmaßnahmen 28 ff., 70, 85, 147 f., 206, 238 f., 262, 265, 281 f., 306, 309, 314
Privilegien 215
Produktivität 88
Psychotherapeutische Behandlung 225

Regeln 230, 247
Rendezvous 22, 136, 139 ff., 143 f.
Renovierung 203 f.
Rollentausch 240

Salami-Taktik 67 f.
Schnorrer 47 f.
Schönheitsindustrie 309 f.
Schuldgefühle 10 ff., 15 f., 20, 22, 25, 28, 43, 50, 56, 63, 65, 82, 91, 99, 125, 150 f., 158, 161 ff., 165, 168, 177, 197, 199, 204, 215, 218, 221, 225 ff., 245, 263, 279, 284, 292, 329
Schwätzer 257 ff.
Selbstständigkeit, berufliche 62, 94 ff., 109–113
Selbstdisziplin 110, 219
Selbstvertrauen 10, 35
Sex, unerwünschter 147 ff.
Sicherheitsrisiko 104 f.
Sklaventreiber 64 ff.
Soziale Einrichtung 50 f., 246
Spenden 50–53, 246
Stellenangebot 91 f.
Störenfriede 260 f.
Stress 16 ff., 25, 30, 79, 114, 120, 144, 163, 169, 171, 181, 183, 196, 247, 251, 253, 263, 282, 286, 310

Tätigkeit, ehrenamtliche 200 f.
Tauschbörse 206 f.
Teamarbeit 66, 77, 98, 106, 287
Teenager 220, 226, 228, 241
Telefonmarketing 20 f., 319 f.
Termine 70 f.
Therapeut 298 f.
Träume 36 f., 329
Traumjob 93 f.

Überlastung 199
Übernachtungsbesuch 187 f.
Überstunden 25, 61, 65, 68 f., 78
Unfähigkeit, Nein zu sagen 10
Unhöflichkeit 96 f., 236
Unterstützung 40

Verantwortung 14
Verehrer, unerwünschter 22, 133–153
Verkaufspräsentation 48 ff., 197 f., 207
Versager 273
Vorbild 236
Vorgesetzter 80–97

Wahrnehmung 78 f.
Werbemüll 316 ff.
Wiederholungen 234

Zeit gewinnen 27, 76, 123, 129, 240, 295 f., 300
Zurückweisung 32 f., 89 f., 134
Zuständigkeit 72 f.
Zweifel 225